O CORAÇÃO DA FILOSOFIA

JACOB NEEDLEMAN

O CORAÇÃO DA FILOSOFIA

Tradução
Júlio Fischer

Editora Palas Athena

Título original: *The Heart of Philosophy*
Copyright © 1982 *by* Jacob Needleman

Copidesque: Lúcia Cardozo de Mello
Revisão técnica: Carmen Fischer
Elie Karmann
Lia Diskin
Revisão de provas: Therezinha Siqueira Campos
Lucia Benfatti Marques
Editor de arte: Roberto Sanz

Composição e impressão
Gráfica Palas Athena

Dados internacionais de Catalogação na Publicação (CIP)
(Câmara Brasileira do Livro, SP, Brasil)

Needleman, Jacob.
O coração da filosofia / Jacob Needleman; tradução Júlio Fischer. -- São Paulo : Palas Athena, 1991

1. Filosofia 2. Filosofia - História I. Título.

91-2839   CDD - 100
    - 109

Índices para catálogo sistemático:
1. Filosofia 100
2. Filosofia : História 109

ISBN 0-553-23636-9 (Edição Original)
ISBN 85-7242-003-7 (Editora Palas Athena)

3ª Edição

Direitos adquiridos para a língua portuguêsa pela
EDITORA PALAS ATHENA
Rua Serra de Paracaina, 240 - Cambuci
01522-020 - São Paulo - SP
Fone: (11) 279.6288 Fax: (11) 3277.8137
www.palasathena.org / editora@palasathena.org
2001

SUMÁRIO

PREFÁCIO 7

AGRADECIMENTOS 9

PARTE I: ONDE ESTÁS, FILOSOFIA?
  1. Introdução 13
  2. Sócrates e o mito da responsabilidade 27
  3. Pitágoras 47

PARTE II: WENDY, SIMON E OUTROS FILÓSOFOS
  4. Curso extracurricular 65
  5. Questões à margem 75
  6. Um singular entusiasmo 87
  7. Os pais 115

PARTE III: RECORDANDO A FILOSOFIA
  8. *Eros* e ego: por uma redefinição da história da filosofia 141
  9. Realidade: o problema e a questão 147
  10. Um eu: dois mundos 157
  11. A eterna questão 183

CONCLUSÃO 211

PREFÁCIO

De acordo com minha experiência como leitor e escritor de livros, todos os prefácios, apresentações e introduções dividem-se, de modo natural e invariável, em duas categorias. A primeira expressa o sentido de força, esperança e visão do autor; a outra manifesta, com maior ou menor honestidade, a percepção de suas limitações. Os da primeira categoria, escritos antes dos demais capítulos do livro, costumam ser extensos. Os da segunda são escritos quando o livro está concluído e, normalmente, são bastante sucintos. Nesse aspecto, lembram a história de certo pastor escocês, homem de grande renome e posição, que graciosamente concedeu fazer uma prédica numa pequena igreja rural dirigida por um combativo e jovem sacerdote que o admirava. O grande homem sobe orgulhosamente a longa escada em espiral que leva até o púlpito e começa a falar por mais de uma hora, apenas para constatar que, ao término, metade da congregação se retirou e a outra metade dorme profundamente. Desanimado, ele desce devagar a longa escada espiralada e pergunta, com humildade, a seu colega o que fez de errado. O jovem sacerdote responde-lhe muito simplesmente: "Se o senhor tivesse subido", diz ele, "da maneira como desceu, poderia ter descido da maneira como subiu".

Assim, em poucas palavras, o objetivo deste livro é indicar o lugar que as grandes idéias filosóficas podem ocupar na vida cotidiana de homens e mulheres da atualidade. Sou de opinião que o enfraquecimento da autêntica filosofia em nosso século resultou numa espécie de patologia coletiva e individual, imbuída de conseqüências bem mais danosas do que geralmente se imagina. Vivemos numa época de repressão metafísica, e esta repressão deve ser extinta. As várias modalidades de repressão psicológica e sexual combatidas com êxito pela moderna psiquiatria são insignificantes quando comparadas à supressão do amor ao significado – expressão que constitui a própria definição de filosofia. O amor ao significado, a busca de sentido, é a única força real, objetiva e definitiva na vida do homem moderno. Tudo o que esperamos e desejamos para nós e nossos filhos depende disto.

Este é o escopo do livro. Na Parte I, tento mostrar a origem das grandes idéias – por que elas exercem tão pouco poder na conformação de nossas vidas, e o que é necessário para modificar tal situação. Na Parte II, procuro demonstrar que o amor ao significado é o fator central e orgânico na estrutura da natureza humana, um fator que tem sido ora ignorado, ora mal compreendido em nossa cultura. Para demonstrar esse argumento, recorro às crianças. Foi através do trabalho com jovens que me convenci desse fator da natureza humana, sendo que nesta parte do livro procuro reproduzir a essência de minhas experiências no ensino de filosofia para adolescentes e seus pais. Na Parte III, busco nada menos que uma redefinição da história da filosofia ocidental, convidando, por assim dizer, Descartes, Hume, Kant e Wittgenstein, entre outros, a partilhar nossos mais nobres sonhos e mais profundos anseios.

É desnecessário dizer que tais objetivos permitem, apenas, o mais sucinto dos prefácios.

AGRADECIMENTOS

Sou profundamente grato aos administradores, aos alunos e pais da San Francisco University High School – especialmente seus diretores, Dennis Collins, Louis Knight e Paul Chapman – por seu sensível apoio e incentivo ao meu trabalho nessa escola. Embora os alunos e pais descritos no livro sejam fictícios, procurei retratar a *essência* do que se deu entre nós, do modo mais fiel possível. Espero apenas que o legado a eles proporcionado pelo estudo da filosofia corresponda, ainda que em pequena proporção, à riqueza de minha própria experiência em conhecê-los e trabalhar com eles.

Agradeço, também, ao Threshold Foundation Bureau, de Londres, pela subvenção que me possibilitou a experiência de ensinar filosofia a alunos de curso secundário.

Quero agradecer a meu colega e amigo, o professor John Glanville, do Departamento de Filosofia da San Francisco State University, por sua meticulosa leitura de trechos do original, bem como por suas sugestões sábias e diretas. Sou grato, também, ao professor Peter Radcliffe por uma conversa que me auxiliou a formular idéias próprias sobre Wittgenstein.

A Olivia Byrne e Regina Eisenberg, que me assistem generosa e incansavelmente em meu trabalho de tantas maneiras que nem saberia mencioná-las, o meu eterno e mais sincero agradecimento. Como, também, a Marilyn Felber, que não apenas datilografou o original com extraordinário cuidado como dedicou-se, ainda, a uma leitura minuciosa do conteúdo.

Quero expressar, finalmente, minha gratidão à minha editora, Toinette Lippe, por compreender tanto o livro como seu autor e por dar o melhor de si no sentido de aprimorar o primeiro preservando o segundo. E, obviamente, a Marlene Gabriel, que transformou a função de agente literário em algo caloroso e magnífico.

PARTE I

ONDE ESTÁS, FILOSOFIA?

CAPÍTULO I

INTRODUÇÃO

O homem não pode viver sem filosofia. Esta não é uma figura de retórica, mas uma realidade literal a ser demonstrada neste livro. Há, no coração humano, uma busca que é nutrida apenas pela autêntica filosofia, sem a qual o homem morre como se fosse privado de alimento ou ar. Contudo, essa parte da psique humana não é reconhecida ou respeitada em nossa cultura. Quando emerge à consciência, é ignorada ou tomada por outra coisa. É classificada erroneamente, é negligenciada e reprimida. E, finalmente, pode desaparecer por completo para nunca mais reemergir. Quando isso ocorre, o homem transforma-se numa coisa. Independente de suas conquistas ou experiências, independente da felicidade que conhece ou da função que exerce, ele, na verdade, perdeu sua possibilidade real. Está morto.

O medo desta morte interior começou a emergir no mundo moderno. Nos momentos de quietude, o indivíduo experiencia este medo de morrer interiormente e percebe que todos os demais medos que ele tem na vida – físicos e psicológicos – não estão de modo algum relacionados àquele. Experiencia ao mesmo tempo, ao lado deste medo, uma aspiração ou amor que ele desconhece em sua vida ordinária. Percebe que nenhum dos demais afetos que tem na vida – família, trabalho e, talvez, nem mesmo Deus – está relacionado a esta aspiração por algo que ele não consegue nomear. Ele indaga-se quanto ao que pode fazer para sanar esta profunda divisão interna entre o desejo de ser e suas necessidades psicossociais. Nem a religião comum, a terapia, a ação social, a aventura, o trabalho ou a arte podem reunir estas duas motivações fundamentais em seu interior. Contudo, tão logo o homem se envolve nas atividades de sua vida, a consciência dessa divisão interna é esquecida.

De que lhe adiantaria lembrá-la? É absolutamente essencial que ele recorde essa verdade sobre si mesmo. Se isto não ocorrer, o indivíduo será absorvido pelas forças externas, da natureza e da sociedade. Ele será dominado pelas emoções, opiniões, obrigações, pânicos, promessas, programas e conflitos que constituem o dia-a-dia de todo ser humano. Esquecerá que existem, na realidade, duas vidas distintas em seu interior, e que necessitam ser relacionadas entre si. Ele se empenhará em busca da felicidade, criatividade, amor, pela causa mais nobre, pela vitalidade, o compromisso, a honra; por compreensão, saúde e integridade; por segurança, satisfação e envolvimento passional – mas nada disso lhe será possível no estado de esquecimento metafísico. Enquanto não se recordar da verdadeira estrutura dual de seu ser, ele e a vida a seu redor serão transformados numa rede de ilusões.

A função da filosofia na vida humana é auxiliar o homem a recordar. *Esta é sua única tarefa.* E tudo aquilo que se auto-intitula filosofia, mas que não serve a esta função, simplesmente não é filosofia.

O homem moderno afastou-se de tal modo da filosofia que nem sabe mais que espécie de recordação é essa. Consideramos a memória apenas como uma lembrança mental, porque a experiência da memória profunda escapuliu de nossa vida. Peço-lhes, portanto, que não consultem dicionários ou modernos textos psicológicos em busca de esclarecimento acerca da recordação. Não se trata de algo possível de ser definido de imediato; seu significado irá emergindo no transcorrer do trabalho, isso eu prometo.

Há mais um ponto que devo esclarecer de início, a título de desmentido ou mesmo de advertência. A filosofia não é resposta a nada. Nem é, por outro lado, uma simples técnica de se levantar questões e criticar hipóteses. A filosofia não é sagacidade. Não é insensível. Não é irritante. Contudo, é perturbadora e instigante. Além disso, o problema que origina jamais desaparece, jamais tem fim. Por quê? Porque tão logo o homem se recorda, ele imediatamente esquece. Deverá, portanto, ser lembrado indefinidamente – sendo que tais lembranças nem sempre são agradáveis.

Comecei a lecionar filosofia cerca de vinte anos atrás. Naquela época, até mesmo os colegas de magistério olhavám-no de modo um tanto estranho quando você dizia qual era sua área. Pelos cientistas, você era geralmente considerado um "metafísico", termo particularmente pejorativo para eles: indicava alguém cujo interesse estava além do terreno de qualquer verificação racional e sensata. Para os colegas das áreas de literatura ou arte, por outro lado, você era um profissional que, com a arma de sua lógica, limitava-se a castrar. No melhor dos casos você era temido como uma insensível máquina de pensar, capaz de refutar qualquer ponto de vista, mesmo o mais consagrado, por puro sadismo. Quanto às pessoas que se achavam fora do âmbito acadêmico, esses aspectos eram ainda mais graves. Alguém tolo o bastante para admitir que era um filósofo expunha-se ao completo ridículo ou ao suplício por parte de algum Aristóteles de botequim, que podia presenteá-lo, graciosamente, com uma série infindável de pomposas opiniões sobre tudo o que havia sido noticiado nos jornais durante a semana anterior, incluindo a edição de domingo, com todos os suplementos. Ou então, você era confrontado com um silêncio de incompreensão. Havia, ainda, ocasiões em que era tomado por outra coisa e acabava ouvindo os problemas matrimoniais de alguém, queixas de saúde ou mesmo alguma improvisada confissão religiosa.

Agora as coisas mudaram. Na verdade, é impressionante perceber o que a palavra "filosofia" evoca atualmente nas pessoas de todos os setores da vida: homens de negócio, cientistas, psicólogos, médicos, artistas – e até mesmo atletas e políticos. Nenhum sinal de ridículo. Pelo contrário, com grande freqüência a resposta é uma palavra ou gesto que, na verdade, significa: "Você encontrou? Então existe? Pode me falar a respeito?" No caso, a coisa referida é muito ampla, podendo ser sintetizada na expressão, não mais um clichê, "o significado e o propósito da vida". Também o Aristóteles de botequim mudou de maneira notável – no mínimo porque os jornais dos quais ele depende continuamente relatam eventos que, por si mesmos, suscitam questões filosóficas realmente penetrantes.

Basta abrir os jornais de hoje para constatar que os fatos estão se tornando "filosóficos". Para começar, temos a infindável série de inovações tecnológicas transmutando o modo pelo qual os seres humanos conduzem suas vidas e encaram a realidade. Aqui uma matéria sobre as mais recentes inovações na tecnologia de computadores, pela qual somos também informados que o computador é "uma extensão da inteligência humana". Ali as novas descobertas em pesquisa genética que nos permitirão – e mesmo nos tentarão a isso – fazer escolhas que jamais estiveram ao alcance dos seres humanos: sobre o sexo de nossos filhos, ou a criação de novas formas de vida, e até sobre a própria estrutura de nossos corpos. Porém, para efetuar tais escolhas, qual o tipo de conhecimento que necessitamos – com respeito ao sentido mais amplo da vida biológica, por exemplo, ou da função real do corpo humano na vida como um todo? São questões da alçada da filosofia. Esse tipo de notícia aparece centenas de vezes a cada dia em nossa sociedade e ao longo de nossa vida: como e o que comemos, bebemos e respiramos; como sofremos enfermidades; quanto tempo e em que estado de consciência vivemos e morremos; o que vestimos; de que modo ocupamos nosso tempo livre e o tempo de nossos filhos; como fazemos amor; como trabalhamos e estabelecemos nossos relacionamentos pessoais. Cada mínimo detalhe da vida encontra-se agora submetido a esse novo cânone da mudança tecnológica. Onde estão, contudo, os comentários filosóficos referentes a esse cânone? É isso o que as pessoas desejam e precisam agora. Os comentários abundam, com certeza, partindo de sociólogos, historiadores, jornalistas, médicos e psiquiatras; e praticamente toda revista ou jornal oferece, seguramente, diretrizes acerca do que se costumava chamar de questões morais. Todavia, nada disso atinge o objetivo, que é filosófico, e se restringe ao seguinte: O que é a realidade? Qual o propósito da vida humana sobre a terra? De que modo deveríamos viver? Qual a diferença entre o bem e o mal e qual a razão da existência do mal?

Um Aiatolá Khomeini leva o mundo à beira da guerra; o Papa João Paulo II arrebata milhões de americanos; novecentos seguidores de Jim Jones suicidam-se na Guiana. A sociologia e a política destes eventos são fascinantes; seus componentes psicológicos e econômicos, complexos e sutis. Atrás de tudo isso, porém, encontra-se a questão da própria religião, questão essa que existe em cada um de nós, de modo consciente ou não: Deus existe? Qual a diferença entre a verdadeira e a falsa religião? Esses são temas da filosofia.

Dá-se o mesmo em tudo: a crise energética, a condição feminina, a influência da televisão e da mídia em geral, a desconjuntada estrutura financeira e econômica das nações do mundo, a explosão demográfica, a poluição ambiental, o crime, o aborto, o divórcio e as drogas. Na sociedade, bem como na vida individual, atrás de cada problema a ser resolvido existe uma questão filosófica a ser colocada – e colocada não apenas do modo como normalmente o fazemos, mas que deve ser ponderada e vivida como um lembrete de algo que esquecemos; algo essencial. Nossa cultura tem manifestado a tendência de resolver seus problemas sem experienciar suas questões. É este o nosso espírito enquanto civilização – mas também nossa patologia. A patologia, agora, invadiu o espírito, fato que está sendo percebido pelos indivíduos em toda parte.

Um geofísico pode ter muito a dizer sobre os recursos energéticos do planeta, mas nada terá a dizer sobre o relacionamento adequado do homem com a terra. Um sociólogo pode esclarecer-nos a respeito dos padrões sociais da criminalidade, mas não sobre o verdadeiro significado do crime enquanto aspecto distorcido do anseio humano por liberdade. Podemos ouvir muito de historiadores e apreciar as vivas imagens criadas pelos novelistas ao abordarem as falhas e as equívocas reviravoltas da vida humana. Mas quem poderá explicar-nos por que as coisas sempre funcionam, na prática, de modo diferente do que na teoria?

Mas vamos com calma; estamos avançando muito depressa. Já estamos começando a sentir a entronização daquele processo esterilizante no qual a vida real fica, inexoravelmente, fora da filosofia. Não é tão fácil nomear as questões da filosofia. Tais questões, as da autêntica filosofia, possuem uma determinada qualidade à qual precisamos estar bastante atentos; uma qualidade que devemos identificar e com a qual precisamos ter cuidado. São questões que devem tocar o coração. Como regra geral, as grandes questões filosóficas são aquelas que todos possuímos mas que já perdemos a esperança de alguma vez ver levantadas ou respondidas; questões sobre as quais, em algum lugar no fundo de nós, em nossa criança interior, ansiamos pensar e sonhar. São imbuídas de um certo caráter mágico, o que significa que tocam algo em nós; algo que é, ao mesmo tempo, absolutamente íntimo e impessoal; algo a que podemos nos referir utilizando expressões paradoxais como "o calor da verdadeira objetividade".

Como todo e qualquer experiente professor de filosofia, posso enumerar uma lista dos clássicos e convencionais "problemas de filosofia": o "problema mente-corpo" (como pode a mente, que é imaterial, agir sobre o corpo, que é material?); o "problema dos universais" (existirão, realmente, entidades genéricas como "bondade" ou "humanidade"?); o "problema do livre-arbítrio"; o "problema do conhecimento de outras mentes"; o "problema da existência de Deus", etc., etc. Estas, porém, não constituem as questões da filosofia; são apenas restos fossilizados daquilo que foram, outrora, "criaturas" vivas e pulsantes. A filosofia oficial, uma espécie de paleontologia da mente, expõe estas ossadas e fragmentos, reconstruindo gigantescos esqueletos denominados "argumentos filosóficos", abrigados, por sua vez, em museus denominados departamentos de filosofia e textos filosóficos. Contudo, reconstruir não é recordar. Os "problemas da filosofia" são apenas os vestígios deixados pelas questões filosóficas – algo que há muito tempo se agitou e continua se agitando no interior de cada ser humano maduro.

Qual é este caráter mágico associado à verdadeira filosofia? Já o detectei inúmeras vezes no rosto de alunos que se aventuravam pela primeira vez num curso de filosofia. Basta conversar com esses mesmos jovens seis meses ou um ano mais tarde, ou após terem deixado a escola – eles se sentem, quase sem exceção, profundamente desapontados. "Eu tinha a ilusão", diz um deles, "de que a filosofia iria me ensinar a sabedoria última." Outro dá de ombros e diz: "Não fui realista. Minhas expectativas eram bem maiores".

Que expectativas? E por que "irrealista"? Quantas e quantas vezes já não ouvi a mesma coisa das pessoas que costumo encontrar em palestras e conferências? Fico surpreso com o número de homens e mulheres bem-sucedidos de nossa sociedade que, em sua juventude, estudaram filosofia com seriedade. Não falo daqueles que o fizeram apenas com vistas a cumprir uma exigência escolar; falo dos que se concentraram nela e que foram além do número de cursos exigidos. Quando solicitados a falar sobre seus estudos de filosofia, eles se transformam. Seus rostos subitamente rejuvenescem; e então, com a mesma prontidão, eles exibem um sorriso triste ou cínico.

O número desses indivíduos é verdadeiramente surpreendente. Sinto como se tivesse descoberto um secreto caso de amor nacional. Ou, se é possível colocar desta maneira, como se tivesse descoberto que todo mundo dormiu com a mulher com quem me casei e, além disso, que ela tratou a todos muito mal. Não é difícil perceber que toda essa gente continua mantendo a chama acesa.

Temos aqui o executivo, o vice-presidente de uma companhia de seguros de saúde. Ele veio a uma conferência pública sobre bioética, na qual eu sou um dos debatedores. O orador principal, um representante da saúde pública, discute o tema "direito de escolha", especialmente com respeito ao tratamento de câncer, e, em seguida, os demais membros da mesa levantam todo tipo de questões. Um padre descreve seu trabalho de aconselhamento a famílias de pacientes terminais. Um médico pondera sobre a eficácia do *Laetrile*. O filósofo (eu) pergunta, então, sobre a atual atitude médica frente à doença. Eu questiono essa atitude à luz do ensinamento platônico contra as emoções que geram fraquezas morais, fazendo o homem cair na armadilha do mundo das aparências. Ao explicar esta surpreendente doutrina de Platão, sintetizo a famosa "alegoria da caverna", em que Platão compara a condição humana àquela de prisioneiros acorrentados numa caverna e que tomam as sombras pela realidade. Após a discussão, o executivo da seguradora aproxima-se. Seus olhos pousam em mim, e eu o observo parado junto à mesa. Estaria ele se dirigindo ao funcionário da saúde pública a fim de discutir a viabilidade econômica de sistemas alternativos de seguro de saúde? Ou optaria por perguntar-me algo sem a menor relação com o seu ramo ou as suas preocupações profissionais? Ele está ali parado, dividido, por um instante, entre dois mundos, dois aspectos de si mesmo. Decide, enfim, dirigir-se a mim e começa a despejar pensamentos e perguntas que haviam estado ali, semimortos, em sua mente por trinta anos.

Temos também o dono de um jornal, um homem dinâmico e ativo, de quarenta anos, sentado à minha frente num jantar comemorativo. Começa a perguntar-me sobre o nível de preocupação pública para com os novos movimentos religiosos e sobre outros temas correlatos que poderiam resultar em bom material para artigos, tais como a afirmação de alguns cientistas de que a nova física está comprovando as doutrinas místicas das religiões orientais. Em meio à minha explicação da doutrina hindu do cosmos como mente, surpreendo-me ao ver a rapidez com que ele põe de lado toda preocupação em vender jornais e começa a argumentar contra a metafísica mística do hinduísmo. Em pouco tempo, a mesa inteira, composta de dez pessoas, embarca na discussão e – ao tilintar de copos, porcelanas e prataria – cá estou eu servindo de mediador de um seminário sobre ciência e metafísica. No meio da discussão cedo a um impulso: recosto-me na cadeira, fecho os olhos e imagino que a conversa esteja num idioma estrangeiro. Estas mulheres atraentes, estes homens ativos, inclinando-se um na direção do outro – o que está se passando aqui? Qual o motivo desta extraordinária animação? Sim, claro, afinal de contas é um jantar comemorativo. E todas estas pessoas gostam realmente umas das outras, de modo que qualquer pretexto para uma conversa é bem acolhido.

Porém não se trata apenas disso, há muito mais em questão. A sra. D., sentada na extremidade da mesa, passa os dias em casas de leilão e trabalha como voluntária em programas de caridade; e olhe para ela agora. Mal pode esperar para expor suas idéias sobre a natureza do si-mesmo! Helen F., à minha direita, uma famosa advogada especialista em casos envolvendo direitos de minorias, esqueceu completamente seu prato; está com os olhos baixos, o cenho franzido e a mão direita empunhada junto aos lábios; ela está sendo atingida por um pensamento novo – sobre o quê? E quanto a Jonathan S., nosso anfitrião, um eminente psiquiatra: ele está falando num tom de voz que nenhum de nós (que o conhecemos muito bem) jamais ouviu. Tropeça nas palavras, sua voz falha; ele me olha indagativamente, desculpa-se pelos pensamentos truncados e frases incompletas, mas há algo que ele quer dizer, ou melhor, perguntar, ou será propor, sugerir – ele não sabe – sobre a imortalidade da alma! Ele está sendo arrebatado porque fala a partir de sua busca e não baseado em seu conhecimento.

Temos, finalmente, o caso da freira católica que veio até meu gabinete, na universidade. Eu a conheci há muitos anos, quando escrevia meu livro sobre cristianismo. Tivemos muitas longas conversas acerca das tradições da espiritualidade e misticismo da Igreja contemporânea. Ela participou, como ouvinte, de meu seminário sobre Pitágoras. Disse que ia às aulas porque estava em busca de uma nova linguagem para o cristianismo e parece tê-la encontrado em nossas discussões semanais. O que seria essa nova linguagem? Não é a linguagem da religião e, no entanto, a toca de maneira estranhamente poderosa. Conversamos. Eu sei aonde ela quer chegar, mas não posso dizer-lhe diretamente; não quero ofender, nem estou convencido de que minha idéia seja válida para todos: existe algo mais próximo a nós do que a religião, algo maior do que o misticismo; mais concreto e, todavia, mais desconhecido. Existe um aspecto de mim mesmo anterior à religião, que se move em outra direção, que não responde a nada nem a ninguém exceto a si mesmo. Quando esse aspecto é ativado, fico em silêncio, escutando. Não se trata de um silêncio religioso; não é "sublime"; a mente está quieta mas bastante viva; tudo o que ela conhece é colocado em questão, porém sem receios. Começa em mim, nesse instante, um movimento completamente novo, mas estranhamente familiar; sinto a possibilidade de uma estabilidade surpreendente. Fico atento e espero.

O processo de recordação tem início.

É impossível determinar a extensão dessa recordação. Porém, ela tem início através do contato com uma linguagem dotada de um "som" específico. Já a testemunhei diversas vezes em alunos – como essa freira – de diferentes religiões, mesmo religiões orientais, inclusive o budismo. É verdade que a linguagem do budismo é muito mais científica e psicológica do que a linguagem religiosa ocidental. Sua forma contemporânea, todavia, parece não mais atingir aquela desconhecida parte da mente onde o homem experimenta o espanto e a esperança de uma lei universal. O budismo adquiriu atualmente, de certo modo, sua pátina ocidental – de ampla aceitação – mesmo em suas formas mais "esotéricas", como o zen ou o budismo tibetano. De qualquer modo, tive alunos que praticavam uma ou outra forma de budismo e que respondiam exatamente como essa freira à linguagem da autêntica filosofia. O ponto em questão é que nem mesmo o praticante devoto da religião, seja esta convencional ou alguma religião nova – nenhum, não importa a intensidade ou sofisticação de sua prática espiritual, não importa a ingenuidade, a simplicidade, o convencionalismo ou a não-ortodoxia –, encontra-se suficientemente preparado para o impacto do verdadeiro questionamento. O jovem zen-budista vem de sua prática matinal, onde se empenha em ultrapassar os obstáculos da mente e do "pensamento". Ainda assim, diante da autêntica filosofia ele se surpreende ao descobrir que o pensamento profundo é, na realidade, o mesmo que libertar-se do "pensamento".

Ocorre exatamente o mesmo no caso de cientistas e jovens de inclinação científica. Subitamente eles se dão conta da existência de um mundo de idéias – idéias de uma qualidade surpreendentemente diferente dos conceitos e teorias científicas, mas que mantêm o elemento da objetividade. Eles são solicitados a utilizar a mente, aquele tipo de mente que os conduziu ao longo dos problemas de suas investigações científicas – todavia, não se trata da mesma mente, não se trata da mesma parte da mente. Eles tentam responder às questões filosóficas com sua mente científica, usual, mas não é possível. (*Não é possível* abordar questões filosóficas apenas com a mente científico-acadêmica: é isso o que a filosofia acadêmica não compreende.) Alguns procuram converter as questões em problemas intelectuais, mas sei que ao fim do problema eles descobrem que a questão ainda está por ser resolvida. Nesse aspecto, eles se encontram em situação absolutamente idêntica à dos indivíduos oriundos das religiões. O estado de questionamento congrega a todos. O cientista, o estudioso de ciência, vem de seu laboratório, onde procurou abandonar os entraves do subjetivismo e da emoção visando enxergar o mundo real. Diante da autêntica filosofia ele se espanta ao descobrir que a emoção evocada nele pelas grandes idéias é, na verdade, equivalente ao libertar-se da emoção.

A magia da autêntica filosofia é a magia do ato especificamente humano de autoquestionamento, o estar diante da questão de si mesmo. Ao empregar a analogia do amor, não fui meramente literário. É como o amor; é o amor. Como é possível? Por que chamar de "amor", exceto como recurso poético, a esse perturbador interesse em idéias como verdade, realidade e ser?

Para responder a esta pergunta podemos voltar-nos para Platão, que definiu o amor como um empenho, uma busca pelo que é superior e maior do que nós mesmos; uma busca que se encontra no próprio âmago da psique humana. O homem, porém, faz mais do que simplesmente buscar; ele não é apenas uma busca por imergir no ser absoluto; ele também busca a consciência do ser, a sua compreensão.

Platão deu a este anseio um nome: Eros, o deus do amor. Ele concede à figura de Sócrates ser o porta-voz dessa idéia de amor. Sócrates, por sua vez, evoca sua própria "mestra na arte do amor", a misteriosa Diotima. O amor, diz ela, é uma força espiritual (*daimon*), e, como tal, pertence ao reino intermediário entre o céu e a terra, os deuses e os mortais. Tanto no homem como no universo, no microcosmo e no macrocosmo, existe o mundo do Intermediário, transmitindo e recebendo entre os níveis de existência. Não se trata simplesmente de Platão ver o universo em "três níveis" – terra, céu e um reino intermediário, o reino do *daimon*, o elo (*syndesmos*). As coisas normalmente são apresentadas desta forma mítica com o propósito de serem sentidas – com o propósito de que a idéia oriente a conduta humana, e não para tão-somente ocupar as atividades de suas faculdades intelectuais. A conduta humana não pode ser orientada por idéias; estas não poderão indicar um sentido, a menos que sejam vividas de maneira equivalente ao que ocorre com os verdadeiros sentimentos.

Vemos, desta forma, a idéia da natureza tríplice do homem e do universo expressa diversamente por cada cultura e nação: terra, céu e o movimento intermediário – os "mensageiros dos deuses", os demônios da Antigüidade ocidental, as *daquinis* do budismo tibetano, as valquírias dos teutões e os anjos do judaísmo e do cristianismo. A natureza tríplice do mundo real é uma idéia básica e fundamental, que necessita de uma expressão mítica a fim de ser sentida e poder orientar a vida humana. A realidade tríplice existe em todos os níveis de existência, e os níveis são muitos. Mas a idéia de muitos níveis envolve várias tríades, diversos graus de "céu-terra-*daimon*".

Contudo, a doutrina dos diversos níveis, das muitas trindades, é outra idéia, uma idéia separada. A filosofia antiga, sob a forma do pensamento mítico, empregou uma idéia por vez. Céu-terra-*daimon*, superior-inferior-intermediário é um *princípio* que necessita ser absorvido em sua simplicidade, ou seja, no que tange à mente humana é básico e simples; e, desse modo, os ensinamentos antigos tornam possível a apreensão de uma idéia por vez. É muito diferente do tipo de pensamento que busca complexidade, ou melhor, complicação. A complicação de idéias é resultante de uma busca prematura e impaciente da totalidade. Quando a filosofia se rende a essa impaciência, começa a perder seu verdadeiro poder sobre a vida humana.

Referimo-nos aqui à idéia da força intermediária no homem e no universo, que tem por uma de suas denominações *amor*, a busca do superior empreendida pelo *inferior*. O amor dirigido do alto para o inferior recebe outros nomes: Hermes é o representante dessa espécie de amor, assim como o deus egípcio Thot, trazendo ao homem os sábios ensinamentos provindos de Deus. O próprio *eros* é uma força que opera em ambas as direções. Porém, o aspecto de *eros* aqui enfocado aponta para cima, sempre para cima, tanto no cosmos interior como exterior.

"– O que então, é o Amor? – perguntei. – É ele mortal?

– Não.

– ...[Ele] não é mortal nem imortal, mas algo entre ambos.

– Mas o que é ele, Diotima?

– Um grande gênio (*daimon*), e, qual todo gênio, intermediário entre o divino e o mortal.

– E qual é – indaguei – o seu poder?

– O de servir de intérprete – respondeu ela – entre os deuses e os homens, transmitindo aos deuses as súplicas e sacrifícios do homem, e, ao homem, as determinações dos deuses e as recompensas; é o mediador que transpõe as barreiras que os separam, e desse modo, através dele, o universo fica ligado... Porque a divindade não tem comércio com os homens, mas através do Amor todo o relacionamento e diálogo entre deuses e homens... acontece. A sabedoria que compreende este convívio é espiritual; toda a sabedoria restante, como a das artes e ofícios, é medíocre e vulgar. Esses gênios ou forças intermediárias são muitos e diversos, e um deles é o Amor.

– E quem – perguntei – foram seu pai e sua mãe?

– A história – disse ela – é um tanto longa...*

Contar essa "história" é o principal objetivo deste livro. A história, a identificação e o fortalecimento do impulso filosófico, ainda não foi relatada no tempo atual. É uma história sobre mim mesmo e que ainda não me foi contada. Mas como contá-la agora? O que será o pensamento mítico para você e para mim? Como reconhecer o amor ao saber, a necessidade de saber, sem colocá-lo em luzes de neon ou servi-lo pré-digerido? Como evitar a romantização do desejo da verdade? Como encarar o fato de que as grandes idéias, em si, não bastam e que, ainda assim, sem elas nada nos é possível? O coração da filosofia está sempre pulsando. A verdade, as idéias provindas de um nível superior estão constantemente me julgando – e a você também, leitor. Você acha que poderá escapar?

– A história – disse ela – é um tanto longa, todavia vou contá-la. No dia em que nasceu Afrodite, houve um banquete de todos os deuses, dentre os quais o deus Poros ou Abundância, filho de Métis, ou Prudência. Acabada a ceia, Pênia, a Pobreza, como de costume em tais ocasiões, aproximou-se da porta para esmolar. Abundância, embriagado pelo néctar... penetrou nos jardins de Zeus, caindo em sono profundo. Pobreza, então, considerando sua falta de abundância, engendrou ter um filho dele e, assim, deitou-se a seu lado, concebendo o Amor (Eros), que, em parte por ser amante natural da beleza, sendo bela a própria Afrodite, e também por ter sido gerado em seu natalício, é o seguidor e servo de Afrodite. E sua sorte é idêntica à de seus pais. Primeiramente, ele é sempre pobre e está longe de ser terno e belo como muitos o imaginam; é rude e esquálido, não possui calçado nem teto; exposto à terra nua, deita-se a céu aberto, nas ruas, ou junto às portas das casas para repousar; tal como sua mãe, está em eterna penúria. Como o pai, todavia, com o qual parcialmente se assemelha, está sempre tramando contra os justos e os bons; é arrojado, empreendedor, um caçador pujante, sempre a tecer uma intriga ou outra, hábil na busca de sabedoria e fértil em recursos: filósofo em todas as ocasiões, terrível como um sofista, sedutor e feiticeiro. Por sua natureza, não é mortal nem imortal, mas vivo e florescente num instante de fartura e morto em outro instante, no mesmo dia, ganhando vida novamente graças à natureza do pai. No

---

* Platão, *Symposium* 203, *The Dialogues of Plato*, 4ª ed., trad. Benjamin Jowett, Oxford University Press, Oxford, 1953. [Existem várias traduções em língua portuguesa, publicados sob o nome de *Banquete*. N. do E.]

entanto, tudo nele que sempre aflui, sempre, também, se esvai, de modo que ele nunca empobrece nem enriquece, bem como está a meio caminho entre a ignorância e o conhecimento. Eis a verdade da questão: deus algum é filósofo ou almeja a sabedoria, porque já é sábio; homem algum, tampouco, sendo sábio, almeja a sabedoria. Tampouco o ignorante persegue a sabedoria. Aí reside o mal da ignorância: em não ser nobre, nem bom, nem sábio e ter a ilusão de sê-lo em grau suficiente. Ninguém deseja senão o de que se julga privado.*

Teremos diversas razões para retomar Platão e seu ensinamento sobre o amor e a recordação. Antes de concluir este capítulo introdutório, voltemos ao mundo em que vivemos, o século XX, o mundo da tecnologia avançada, da energia nuclear, da televisão, dos computadores, da crise ecológica e energética, da guerra mundial iminente; o mundo no qual todos os padrões de vida que orientaram a humanidade por milênios estão desmoronando-se, em termos de estrutura familiar, natureza do trabalho e vocação, indicadores de identidade pessoal, valor social e serviço aos demais; no significado da riqueza e da pobreza; nas complexas ambigüidades da pesquisa científica – o mundo do agora. Este é o mundo em que vivemos: o mundo das dificuldades e problemas, das ameaças de destruição, das promessas de progresso sem precedentes. Para nós, estas crises, problemas e promessas constituem o *mundo das aparências*. É entre estas aparências que experienciamos nossa questão; a questão do significado e do propósito de nossas vidas.

Na história da filosofia, a idéia do *mundo das aparências* refere-se a algo um tanto diferente, de grande interesse mas não relevante, de imediato, para o que estamos abordando agora. O mundo das aparências consiste, tradicionalmente, no mundo das *coisas*, das realidades externas – mesas, cadeiras, montanhas, planetas, plantas, animais e as outras pessoas –, tudo aquilo que aos sentidos se apresenta como uma entidade; o mundo em que aparentemente vivemos e nos movemos. Diversos filósofos, antigos e modernos, argumentaram que esse mundo das *coisas* não é, em absoluto, aquilo que aparenta ser; por detrás dessas *aparências* existe um outro mundo, o mundo real que existe em si e por si, sendo um engano acreditar que aquilo que enxergamos e tocamos no transcurso de nossa vida seja a realidade última.

O tradicional problema da filosofia consiste em saber se as *coisas* do mundo são reais ou ilusórias. Esta formulação, contudo, não é, aqui, direta-

---

* *Symposium* 203-204, trad. Jowett.

mente relevante para nós. Não são as coisas mas as *situações* que configuram o mundo em que vivemos, o mundo que se nos apresenta e reivindica ser real. As situações e os problemas de nossa vida cotidiana, as crises e ambigüidades são, em si, o *nosso* "mundo das aparências".

Por detrás *destas* aparências existe um mundo de autoquestionamento em que precisamos penetrar. Este mundo real é exatamente tão difícil de ser alcançado como o misterioso númeno de Kant ou as remotas Formas platônicas. Tal como estes mundos elevados, ele se encontra fechado à nossa mente e aos nossos sentidos comuns. É um mundo que exige, também, uma faculdade diferente de conhecimento – um poder da mente que Sócrates pretendeu desenvolver no homem. É nosso objetivo, neste livro, esclarecer qual seja esse poder, que reside não na habilidade de *conhecer*, mas na habilidade de *perguntar*. Atrás do problema encontra-se a Questão.

CAPÍTULO 2

SÓCRATES E O MITO DA RESPONSABILIDADE

Se observada como que do espaço sideral ou de alguma outra dimensão de tempo, a história humana apresenta-se como o espetáculo do contínuo fracasso das grandes idéias em penetrar o coração humano. Seria impossível enumerar todas as idéias filosóficas, religiosas, éticas, políticas e psicológicas introduzidas na sociedade humana em dois milênios e meio. Basta lembrar de apenas algumas para nos convencermos de que algum mal-entendido universal parece ter perseguido a civilização desde seu alvorecer, um mal-entendido que impediu o exercício da influência das grandes idéias além de determinado limite na vida intelectual e coletiva.

Os ideais da tradição judaico-cristã, por exemplo, permanecem objeto de crença para milhões de pessoas por séculos a fio. Ainda assim, nem o judaísmo nem o cristianismo podem sustentar qualquer tipo de afinidade com os terrores do século XX: as atrocidades da guerra global e do holocausto, tortura e assassinatos em massa, traição e destruição de culturas e nações inteiras, devastação de consideráveis partes da terra, imposturas, mentiras e derramamentos de sangue que tiveram início, em escala planetária, na Primeira Guerra Mundial e que foram incrementadas na Segunda Guerra com o holocausto nazista, os programas soviéticos de genocídio, o bombardeio e o massacre de populações do leste asiático pelos americanos. O século XX é um recorde de forças e acontecimentos emergidos das profundezas da vida humana, que deixam completamente perplexas as filosofias da tradição religiosa ocidental.

A simples ocorrência de tais eventos constitui uma esmagadora acusação às filosofias do mundo ocidental por seu fracasso em influenciar as mais profundas origens da ação humana. Mas apesar de tais fatos terem ocorrido, nossas filosofias sequer conseguem compreender a natureza desses fatos. Nossa filosofia simplesmente mantém-se em estado de confusão diante desses fatos e completamente à margem deles.

Se isto é verdade com respeito à tradição judaico-cristã, mais verdadeiro ainda se torna com respeito a outros ensinamentos que conhecemos, desde as filosofias da antiga Grécia até os mais recentes ensinamentos da ciência moderna. Mais cedo ou mais tarde, todas as idéias acerca do homem e da natureza naufragaram perante alguma inesperada manifestação da inconsciência humana, causando choque, horror e estupefação – manifestações estranhas a nosso senso de responsabilidade. Seja em face das rígidas teorias do marxismo ou do freudismo, ou das teorias racionalistas e humanistas do século XVIII, vez por outra a humanidade se manifesta a partir de alguma profundeza desconhecida e estranha sob a forma de um crime ou afronta que deita abaixo toda a filosofia. Nenhum ser humano poderá responsabilizar-se por tal manifestação. Eventualmente se busca uma nova filosofia para dar conta dessa erupção da inconsciência humana e, uma vez mais, o mito da responsabilidade começa a tomar corpo. Os homens supõem conhecer a estrutura geral do ser humano; a nova filosofia parece abarcar toda a natureza humana – sua divindade e sua animalidade, seus temores e desejos, suas forças e fraquezas. Novamente, então, o edifício se desmorona inteiro diante de uma nova afronta, uma nova atrocidade ou guerra. Das profundezas do medo, da tensão e da agitação, o homem manifesta, uma vez mais, um comportamento incompatível com a filosofia dominante.

É este o acontecer da vida humana na terra que, mais do que qualquer outro fato, explica a condição estéril da moderna busca filosófica e pede uma apreensão inteiramente nova do questionamento filosófico. Não são as idéias que elevam o nível da vida humana, nem mesmo as grandes idéias, nem sequer as idéias de Cristo, Moisés ou Platão. Estas têm permanecido apenas como idéias.

As idéias não transformam a vida humana. Será esta uma lei inevitável? Estará a humanidade condenada perpetuamente a percorrer em círculos sempre o mesmo caminho, sentada em tronos suntuosos e ornamentados, tendo homens de gênio e boa vontade concebendo ensinamentos e filosofias magníficas que não têm um poder real de transformação sobre o presente curso da vida humana?

Tem a filosofia que ser impotente?

Esta abordagem da questão pode ser verificada e atestada por qualquer indivíduo que se limite a fazer um exame de sua própria existência. O mesmo drama encenado no palco da história mundial desenvolve-se na vida de cada um. Meu senso pessoal de responsabilidade não entra e nem pode entrar em contato com as profundas camadas inconscientes da estrutura humana. A cada dia, na vida de quase todos nós, surgem manifestações interiores pelas quais não podemos ter responsabilidade alguma. O lugar de origem destas manifestações não tem relação com os ideais que trazemos na mente ou no coração. Produzimos nossas próprias atrocidades, nossas próprias guerras mundiais, convulsões, ataques e revoluções. Tais expressões são as nossas emoções – especialmente as negativas. Praticamente todo ser humano curva-se à evidência de que suas aspirações e suas idéias não alcançam as regiões inconscientes de si mesmo. Trata-se, na verdade, de uma experiência tão comum que mal é percebida pela maioria de nós; é simplesmente assumida como inerente à natureza das coisas.

A ironia é que, tendo diante de nós, dia após dia, a evidência de que nossa filosofia não permeia nosso próprio ser, prosseguimos vivendo sob a suposição de sermos responsáveis por nós mesmos. Vivemos imersos nessa suposição e a ensinamos para nossos filhos. Nossa arte está estruturada em torno dessa suposição – nosso sentido de drama e significado está baseado nela; assim também nossa religião, nossos códigos morais, nossas leis civis e criminais e toda a estrutura da vida social e familiar. Trata-se, entretanto, de um pressuposto totalmente falso. Nosso senso de responsabilidade não atinge o âmago de nossa natureza.

A filosofia do mundo ocidental nasceu, em verdade, à luz dessa percepção da impotência da mente. Sócrates teve a visão de que nem a religião e nem a ciência de seu tempo estavam orientando o homem à virtude, termo dotado de um sentido específico, associado ao poder da mente em relação às partes inconscientes da estrutura humana. Para Sócrates, a virtude, nesse sentido, consistia no objetivo da vida humana. O termo "autodomínio" não possui mais esta tonalidade precisa de significado, isto é, que o único objetivo digno de um ser humano é a criação de um canal de responsabilidade e relacionamento entre verdade, idéias e mente, de um lado, e as estruturas inconscientes da natureza humana, de outro – o que poderíamos denominar de aspecto emocional e instintivo do organismo humano.

É difícil imaginar o tipo de impacto que Sócrates deve ter exercido em seu meio. Estamos de tal modo habituados a Sócrates e Platão como figuras históricas, que nos acomodamos e simplesmente aceitamos, sem o menor vestígio de sentimento, que um homem notável possa ter exercido uma influência tão extraordinária no curso da história humana através de milênios. Sócrates? Ah, sim, já ouvimos falar dele. Andava pelas ruas de Atenas questionando, sondando e inquietando as pessoas com respeito à opinião que tinham sobre si mesmas e o universo.

Procuremos evocar algum sentimento mais autêntico e mais próximo a respeito desse tal Sócrates. O fato de alguém ser a cabeça mais influente, mesmo que do quarteirão ou da classe, não é algo de todo desprezível. Mas o que pode significar alguém ser o espírito de maior influência na história ocidental? A que espécie de ser estamos nos referindo?

Inicialmente, devemos ter em conta que, enquanto centro cultural do mundo antigo, a Atenas do século V abrigava, em essência, toda sorte de correntes artísticas, intelectuais e pragmáticas que conhecemos em nossa própria cultura. Possuímos uma ciência moderna; a antiga Grécia possuía o equivalente nos filósofos da natureza, que corresponderiam a nossos físicos, matemáticos e biólogos. Temos, como religiões, o cristianismo e o judaísmo; a antiga Grécia tinha, igualmente, suas religiões, seus deuses, sua orientação voltada à salvação, ao outro mundo, seus ritos sagrados, seus símbolos e sua espiritualidade. Em suma, Sócrates conhecia religião – na mesma medida em que você, eu ou qualquer outro indivíduo de nosso mundo a conhece. Nada significa afirmar que Sócrates não conheceu Cristo e, portanto, não estava exposto ao mesmo grau de verdade religiosa que o homem moderno. Nada significa esta afirmativa dado o fato bastante óbvio de que muito poucos indivíduos, hoje em dia, podem considerar-se verdadeiros conhecedores de Cristo. A religião existe em cada cultura e em todas as épocas; e podemos admitir que Sócrates compreendia, no mínimo, as profundezas do impulso religioso.

Ciência e religião. No passado como no presente. Para Sócrates, contudo, nada no âmbito da ciência ou da religião conseguia satisfazê-lo. Foi nesse ponto que Sócrates se fixou – esse fator singular da impotência da mente, que ele denominava de ausência de virtude e que considerava o único fator de relevância na vida humana. Sócrates não foi um mestre religioso. Fantástico! Sócrates não foi um pensador científico. Também é fantástico! O mais fantástico de tudo, porém, é ele não ter sido nada disso nem qualquer espécie reconhecível de mestre. Mas o que foi ele? Qual a origem de sua enorme influência? E qual a ação desta noção de responsabilidade da mente com relação à emoção e ao comportamento? Por que esta noção, que pode ser compreendida quase sem dificuldade, requer, para sua exploração, um homem desse vulto e força, homem incompreensível segundo qualquer padrão normal de ciência e religião? Novamente surge a pergunta: O que foi Sócrates?

Sócrates não foi ciência, não foi religião. Não foi arte, não foi política, em qualquer acepção conhecida dos termos. Ele questionava e interrogava; sim, isso podemos ter por certo a seu respeito. Contudo, a atividade de Sócrates, seu questionamento, é um fator desconhecido. Esse fator, essa força que não podemos classificar ou explicar em termos que nos sejam familiares, exerceu, e continua exercendo, uma corrente de influência no mundo todo, raramente igualada e jamais ultrapassada nos anais da história. O que foi Sócrates? Talvez mais importante do que isso seja perguntar-nos: em que consistia o questionamento socrático? Se a virtude era o objetivo de Sócrates, por que era perseguida por intermédio de questionamentos ao invés da exposição de doutrinas, de análises conceituais, sínteses de grandes idéias, formação de símbolos, monumentos, peças musicais e artísticas, legislação de sistemas políticos ou alguma das inúmeras formas e métodos pelos quais as mentes privilegiadas transmitiram suas idéias ao longo dos séculos? Perguntar o que foi Sócrates é perguntar sobre a existência, no homem e em nós, de uma capacidade indagativa desconhecida segundo os nomes que damos às faculdades da razão: não se trata de especulação metafísica, nem de análise científica ou doutrina espiritual; não se trata de argumentação moral nem de crítica. O resultado desse poder da razão não é o estabelecimento de algum sistema de idéias, a organização de uma escola de pensamento, a fundação de uma religião ou de um Estado. Tampouco é a descrição de realidades numênicas, dos átomos básicos do mundo, ou de conceitos fundamentais acerca de Deus e do ser.

O poder socrático consiste em rasgar continuamente o mundo das aparências; tanto das aparências emocionais quanto o das perceptivas – ou seja, o mundo que me agrada ou me desagrada, e ao qual estou atrelado por meio das minhas emoções: o mundo de minhas emoções. Penetrar além do mundo das aparências significa pôr em xeque minhas crenças, opiniões e certezas, não apenas com respeito aos objetos, mas a mim mesmo. O que se revelará por trás dessas aparências? Nada, exceto uma nova qualidade mental que, devido às condições presentes, se mantém em estreita relação momentaneamente, com as regiões inconscientes da natureza humana. Para além das aparências encontra-se a Questão. Para Sócrates, o canal da virtude, o poder da verdadeira filosofia, reside naquele poder especial de auto-indagação.

Sócrates é um mistério. E ele é vasto. Esses dois aspectos devem estar sempre em nossa mente e ser retomados uma e outra vez até começarmos a sentir o que está sendo tratado aqui. Não se pretende dizer algo de novo sobre a história da filosofia, nem argumentar que Sócrates tenha sido mal compreendido e que todo o esforço da filosofia seja, como afirmou Whitehead, uma série de notas de rodapé a Platão, e sim que ela é uma sucessão de mal-entendidos com respeito a Sócrates. O que está em pauta aqui são as questões acerca da própria vida levantadas por todo ser humano sincero. Está em pauta o fato de que, ao ouvir o chamado das grandes idéias, ouço, também, uma parte de mim mesmo da qual normalmente não sou consciente. Percebo, ao mesmo tempo, o caos e a violência de minha própria vida e da vida humana sobre a terra. Ou, ainda, percebo sua ausência de significado, o seu término na morte ou sua perpetuação como um carrossel de ilusões. Existem as idéias, existe o sentido – que talvez possamos chamar de Deus; Deus existe, porém a mais elevada realidade que estas palavras representam não está presente em mim como força substancial efetiva em minha vida. Posso amar a grandeza da verdade; contudo isso, por si, não me modifica, não me transforma. Qual será a ação, qual o movimento necessário dentro de mim mesmo para impregnar minha própria carne, meu próprio sangue com a energia da verdade? A indagação socrática não é um simples projeto de perguntas sobre este tema; *a indagação é a própria substância, o processo químico* através do qual a transformação começa a ocorrer no interior de si mesmo. Este fato, e somente ele, poderá explicar a vastidão e o mistério de Sócrates. Ele questionava, mas não do modo como nós o fazemos. Seu questionamento criava um canal no interior da natureza humana, com o intuito de reconciliar mente e corpo; um canal de virtude, ou poder.

Sócrates existiu, e para nós ele é a metáfora de uma atividade mental que define o significado do humano. Sócrates existe como metáfora da estrutura humana, de mim mesmo, aqui e agora, e de minha possibilidade de desenvolvimento. Aqui e agora, como Sócrates, estou cercado de conhecimento científico; de estilhaços de grandes tradições religiosas, mensagens remanescentes de ensinamentos elevados; de símbolos que se fragmentaram e desfiguraram, mas conservam, ainda, seu poder e beleza. Como Sócrates, estou cercado de moralidades e preceitos, alguns refletindo a grandeza da sabedoria antiga, outros concebidos ainda ontem com o intuito de acomodar algumas novas formas de civilização; outros, ainda, elaborados minutos atrás em meu próprio benefício ou visando a conveniência pessoal de outros. Como Sócrates, sou confrontado o tempo todo por vozes que reivindicam a verdade desta ou daquela opinião; vozes de dentro e fora de mim. Esses interlocutores de Sócrates são meus próprios *eus*, erguendo-se para afirmar que conhecem. Além disso, vivo também em Atenas, a Atenas do crepúsculo, mutilada pela guerra, governada por espíritos corruptos, emaranhada em opiniões mutáveis acerca do bem e da verdade. Como Sócrates, estou cercado de invenções e novidades artísticas: a música, a arte e o teatro em suas mais variadas formas. A arte reflete uma visão de harmonia na que encontro repouso, esperança, e com a qual experimento um certo estado mental a que aspiro. Todavia, quando retorno ao cotidiano, percebo que minhas emoções não foram transformadas; reconheço que existem emoções mais elevadas, que surgem quando mergulho na arte, na religião ou na filosofia, mas que não são as emoções que experimento ao me entregar ao convívio diário com as pessoas, nos desafios que a vida me coloca para a simples sobrevivência ou a título de conquista ou, ainda, em face da dor, da frustração, da doença e da morte.

Não; tal como Sócrates, sou compelido a questionar as emoções que a arte, a filosofia e a moral insuflam e mantêm em mim; estas não são as emoções que realmente me conduzem e que dão origem às manifestações e ações de minha vida; são como seres estranhos por dentro de minha pele, capturando a totalidade de mim e levando-me a ser e agir de modo totalmente incompreensível a mim mesmo. Poderia clamar como São Paulo: "O bem que eu poderia fazer, não o faço; aquilo que odeio é o que faço". Minha responsabilidade não penetra estas manifestações. Não tenho virtudes. Como Sócrates, tenho idéias – esses cidadãos atenienses dentro de mim –, mas elas não me proporcionam a virtude; o relacionamento entre verdade, mente, minha carne e meu sangue.

Sócrates, a autêntica filosofia, tem início no confronto dessa situação em mim e na totalidade da vida humana. Estou sozinho; religião, ciência, arte e moralidade, tudo isso existe fora de mim. Existe, na minha mente, algo que me é próprio e que não pode ser reivindicado pela religião, a ciência, a arte ou a moralidade. Existe, na mente, algo livre e autônomo. Mas o que será? Sócrates é o indagador – o questionamento, porém, como uma força e não um jogo de conceitos; o questionamento como um ato de atenção.

Devemos, neste ponto, reconhecer a existência também de Platão, o grande discípulo do mestre. Historicamente foi Platão quem nos legou Sócrates, na monumental série de diálogos, os diálogos de Platão. Sócrates jamais escreveu uma linha; historicamente, tudo o que sabemos a seu respeito provém de alguns relatos de terceiros, dentre os quais são de maior relevância os diálogos platônicos, as memórias de Xenofonte, além de algumas observações e comentários por parte de contemporâneos, como o comediógrafo Aristófanes.

Não estamos interessados, porém, nos fatos históricos sobre Sócrates; nosso interesse reside na força da consciência socrática enquanto autêntica raiz de nós mesmos. Platão foi um discípulo –, disso podemos estar historicamente certos e sobre isso podemos erigir nosso questionamento, não das realidades históricas, mas das do autoquestionamento.

Platão foi discípulo de Sócrates. Não encontraremos um conjunto de idéias mais vultoso ou mais abrangente do que os escritos de Platão e a influência de seu sistema filosófico por intermédio da Academia platônica, que perdurou por centenas de anos após sua morte, dando origem a sistemas inteiros de pensamento, a partir dos quais os maiores intelectos do mundo ocidental se organizaram ao longo de dois mil anos até os dias atuais. Quando a força do evento cristão começou a se articular como religião do mundo, isso se deu, em grande parte, por meio da forma e da linguagem dos conceitos platônicos. Platão e o cristianismo somam noventa por cento do mundo que conhecemos e no qual vivemos.

Teremos amplas oportunidades para discutir, mais adiante, os ensinamentos platônicos. Por ora devemos considerar Platão principalmente como um resultado de Sócrates. Platão, digamos, é o maior pensador especulativo da história do mundo ocidental. Em profundidade intelectual ele é Einstein. Em termos de força artística é o herdeiro dos grandes trágicos da Grécia antiga, com a sensibilidade, certamente, de um Dante ou um Shakespeare; basta mencionar a *Apologia*, o *Fédon* e o *Críton*, diálogos que deram origem, no conjunto, ao Sócrates mítico, despertando no leitor, dois mil e quinhentos anos depois, as lágrimas e o deleite de um sentimento autêntico e universal. Como pensador social, é o grande legislador e teórico da ordem pública, aspecto evidenciado na sua *República*, e articulado com detalhes em sua última e abrangente obra, as *Leis*. Platão é um criador de mitos e símbolos, um cosmologista; com o *Timeu*, ele passou a orientar o pensamento do homem ocidental acerca do universo por mais de dois mil anos. Talvez, acima de tudo isso, ainda, seja ele o maior teórico da psicologia da história ocidental, por ter apresentado uma dinâmica da vida interior à luz de uma simples articulação do possível desenvolvimento da alma humana. Na ética, ele é supremo.

Foi por intermédio de Platão que as idéias com respeito à unicidade da vida e da realidade ingressaram na corrente daquilo que denominamos história ocidental, influenciando as mentes e as criações do mundo ocidental, bem como do Oriente Médio, onde, amalgamadas com a genialidade do mundo islâmico, também tiveram sua ressonância.

Como fazer esta colocação? O pensamento platônico abrange a totalidade da vida humana no mundo ocidental há dois mil e quinhentos anos. É um pensamento tão vasto que até mesmo as expressões mais profundas das revelações cristãs, judaicas e islâmicas, assim como as maiores mentes científicas – Newton, Galileu, Kepler e Copérnico – curvaram-se diante de Platão; reis, príncipes e conquistadores o reverenciaram, conscientemente ou não; artistas, construtores e músicos receberam o seu influxo. Mesmo na Idade Média, quando Aristóteles (discípulo de Platão) possuía um prestígio tão avassalador, representando o poder concentrado da lógica e da credibilidade empírica, o pensamento de Platão manteve indiretamente o seu domínio, irrompendo, mais uma vez, com força incontestável, no surgir do Renascimento, que representa o início da era contemporânea.

E, contudo, Platão é o fruto de Sócrates; o maior sistema de idéias é resultante do grande mestre do questionamento e da auto-indagação. Atrás de Platão, acima de Platão, encontramos Sócrates. Atrás do pensamento todo-abrangente encontramos a destruição da tirania do pensamento. Atrás da mente bem-sucedida encontramos a auto-revelação da ignorância e do vazio. O questionamento socrático é um ato da mente desconhecido em todo o sistema platônico; um ato no qual a energia da consciência busca um contato palpável com as estruturas inconscientes da natureza humana: o instinto, a emoção e as atividades mentais espontâneas. Platão é o resultado da busca concreta da virtude interior, personificada na vida e no comportamento de Sócrates.

Podemos dizer que Platão é o maior pensador especulativo que conhecemos na história de nossa civilização. Contudo, Sócrates é maior do que Platão. Sócrates representa um nível mais elevado da mente; não um sistema de conceitos mais elevado, mas a *ativação de uma energia diferente*. A história do mundo ocidental é testemunha de que nem mesmo o mais privilegiado dos sistemas de idéias é capaz de criar um contato entre a mente e as regiões inconscientes da natureza humana. O pensamento não é uma virtude; torna-se necessária outra energia mental.

Os diálogos platônicos nos contam, repetidamente, sobre o perturbador efeito de Sócrates em seus ouvintes. Contudo, há uma passagem especialmente vívida onde Platão descreve o poder transformador dessa perturbação – a sublevação promovida pelo autoquestionamento, levando as partes inconscientes da psique a um contato com a consciência.

Esta descrição do efeito da autopercepção aparece no *Banquete*, o mesmo diálogo em que o amor é retratado como o semideus e semimortal Eros, lutando pela posse eterna da beleza e, ao mesmo tempo, ciente da carência e da ignorância interiores. Esse amor, esse *eros*, é um sentimento, um conhecimento, no qual júbilo e remorso andam juntos; um conhecimento do valor e do bem conjugados à consciência do próprio egoísmo. A palavra inglesa para esse aspecto do amor é *conscience* [consciência]. Somos informados, no *Banquete*, de que a indagação socrática é muito mais que uma investigação de idéias e conceitos, que Sócrates vai além de refutar opiniões no sentido intelectual. Somos levados a perceber que Sócrates desperta algo no homem, uma espécie de fogo, única força capaz de congregar as partes separadas da natureza humana, criando um poder moral.

Isto ocorre no final do *Banquete*, com a turbulenta entrada da figura de Alcibíades. Antes de descrever esta notável passagem, entretanto, façamos uma pausa para observarmos, novamente, toda a questão da responsabilidade ou virtude – responsabilidade como uma relação entre a consciência e as partes inconscientes da natureza humana. Precisamos ter certeza do que estamos falando. Para tanto, será útil relembrar um pouco da linguagem empregada por séculos a fio com referência a este contato entre regiões da natureza humana e perceber o modo como essa linguagem se viu esvaziada de força e conteúdo.

O *domínio do desejo* é uma das expressões que ecoam através dos tempos, quando a virtude está em pauta. É uma expressão que precisa de nova tradução ou definição, especialmente depois que Freud convenceu a todos de que: 1) os desejos mais poderosos no homem não são perceptíveis; 2) uma vez que não são perceptíveis, não podem ser controlados; 3) ainda que pudessem ser percebidos e controlados, seria um erro fazê-lo, desde que o domínio do desejo resulta em patologia generalizada, tendo em vista que as energias reprimidas devem, inevitavelmente, manifestar-se de uma ou outra forma.

O terremoto freudiano destruiu completamente os conceitos tradicionais de razão e desejo que haviam governado a vida moral do homem ocidental desde a Idade Média e o Renascimento. Contudo, o freudismo, destruiu estes conceitos apenas porque eles haviam sido reerguidos sobre fundações frágeis. Muito antes de Freud, toda a noção de *princípio dominante* da mente fora reduzida a uma caricatura de seu antigo significado. Freud percebeu que em vez de a razão reger, de fato, as paixões, o que ocorria na mente era um simples auto-engano e uma compulsão interna baseados na internalização mecânica das opiniões circundantes sobre bem e mal, um processo que ele classificou pelo termo "superego". A virtude, ensina Freud, simplesmente inexiste.

O homem moderno não se mostrou disposto, de início, a aceitar esse conceito; mas acabou se rendendo a ele, porque, ao explicar desse modo os mecanismos internos da mente, Freud harmonizava o estudo do homem com a visão científica da natureza. Assim como o cientificismo anulara o valor do mundo externo, da natureza, Freud anulou o órgão avaliador do mundo interno do homem.

Contudo, a teoria do superego, de Freud, embora atuando qual um terremoto, foi, na realidade, apenas o passo lógico seguinte na corrupção da total distinção entre razão e desejo que tomara lugar nos séculos que o precederam. O antigo ensinamento acerca do domínio do desejo nada tinha a ver com a destruição ou repressão dos impulsos biológicos e sociais no homem. O desejo, em sua acepção negativa, era tido como a *absorção* das mais excelentes energias da consciência pelos impulsos biológicos e sociais. O desejo não era considerado como impulsos ou emoções em si. Esse processo de absorção tomou corpo de modo passivo e inconsciente, levando à formação de uma falsa percepção de si mesmo (egoísmo) e a manifestações, comportamentos e pulsões (contribuindo para um sentido ilusório de "vontade") universalmente reconhecidos como imorais, ou seja, ofensivos aos demais e destruidores da estrutura comunitária.

Muito antes de Freud, os moralistas religiosos do Ocidente haviam incentivado cada vez mais o homem a combater os resultados dessa absorção inconsciente de energia psíquica ao invés da causa das emoções – o próprio processo de absorção. Geralmente, nada se pode fazer com respeito a esses resultados, as emoções egoístas, exceto suprimi-las ou substitui-las por outras emoções egoístas. Os seguidores de Freud não compreenderam, aparentemente, a dinâmica interna da formação de tais emoções e, com isso, perpetuaram os séculos de psicologia distorcida que os precederam sob a designação de "cristianismo".

Em suma, aquilo que convencionalmente é reconhecido como desejos, emoções ou paixões humanas é o efeito de algo mais sutil e fundamental, que toma seu lugar na psique anteriormente à formação deles. Esse processo sutil e fundamental, por cujo intermédio as energias mentais mais excelentes vêem-se degradadas em emoções egoístas, constitui o verdadeiro inimigo inconsciente do homem, sendo este processo inconsciente aquilo a que os antigos ensinamentos referentes à vida interior davam o nome de *desejo*. Sem perceber, ou conhecer, este processo, o freudismo meramente divulgou uma engenhosa teoria sobre a formação das emoções, baseada na hipótese da biologia darwiniana.

Para encurtar esta longa história, tanto a moderna psicologia quanto o "cristianismo" tornaram-se incapazes de conduzir o homem a um confronto liberador com o desejo ou o processo de formação das emoções egoístas. Esse confronto liberador e transformador pode ser designado pela palavra *consciência*, embora o significado deste termo talvez necessite, também, ser redescoberto. Quando se diz que o senso de responsabilidade não atinge as manifestações inconscientes de nossa natureza, está se dizendo que não existe contato ou confronto entre a atenção da mente e o processo do desejo.

Para que ocorra esse confronto e para que, a partir daí, a consciência possa ser ativada, é necessário que ocorra, no homem, uma qualidade especial de luta interna. É esta luta que Sócrates ensinou e que ele exemplifica: a luta do autoquestionamento. Não é introspecção, não é insight, não é realização emocional, não é automanipulação, não é a formação de teorias acerca de si próprio; não é automoralizante e não é convicção religiosa. De modo similar, Sócrates não é ciência, nem psicologia (tal como a concebemos hoje), ciência natural, arte, religião ou ação política. Sócrates é inacessível a todas essas iniciativas; é incompreensível e talvez até mesmo ameaçador para elas. Da mesma forma, o autoquestionamento é inacessível ao pensamento, ao sentimento e à "vontade" comuns. A consciência pode ser assustadora para esses aspectos mais familiares de nosso eu, mais que qualquer outra força em nosso interior.

Agora é a vez de Alcibíades. No *Banquete*, há uma série de discursos em louvor do amor, concluindo com o de Sócrates que revela o amor como sendo uma força intermediária no homem, movendo-se entre níveis de existência no universo e no indivíduo. Eros, o amor da verdade e da beleza, é metade deus e metade mortal, e mantém relações tanto com o mal quanto com o bem. O objetivo desta luta, denominada *eros*, é o mergulho na realidade, na beleza e na bondade em si, para conceber e dar à luz a virtude e a sabedoria da alma. Entra Alcibíades.

Historicamente, Alcibíades era um elemento preeminente da antiga aristocracia ateniense. É retratado como um jovem de formosura, inteligência, licenciosidade e ambição excepcionais. Platão o mostra entrando ruidosamente no *Banquete*, liderando um grupo de amigos bêbados. Ele entra cambaleante, apoiando-se nos braços dos companheiros, e começa um discurso não sobre o amor como tal, mas sobre Sócrates.

Sócrates, diz ele, é como as estatuetas de Sileno vendidas no mercado. O deus Sileno era príncipe dos sátiros, rebento de Pan e companheiro constante de Dioniso. Era geralmente retratado como um velho calvo e libertino de nariz achatado, com patas e chifres como os *silenoi*, ou sátiros que seduzem os seres humanos pela beleza do som de sua flauta. Sileno, porém, em que pese toda a feiúra de seu aspecto, também era considerado um inspirado profeta, sendo que as estátuas dele, a que Alcibíades se refere, eram ocas por dentro e continham figuras em miniatura dos demais deuses. Alcibíades também compara Sócrates a Mársias, outro célebre sátiro, que teve a ousadia de desafiar o próprio Apolo para uma disputa de flauta:

> Não poderás negar, Sócrates, a tua incrível semelhança física com ambos. Ouvirás, a seguir, os demais aspectos em que a eles te assemelhas... Dirás que não és flautista! De fato; entretanto o espetáculo que nos proporcionas é bem mais notável. Mársias necessitava de um instrumento para encantar os homens pelo poder de seus lábios, um poder que ainda é exercido por aquele que toca suas melodias... Porém tu, Sócrates, és muito superior a Mársias, porque obténs o mesmo efeito com simples palavras, sem instrumento algum. De nossa parte, enquanto pouca ou nenhuma atenção concedemos às palavras de qualquer outro orador, por mais qualificado que seja, uma fala tua ou mesmo um relato imperfeito de algo que tenhas dito lança-nos às profundezas e arrebata-nos. Eu mesmo, senhores, não me considerásseis absolutamente embriagado, contaria, sob juramento, o efeito que suas palavras tiveram sobre mim, um efeito que persiste até o momento. Quando quer que eu o ouça, meu coração bate com mais ímpeto do que num frenesi religioso, as lágrimas escorrem-me pela face, e observo em muitos outros a mesma experiência. Nada semelhante jamais ocorreu-me ao ouvir Péricles e outros distintos oradores; reconheço que falavam bem, mas minha alma não se viu lançada na confusão e desânimo pela idéia de minha vida não ser melhor do que a de um escravo. Esta é a condição à

qual sempre me vi reduzido por este atual Mársias, fazendo com que me parecesse impossível prosseguir vivendo em meu presente estado. Não podes desmenti-lo, Sócrates. E mesmo neste momento bem sei que, caso estivesse preparado a dar-lhe ouvidos, não seria capaz de resistir, embora o resultado tornasse a se repetir. Ele me força a perceber-me, ainda, como um amontoado de imperfeições que, não obstante, negligencia seus reais interesses pelo engajamento na vida pública. Assim, contrário à minha verdadeira inclinação, tampo os ouvidos e refugio-me na fuga, qual Ulisses ao escapar das sereias; não fosse assim, sentar-me-ia a seu lado até tornar-me um ancião. Ele é a única pessoa em presença da qual experimento uma sensação que consideraria impossível em mim: uma sensação de vergonha. Ele, e somente ele, faz com que me sinta positivamente envergonhado de mim mesmo. O motivo é minha consciência de que não existem argumentos contra a conclusão de que devemos proceder do modo como ele indica, e apesar disso, quando não estou em sua presença, vejo-me sucumbir à tentação da popularidade. Porto-me, assim, qual um escravo foragido e saio às carreiras; ao vê-lo, as conclusões às quais me força a chegar enchem-me de vergonha. Muitas vezes sentiria alívio em saber que ele desapareceu da face da terra, mas sei que, caso isso ocorresse, minha dor sobrepujaria em muito o meu alívio. Em verdade, simplesmente não sei o que fazer com ele.*

O impacto de Sócrates é o de produzir no indivíduo um tipo especial de sofrimento, que envolve uma percepção de si mesmo à luz de um critério bastante elevado do que deva ser o homem. Entretanto, esse olhar para si não é um esforço moralista no sentido da persuasão a dar o melhor de si. Pelo contrário, seu efeito é o de despertar o *eros*, um anseio por ser. O impacto do questionamento socrático, que consiste numa auto-indagação autêntica, é o sofrimento resultante do confronto repetido e prolongado, em si mesmo, entre aquilo que se deve ser e aquilo que se é. Até o indivíduo transpor esta prova, todos os esforços pela virtude resultam em fracasso.

A percepção daquilo que eu deveria ser é mais do que uma idéia carregada de tensão emocional – o que define, mais ou menos, o fenômeno patológico da culpa, sintetizado por Freud no termo "superego". Que tal percepção esteja além disso é um fato que vemos enfatizado no restante da fala de Alcibíades. "Este", prossegue Alcibíades, "é o efeito que a 'flauta' deste sátiro teve sobre mim e muitos outros. Ouçam-no, entretanto, e

---

* Platão, *Symposium* 215-216, trad. Walter Hamilton, Harmondsworth, Penguin Classics, Middlesex, 1951, pp.100-102.

perceberão como em outros aspectos ele também se assemelha às criaturas com as quais o comparei, e como é maravilhoso o seu poder."

Alcibíades prossegue relatando como tentou, certa vez, seduzir Sócrates amorosamente. Cabe observar que a homossexualidade entre as classes superiores de Atenas geralmente possui um significado, em Platão, diferente do que tem para o mundo contemporâneo. A questão do amor entre homens nos diálogos platônicos serve como recurso para distinguir as duas espécies de amizade de que o ser humano é capaz. A primeira categoria de amizade é a assistência mútua na busca da verdade; a outra categoria é o apoio mútuo das fraquezas humanas: "a amizade entre homens e a amizade entre porcos".* Platão escreve, a esse respeito, que o amor entre homens é um impulso, nos relacionamentos humanos, capaz de maior elevação (nobreza) do que a paixão sexual comum; é o relacionamento em que a meta comum é o movimento em busca de ser; pode, entretanto, ser inferior à paixão sexual normal, em que os indivíduos reforçam mutuamente as próprias falhas, como a vaidade, a autocomiseração, o medo e a preguiça.

Continuando, então, com o discurso de Alcibíades e o relato do modo como Sócrates deflagra o fogo da consciência, o confronto das duas naturezas do homem, naqueles que se aproximam do filósofo:

> Este Sócrates que estais vendo tem a inclinação de apaixonar-se por belos jovens, estando sempre em companhia destes, extasiado com eles. Além disso, julgando-o pelas aparências, diríeis que ele a tudo ignora e nada sabe. Este, porém, é precisamente o ponto em que se assemelha a Sileno; estas características revestem-no superficialmente, qual a figura oca; quando olhamos, porém, por baixo da superfície, descobrimos um grau de autodomínio que os senhores dificilmente poderão imaginar. É indiferente a ele, podeis acreditar-me, que alguém seja belo – a bela aparência, ele a despreza de modo quase inconcebível – ou que seja rico ou possuidor de quaisquer outros dotes valorizados pela estima popular; nada disso, para ele, tem valor e mesmo nós de nada lhe valemos, disso estejai certos. Passa a vida inteira a fingir e a representar para os homens, e duvido que alguém já tenha admirado os tesouros que se revelam quando ele se faz sério e expõe aquilo que guarda em seu interior. Eu, todavia, certa vez os admirei...
>
> Acreditando que seu interesse por meus encantos fosse legítimo, considerei-me alvo de especial boa sorte; que poderia, agora, em retribuição a meus favores, descobrir tudo o que Sócrates conhecia; pois que todos

---

* Esta forma cáustica de distinguir as duas categorias de amizade é atribuída a G. I. Gurdjieff.

devem saber do ilimitado orgulho que nutria por minha bela aparência. Com vistas a este fim, despachei o lacaio que, até então, sempre mantivera a meu lado em meus encontros com Sócrates e deixei-me estar a sós com ele... Supus, naturalmente, que ele me trataria qual um amante normalmente trata a seu bem-amado quando a sós, e rejubilei-me. Mas nada disso se deu; ele passou o dia comigo, desenvolvendo aquela espécie de conversação que lhe é habitual, em seguida deixou-me e foi embora. Convidei-o, depois disso, a treinar comigo no ginásio... Ele se exercitava e diversas vezes praticamos luta corporal a sós, porém nem preciso dizer que não cheguei mais perto de minha meta... Convidei-o, então, a cear comigo, portando-me exatamente qual um amante com intenções para com um favorito. Não se apressou em aceitar o convite mas, afinal, concordou em vir. Na primeira vez que veio, quis partir imediatamente ao término do jantar e eu, envergonhado, deixei que se fosse. Mas retomei o ataque e, desta vez, retive-o numa conversação noite adentro após o jantar; e, então, quando ele fez menção de retirar-se, convenci-o a ficar, sob pretexto do adiantado da hora.

Ele, assim, acomodou-se para repousar, utilizando por leito o divã em que se reclinara ao jantar, junto ao meu, e éramos apenas os dois dormindo no aposento...*

Nesse ponto, Alcibíades interrompe o relato para repetir sua descrição do estado interior criado nele por Sócrates. Conta ter sido "atingido" na região mais dolorida e sensível de qualquer ser humano. "Fui ferido e ferroado no coração, na alma, ou seja lá onde quiserem chamar em vossa linguagem filosófica."** Alcibíades prossegue, relatando suas artimanhas para deitar-se ao lado de Sócrates e "envolver nos braços aquele 'homem verdadeiramente sobre-humano e maravilhoso'". É o que faz pela noite toda. Sócrates, todavia, "teve a insolência, a infernal arrogância de rir de minha beleza jovial, zombando da única coisa da qual eu realmente me orgulhava... e, acrediteis ou não, senhores, ao levantar-me na manhã seguinte, não havia eu *dormido* com Sócrates, no sentido do ato, mais do que se estivesse na companhia de meu pai ou de um irmão mais velho".***

Qual, imaginai, era meu estado de ânimo depois disso? Por um lado constatei que fora menosprezado, mas, por outro, senti uma reverência pelo

* *Symposium* 217, trad. Hamilton, pp. 102-104.
** *Symposium* 218, trad. Hamilton, p. 105.
*** Platão, *Symposium* 219, *The Collected Dialogues of Plato*, eds. Edith Hamilton and Huntington Cairns; trad. Michael Joyce, Bollingen Series nº 71, Pantheon Books, Nova York, 1964, p. 570.

caráter de Sócrates, por seu autodomínio e coragem; conhecera um homem cujo amor à sabedoria e firmeza de caráter jamais sonhara encontrar. O resultado foi que nem sequer pude irritar-me com ele e privar-me de seu grupo, nem encontrar um modo de subjugá-lo a meu desejo... Senti-me totalmente desconcertado, vagando, de tal modo escravizado a ele como jamais se viu.*

Alcibíades prossegue relatando, então, o que observou no caráter de Sócrates no decorrer de duas campanhas militares – de Potidéia e Délion. Observou um homem de bravura, força e calma ímpares, além de alguém dado, ocasionalmente, a misteriosos períodos de silêncio e escuta interior. Com o que Sócrates se ocupava nesses períodos em que permanecia estático enquanto toda uma atividade tinha lugar em seu redor? A resposta é dada, ou melhor, sugerida, em outro escrito platônico: nos momentos de dificuldade, Sócrates volta sua atenção, com extraordinária concentração, para seu próprio *daimon* interno, seu deus interior – a consciência.** Quanto a essa "voz interior", Platão mostra Sócrates afirmando que pouquíssimos homens têm acesso a ela.*** Contudo, é precisamente a este poder, esta abertura, este ato de *recordar*, que Sócrates conduz aqueles que são capazes de suportar sua companhia. Sócrates é bem mais do que um indagador a desvendar ilusões; é também uma presença, uma força pessoal que, por meio de sua interação com o outro, desperta neste o anseio pela consciência e a divindade interna; uma consciência poderosa e agridoce da existência de dois movimentos opostos na psique humana: a tirania interna do ego e a liberdade interna do si mesmo. O espírito de Sócrates transmite a experiência do mais elevado; a indagação de Sócrates traz a consciência da corrupção e das ilusões em que está mergulhado o indivíduo.

Assim, Alcibíades conclui sua fala mencionando a pessoa e o discurso de Sócrates, que, segundo ele,

> ... é tão extraordinário, tanto como pessoa como em suas palavras, que jamais podereis encontrar alguém que remotamente a ele se assemelhe... a não ser ultrapassando o âmbito humano, recorrendo-se às imagens de Sileno e do sátiro que mencionei em minha fala. São imagens adequadas tanto às suas palavras quanto à sua pessoa... também suas palavras assemelham-se em extremo às figuras de Sileno que se abrem. Quem quer que

---

* *Symposium* 219, trad. Hamilton, p. 107.
** *Apol.* 40a-c; *Eut.* 3b; *Rep.* 496c; *Fed.* 242b.
*** *República*, 496c.

se ponha a escutar Sócrates irá, provavelmente, considerar sua fala absolutamente ridícula, de início, pois que esta se reveste de palavras e frases tão curiosas qual o disfarce, por assim dizer, de um sátiro fanfarrão. Ele fala de bestas de carga, ferreiros, sapateiros e curtumeiros e parece expressar as mesmas idéias na mesma linguagem, repetidamente, de forma que qualquer indivíduo incauto ou tolo será capaz de rir de seu modo de falar. Todavia, se um homem penetra o interior e percebe o conteúdo das palavras de Sócrates, descobre que elas nada mais contêm do que bom senso e que seu discurso é quase o de um deus, reunindo inúmeras representações de uma excelência ideal e dotada da mais abrangente aplicação possível; estende-se, verdadeiramente, por todos os temas com os quais um homem... deva ocupar-se.*

No âmbito dos escritos platônicos como um todo, a figura de Alcibíades se destaca como o homem colocado em posição intermediária. Todos os demais interlocutores são, em geral, claramente a favor ou contra Sócrates; somente Alcibíades percebe o que é verdadeiro, mostrando-se, contudo, incapaz de mover-se em sua direção. Ele é o único a questionar a si próprio e, nesse sentido, embora seja apresentado a fugir de Sócrates, para prosseguir numa vida talvez de total dissolução, pode ser considerado o mais autêntico discípulo de Sócrates nos diálogos platônicos.

Qual o propósito de Platão em apresentá-lo desse modo? É difícil dizer, embora a importância da figura de Alcibíades seja comprovada pela existência de dois outros diálogos que trazem seu nome por título: *Alcibíades I* e *Alcibíades II*. A autoria desses dois textos, mais curtos, por Platão ou por discípulos da Academia é uma questão de controvérsia entre especialistas. Em nossa abordagem, todavia, os problemas históricos não são capitais. A importância da fala de Alcibíades, para nós, reside em outro aspecto. Ela nos fornece uma medida, um padrão do que significa penetrar além do mundo das aparências.

Diante das situações e problemas da vida, não iremos buscar a antiga quimera das "coisas-em-si", no sentido de entidades imutáveis existentes independentemente da percepção humana. O que buscamos é uma qualidade de questionamento que revele nossas ilusões e, ao mesmo tempo, nos faça recordar o que somos de fato e aquilo que devemos ser. A Questão é o nosso Sócrates – guardadas as devidas proporções. Para ser autêntica, esta questão

---

* *Symposium* 222, trad. Hamilton, pp. 110-111.

deverá estremecer a mente e o coração de modo semelhante ao impacto de Sócrates sobre Alcibíades, trazendo à luz ambas as faces de nossa natureza.

Isso significa, obviamente, que o verdadeiro despertar da consciência requer a ação, sobre nós, de um guia em carne e osso, e das situações que essa presença possa criar. Poderá o pensamento, nosso próprio pensamento, reproduzir o impacto socrático, ainda que tenuemente? Podemos questionar nosso mundo e a nós mesmos de forma a sensibilizar-nos para a necessidade de consciência – numa acepção completamente nova da palavra?

Estamos em busca de uma orientação para a vida, que seja capaz de tornar a responsabilidade moral individual um fato e não um mito. Sócrates, o guia em carne e osso, não está diante de mim para conduzir-me à "tentação" e, logo, "livrar-me do mal" – criando situações e desafios que destruam minhas ilusões egoístas e, ao mesmo tempo, irradiem a força de um nível superior do ser e do bem. Poderei, sem o guia em carne e osso, descobrir o poder autônomo do autoquestionamento capaz de atingir todas as regiões inconscientes de minha natureza? Poderei, ao menos, tocar os contornos dessa atividade mental que se constitui no ponto de partida da virtude?

Considero a meta da filosofia levar o homem à luta pela consciência no sentido que descrevemos. Ela pode ser considerada um "recordar" na medida em que a consciência representa meu ser mais intimamente do que qualquer outro elemento em mim; pode ser chamada de "recordação" no sentido do contato com uma força tal que, quando aparece, e apenas quando aparece, reconheço que tudo o que pensava ser o meu eu não era eu.

O que pode ocupar o lugar de Sócrates em minha vida? Do ponto de vista histórico e metafórico, a questão pode ser expressa em termos de um problema envolvendo a pessoa de Sócrates. Platão permite que ele se apresente como um *homem que nada sabe*, cuja "sabedoria" consiste no fato de que apenas ele, dentre todos os atenienses, se dá conta da própria ignorância. Eis aí a raiz da célebre "ironia" socrática. Trata-se de uma mentira que a ninguém convence; todos vêem através dela, incluindo o leitor de dois mil e quinhentos anos depois.

Qual será o ensinamento oculto sob o silêncio socrático, o poder socrático de autoquestionamento? Deve haver idéias acerca do homem e do universo por trás desse poder, idéias muito, muito além da qualidade de meras teorias, conceitos e explicações. O silêncio socrático é superior ao "conhecimento", já vimos isto. Deve haver, porém, sob esse silêncio, essa "ignorância", um conhecimento não entre aspas.

A questão é óbvia para qualquer indivíduo que já tenha empreendido uma auto-observação diligente. Sem idéias verdadeiras para orientar a atenção a partir do interior, o estudo de si logo se depara com uma intransponível barreira, criada, em parte, pelos pensamentos e conceitos condicionados, na mente, pela cultura ou subcultura circundante. As idéias são necessárias para tornar-nos livres de conceitos. Encarnadas num grande mestre, as grandes idéias tornam-se pura energia e amor; o mestre age e vive as idéias, elas são o seu ser. O mestre *é* o seu conhecimento.

Homem algum, entretanto, inicia a busca por autoconhecimento e autotransformação desta maneira, nesse estado de ser. Assim sendo, a questão persiste: o que são o conhecimento e as idéias que estão por trás do método socrático de vida? São algo mais do que o fascinante problema histórico de sabermos quem ou o que terá sido o mestre de Sócrates. Representam nada menos do que a questão de saber como daremos início à longa e séria jornada do autoquestionamento sob a orientação do verdadeiro conhecimento.

Nossa pergunta é a seguinte: existirão idéias capazes de desempenhar o papel de Sócrates para mim, aqui e agora? Existirão idéias com poder de deixar-nos silentes, colocando a totalidade de nosso ser em questão? As idéias poderão auxiliar-nos a iniciar o trabalho de questionamento através do qual rasgaremos as aparências das crises e problemas em que todos estamos imersos? Idéias que nos conclamem a uma busca da consciência em nós mesmos?

Por detrás de Platão encontra-se a imensidão de Sócrates. Que grandeza, que insondável horizonte haverá por trás do próprio Sócrates? Quais as idéias que poderão auxiliar-nos a iniciar o verdadeiro trabalho de questionamento?

Voltemo-nos, agora, para Pitágoras.

CAPÍTULO 3

PITÁGORAS

Terá sido ele o primeiro e o maior gênio científico do mundo ocidental? Terá sido um homem de sabedoria e poder psíquico sobrenaturais, um mestre das leis da consciência e o guia espiritual de milhares de indivíduos? Uma encarnação divina? Ou terá sido, tão-somente, uma extraordinária combinação de matemático e mistagogo, um ocultista, um "mago"?

Tudo isso e muito mais já foi dito sobre Pitágoras. Parte homem, parte lenda, a personagem histórica está envolta em incertezas. Nascido na Ásia Menor, possivelmente no ano de 569 a.C., passou seus primeiros anos na ilha de Samos, tendo florescido, segundo contam, em 530 a.C., durante o governo do tirano Polícrates. Aparentemente deixou Samos fugindo da tirania; estabeleceu-se em Crotona, sul da Itália, onde, dizem, elevou-se à posição de grande autoridade. Sua comunidade sofreu um ataque no ano 500 a.C., e, depois de muito vagar pela Itália, Pitágoras morreu, com idade bastante avançada, em Metapôncio. Afirmam alguns que passou a meia-idade no Egito, estudando o saber daquele país, tendo sido levado à Babilônia como refém quando Cambises, o rei persa, invadiu o Egito. Na Babilônia, prossegue a lenda, foi também iniciado nos ensinamentos dos zoroastrianos.

Como Sócrates, Pitágoras não escreveu uma linha sequer ou, se o fez, nada que tenha sobrevivido aos séculos. Ao contrário de Sócrates, porém, ele não contou com um Platão ou qualquer discípulo contemporâneo que sistematizasse seus ensinamentos sob a forma de argumentos e formulações. Os principais documentos históricos sobre ele e seus ensinamentos datam de, no mínimo, oitocentos anos depois de seu tempo e consistem, basicamente, de histórias e lendas de autenticidade literal duvidosa. Essas biografias não oferecem muitos elementos ao historiador que esteja em busca de fatos com detalhes concretos acerca da vida de Pitágoras, nem tampouco ao estudioso interessado em obter informações objetivas sobre suas idéias. São, contudo, de grande valor como indicações acerca da natureza das idéias que levam ao despertar e da maneira pela qual são transmitidas.

A questão da transmissão de idéias é absolutamente central. Seu negligenciamento deu origem a uma tremenda confusão e preconceito ao longo da história moderna, sendo um dos principais motivos que levaram a filosofia a decair de tal modo nos dias atuais. Além disso, o negligenciamento desse aspecto é a causa principal de o pensamento e o conhecimento terem perdido sua força moral em nossas vidas.

Uma consideração sobre a eminente figura de Pitágoras nos demonstrará a existência de dois tipos fundamentais de idéias. O primeiro tipo pode ser considerado uma espécie de energia, uma energia superior capaz de, sob condições bastante precisas, permear a vida humana com um efeito transformador. A energia destas idéias era chamada, na linguagem antiga, de alimento espiritual, o "maná dos céus" do Antigo Testamento. A formulação verbal destas idéias é apenas um dos aspectos, embora evidentemente importante, das condições necessárias à transmissão da energia que elas contêm. As demais condições são muitas e variadas, incluindo determinadas formas de relação comunal e o emprego de diferentes métodos simbólicos – arte, arquitetura, música e dança, bem como uma certa orientação com respeito a necessidades corporais envolvendo dietas, sexo, sono, atividade física, trabalho e muitos outros fatores. A formulação verbal e conceitual de idéias, aqui, é apenas um elemento de uma espécie notável de educação existencial global na qual um volume maior de energia é assimilado no ser humano em desenvolvimento.

Não obstante, embora estas formulações constituam um único aspecto do processo pelo qual o homem se empenha em prol de uma transformação, elas possuem um papel relevante no processo, especialmente nas culturas em que o intelecto assume um papel preponderante, tais como a nossa e a da antiga Grécia. Já identificamos esse papel relevante ao tratarmos do impacto do questionamento socrático. A autêntica formulação de grandes idéias tem o efeito de levar o homem ao silêncio, ao aquietamento de sua mente. Ou seja, as formulações de grandes idéias são capazes de criar em nós o estado de autoquestionamento. "Somente quando os pensamentos cessam, pode o verdadeiro pensamento começar".

Esta afirmativa, que soa oracular, será desenvolvida ao longo de nossa discussão sobre Pitágoras. Consideremos agora, porém, o segundo tipo de idéias. Comecemos por dar-lhes um nome diferente: conceitos. Os conceitos exigem pouco mais do que uma formulação verbal cuidadosa para serem comunicados. São como mensagens de intelecto para intelecto. Para serem entendidas requerem a propriedade analítica e combinatória da mente, funções atualmente reproduzidas com êxito crescente pelos computadores. Na verdade, uma das mais importantes lições oferecidas ao homem moderno pela revolução tecnológica é a percepção do caráter automático desses processos mentais, identificados, até agora, como aspectos de sua liberdade. Isso também deverá ser abordado em detalhe nos capítulos posteriores. O mundo científico é um grande provedor de questões – a seu modo, um grande "mestre" a ensinar acerca de nós mesmos e nossas ilusões. Porém, ele somente funciona desse modo se adotamos uma determinada atitude em relação aos produtos notáveis da ciência moderna e apenas na medida em que possuímos as *idéias* (e não os conceitos) necessárias à condução dessa atitude.

Os conceitos são, por assim dizer, dispositivos para a solução de problemas, o equivalente interno das tecnologias; são as tecnologias da máquina mental. Conceitos, teorias, hipóteses, distinções e comparações – tudo isso pode ser considerado, em última análise, como instrumentos organizadores das percepções em padrões de consistência lógica denominados explicações. Eles, contudo, não despertam no homem, e nem podem, uma nova qualidade de sentimento ou percepção, um novo órgão ou faculdade de consciência. Os conceitos não passam de ferramentas com as quais o homem combina ou analisa aquilo que já conhece através da percepção. Se as percepções humanas se limitam, principalmente, aos sentidos externos, os conceitos nada mais podem fazer senão organizar o material coletado pelos sentidos. O alcance dos conceitos jamais pode ultrapassar o nível de percepção, ou consciência, em que vive o homem. As idéias, por outro lado, evocam, sustentam e exigem um nível mais elevado da própria consciência.

A grande contribuição da moderna filosofia anglo-americana foi a de revelar a natureza e as limitações dos conceitos e do pensamento conceitual. O caráter estéril desta filosofia deriva tão-somente de sua injustificável suposição de que idéias são o mesmo que conceitos. Na filosofia moderna, as questões metafísicas e morais básicas da vida humana são freqüentemente tratadas como locuções inexpressivas, confusões de linguagem, fantasias e, até mesmo, "doenças". Há algo notavelmente verdadeiro nessa abordagem, pois, ao longo de muitos séculos anteriores ao nosso, as grandes questões filosóficas degeneraram num emaranhado de idéias e conceitos. Não é de estranhar que o homem moderno jamais tenha podido resolver os problemas do livre-arbítrio, da existência de Deus ou da relação corpo-mente. Muito antes da ascensão da filosofia contemporânea, científica e lógica, as idéias começaram a ser tratadas como conceitos, mecanismos para a solução de problemas. Quando isto ocorre, quando esquecemos que as verdadeiras idéias exigem não apenas atenção intelectual mas um esforço moral em todos os sentidos para serem apreendidas, surge uma irremediável confusão, formada por engenhosas teorias metafísicas, éticas ou lógicas que tratam de questões que, na realidade, exigem a ativação de uma energia mental inteiramente nova e um estado de consciência inteiramente novo no homem.*

A moderna filosofia anglo-americana tem toda a razão ao diagnosticar a patologia do "filosofismo". Começando por David Hume, filósofo escocês do século XVIII, e estendendo-se até os filósofos do século XX, como Wittgenstein, Russell, Ayer e muitos outros, a especulação metafísica passou a ser identificada como um exercício de futilidade. Assim como Freud, Nietzsche e Marx, despiram das hipocrisias as modernas práticas e doutrinas judaico-cristãs da Europa, a filosofia científica contemporânea expôs as confusões do moderno pensamento metafísico europeu. Porém, assim como Freud, Nietzsche e Marx, estavam familiarizados apenas com formas religiosas que há tempos já haviam perdido sua real energia, filósofos como Hume, Wittgenstein e Russell estavam familiarizados apenas com as idéias cujas formulações há tempos já haviam perdido seu poder de despertar. Tal como a religião foi substituída por rígidos sistemas de crença e opressivas fantasias morais, as idéias filosóficas foram substituídas por abstrações e conceitos formulados com o único propósito de solucionar problemas do intelecto.

Por séculos a fio, desse modo, a vida da civilização ocidental foi dirigida por uma atmosfera cada vez mais densa de conceitos, teorias e hipóteses que não eram nem práticos do ponto de vista externo e nem interiormente estimulantes. As questões referentes a Deus, à imortalidade, à moralidade autêntica e à identidade humana foram cercadas pela pele morta das grandes idéias – formulações que não mais serviam ao propósito

---

* Ver a alegoria da caverna, de Platão, na *República*. Os prisioneiros não conseguem mais do que enxergar as sombras projetadas na parede à sua frente. Estão de tal modo agrilhoados que não podem perceber os objetos reeais que estão atrás deles apenas voltando a cabeça. Devem voltar-se de corpo inteiro, como personalidades completas, se quiserem enxergar a realidade que se encontra diretamente às suas costas.

de orientar a ação do autoquestionamento, único meio pelo qual tais questões podem ser encaradas.

Devemos encontrar um nome apropriado a esse dúbio resultado de idéias e conceitos. Como designar essas estranhas entidades que superficialmente assemelham-se aos "pais" mas que, na verdade, não possuem nenhuma de suas reais características, e que, ainda assim, continuam a exercer uma influência tão nociva em nossas vidas? Como classificar essas estruturas mentais que não servem de apoio ao questionamento interior e nem sequer resolvem problemas externos; que não servem nem à evolução da consciência humana e nem à sua sobrevivência material imediata no mundo?

Há dois motivos pelos quais me preocupo, aqui, com a terminologia correta. Em primeiro lugar, tanto as idéias como os conceitos são igualmente necessários à vida e ao desenvolvimento humano. Cada qual possui sua esfera de atuação específica segundo as duas naturezas do próprio homem, os dois mundos que ele está destinado a habitar em razão de sua própria estrutura. As idéias movem o homem em direção ao confronto de suas duas naturezas devido ao seu poder de sustentar a ação do autoquestionamento total. Os conceitos, por outro lado, são mecanismos mentais que permitem ao homem empreender, externamente, a luta com os desafios específicos da natureza externa e da realidade social. Uma negligência na escolha da terminologia para designar a confusão de idéias e conceitos pode levar-nos a conferir um valor excessivo a uma ou outra parte da natureza humana.

Em segundo lugar, é necessário ter em mente que o abuso dos mecanismos automáticos de pensamento não pode ser eliminado através de outros mecanismos automáticos, o que consiste no principal engano da filosofia moderna. A interferência do intelecto no desenvolvimento de nossa vida é de tal importância e requer uma "cura" tão radical, que a própria palavra empregada para designá-la deve atingir não apenas o intelecto, como também o coração. As antigas tradições voltadas para a realidade interior fizeram uso de expressões míticas e simbólicas – "demônios", "anjos caídos", "dragões" e "monstros" – que transmitiam o mal de se abordar as questões últimas (sagradas) com a parte do nosso ser desqualificada para tal propósito e, ainda, advertiam sobre a dimensão da necessária resistência a essa tendência.

Como a criação de tal símbolo encontra-se além de minhas possibilidades, limito-me a sugerir que tratemos a esses híbridos como *idéias conceitualizadas*. Embora o termo não possua poder mítico ou simbólico algum, pode, ao menos, recordar-nos, quando empregado, da existência de autênticas idéias. Podemos dizer, a título de definição, que as idéias conceitualizadas aparecem quando as formulações das verdadeiras idéias são tratadas única ou predominantemente como conceitos, princípios ou mecanismos para a organização de dados recebidos através dos sentidos em nosso estado habitual de consciência. Elas, assim, fomentam a ilusão de que as questões fundamentais da vida podem ser abordadas, e até mesmo solucionadas, por uma pequena parcela da psique humana – apenas o intelecto. Fomentam, ainda, a ilusão de que as verdades últimas acerca do homem e do universo podem permear nosso inconsciente (emoção e instinto) sem uma luta interior árdua, prolongada e cuidadosamente orientada.

Essa terminologia nos permite, assim, falar mais especificamente sobre nossa inabilidade generalizada para viver de acordo com aquilo que consideramos verdadeiro, tanto acerca de Deus, como da realidade ou de nossas obrigações morais. A questão é que as *idéias conceitualizadas não podem ser assimiladas na totalidade do nosso ser*. Por outro lado, a função primordial das verdadeiras idéias é trazer uma energia unificadora à estrutura integral da natureza humana. Quanto aos conceitos, que organizam os dados da experiência externa, estes não necessitam ser assimilados pelo todo do indivíduo; não é essa a sua função.

Podemos, finalmente, começar a traçar a distinção entre a verdadeira filosofia e o "filosofismo", bem como restituir – sem receio de insultar quem quer que seja – a palavra "filosofia" a seus legítimos donos, após seus muitos séculos de exílio. O que existe sob esse exaltado termo nos dias presentes pode ser chamado simplesmente de análise conceitual. Falando de modo esquemático, a autêntica filosofia degenera no "filosofismo", que, por sua vez, é curado ou destruído pela análise conceitual. Da mesma forma, as verdadeiras idéias, em nosso interior, degeneraram em idéias conceitualizadas; neste caso, porém, a "cura" é um pouco mais complexa, pois envolve a *therapaeia* educacional de pessoas e não apenas de sistemas de pensamento. Sócrates também empreende a análise conceitual, mas unicamente com o propósito, bem mais amplo, de desencadear o autoquestionamento total.

Quem é o legítimo "detentor" do termo *filosofia?* Não é outro senão Pitágoras, e não apenas por ter sido, historicamente, o criador do termo.[*] É necessário compreender *por que* ele inventou essa palavra.

---

[*] Ver Peter Gorman, *Pythagoras*, Routledge and Kegan Paul, Londres, 1979, p. 38.

ONDE ESTÁS, FILOSOFIA?

◆ ◆ ◆

Para compreender por que Pitágoras introduziu a palavra *filosofia* na linguagem grega, basta referirmo-nos à nossa discussão sobre o amor. Filosofia é o amor à sabedoria, não a sua posse. Filosofia é o esforço por alcançar o estado em que a energia da verdade, ou das idéias autênticas, permeia a carne e o sangue do indivíduo, bem como sua mente.

A importância desta definição de filosofia não pode ser exagerada. As idéias pitagóricas não são conceitos. Elas não foram transmitidas à maneira de conceitos; sua ação sobre a mente do homem não foi a mesma dos conceitos. É verdade, sem dúvida, que pouco depois da morte de Pitágoras, e possivelmente também durante sua vida, as idéias que ele trouxe (de onde, do Egito?) foram desvirtuadas por terceiros, transformando-se naquilo que historicamente se conhece por pitagorismo. Visamos com isto, entretanto, apenas reforçar o que já afirmamos antes sobre o destino das idéias nas mentes insuficientemente preparadas: as idéias legítimas degeneram em idéias conceitualizadas.

Assim, mesmo na atualidade, Pitágoras é largamente considerado como o inventor da matemática em seu sentido moderno. Sob o ponto de vista moderno, Pitágoras se apresenta como um visionário assombroso e estranho, em que o gênio autenticamente científico se mesclava à superstição religiosa e ao charlatanismo ocultista. Ele ensinava que o número se encontra no coração da realidade, o que é interpretado como uma grande antevisão da moderna concepção científica da estrutura matemática do universo. A moderna matemática, entretanto, nada mais é do que um soberbo sistema de conceitos, segundo a convincente argumentação de Alfred North Whitehead e Bertrand Russell, na primeira metade do século XX.

Para Pitágoras, o número era uma idéia e não um conceito. Era um guia para o autoquestionamento e a experiência transformadora do indivíduo, não um princípio para a organização de dados da experiência comum e a articulação das funções analítico-combinatórias do intelecto.

Vista por este prisma, a moderna matemática resulta da mesma dialética histórica que a moderna filosofia. As idéias legítimas degeneram em idéias conceitualizadas, e estas, então, através do processo de análise conceitual, são purgadas daquilo que nelas não possa ser comprovado pela mente comum. Os ensinamentos pitagóricos tornaram-se "filosofismo" pitagórico e, desse modo, fascinaram o mundo ocidental nos séculos finais da Antiguidade, eclodindo com renovado impulso no Renascimento e exercendo, eventualmente, uma influência dominante sobre os pais da ciência moderna: Copérnico, Galileu, Kepler e, sobretudo, Isaac Newton. O início da era moderna está repleto de filosofismo pitagórico – talvez até em grau mais elevado do que no final da Antigüidade. Formulações como "a harmonia das esferas", "ordem cósmica", "sol central", "força e resistência" e muitas outras expressões pitagórico-herméticas transformaram-se em conceitos metafísicos – idéias conceitualizadas –, galvanizando alguns dos mais influentes intelectos da época. Mais tarde, foram submetidas à análise conceitual por Descartes, Newton, Leibniz, tornando-se, logo, os conceitos efetivos da ciência moderna – na matemática, na física e na química. Destituídas de seus traços aparentemente supersticiosos, estas idéias pitagóricas tornaram-se os modernos conceitos de número, energia e ordem causal, grandes mecanismos solucionadores de problemas, que organizaram toda a vida moderna através do desenvolvimento da tecnologia científica.

A moderna matemática, portanto, é nada mais nada menos do que a crítica do pitagorismo. A matemática, tal como nós a conhecemos, pouco tem a ver com a idéia primordial de número, da mesma forma como os conceitos têm pouco em comum com as idéias.

É necessário, neste ponto, uma observação importante sobre esses traços aparentemente supersticiosos do pitagorismo. Antes de passar pelo crivo da análise conceitual, a formulação pitagórica continha uma série de elementos que atualmente classificaríamos de míticos, simbólicos, ritualistas, místicos, mágicos ou ocultos. Ao longo dos séculos, o pitagorismo foi associado a coisas como quadrados mágicos, notações musicais, alusões mitológicas, símbolos alquímicos, diagramas anatômicos e fisiológicos e uma série de coisas do gênero.

Estes elementos talvez possam ser melhor entendidos como os fragmentos desconjuntados do que fora antes a totalidade do método de transmissão de idéias da escola pitagórica. Não conhecemos, evidentemente, todas as condições estabelecidas por Pitágoras para transmitir seus ensinamentos. Os documentos históricos informam quanto a seu emprego sistemático da parábola e do símbolo, da meditação, da disciplina do silêncio, do estudo da música e da dança sacra, do relacionamento mestre-discípulo e dos graus específicos de iniciação; temos indicações relativas a dieta, sono, atividade sexual e normas da comunidade; indicações referentes a vida familiar, vocação e trabalho braçal; ouvimos falar de rituais envolvendo determinados períodos do ano e períodos do dia; além de regras de caráter um pouco distinto, relativas aos relacionamentos entre os membros da irmandade (que incluía mulheres) e entre eles e as pessoas de fora.

Os elementos "supersticiosos" são os únicos remanescentes na atualidade, daquele método, o que, obviamente, torna impossível a reconstituição de um quadro satisfatório dos ensinamentos de Pitágoras. Trago à tona este ponto sobre os elementos supersticiosos do pitagorismo, com o intuito de esclarecer um fato histórico interessante e significativo referente à enorme influência pitagórica no início da era moderna. Ao mesmo tempo em que a análise conceitual expurgava o pitagorismo de seus elementos supersticiosos, estabelecendo as bases do poderoso sistema conceitual da ciência moderna, o imaginário associado ao pitagorismo foi amplamente adotado pelos poetas e artistas visionários de todo o mundo europeu. De Shakespeare a William Blake, de Goethe a Hölderlin e, talvez, incluindo Dürer, Mozart e o arquiteto florentino Brunelleschi, o pitagorismo foi a mais importante fonte da nova metáfora artística a partir do Renascimento.

A análise conceitual resgatou os aspectos dedutivo e explicativo do pitagorismo; a sensibilidade artística, por outro lado, apoderou-se do resíduo imaginativo negligenciado pelos filósofos científicos. Criou-se, dessa maneira, a moderna forma de ruptura entre arte e ciência, correspondente, no indivíduo, à ruptura entre emoção e intelecto, com todas as suas desastrosas conseqüências em nossa vida individual e coletiva.

É característico do filosofismo deixar um resíduo emocional ao ser purgado pela crítica conceitual. As necessidades e anseios que nos levam a criar ou acreditar em idéias conceitualizadas acerca de Deus, da imortalidade ou da realidade, continuam, na verdade, existindo em nós ou em nossa cultura mesmo depois da mais completa correção conceitual. O resultado é uma condição de fragmentação ou de contradição tanto no indivíduo como na cultura. No indivíduo, em nós, essa condição fragmentada pode assumir diversas formas. Em determinada parte de minha vida, em determinada parte da psique, sou analítico, crítico e científico, pesando e testando cuidadosamente a coerência e a utilidade de todos os conceitos gerais; enquanto em outra parte de minha vida e de minha mente, sou "religioso", "espiritual", interessado em arte, em questões morais e no serviço às grandes causas. A necessidade de contato com os níveis mais elevados encontra-se nessa segunda categoria de aspirações, mas apenas em nível emocional. A contradição entre os aspectos intelectuais e emocionais do indivíduo continua sem solução. Além disso, a própria condição da contradição interna é velada e amenizada por opiniões acerca de si mesmo como sendo "uma pessoa complexa", "de interesses variados" em seus assuntos e preocupações. Este processo de encobrir a contradição entre as partes conceitual e a dos valores pode ir bastante longe – iremos abordá-lo mais amplamente no momento devido. Por ora, podemos encontrar exemplos, se não em nós mesmos (é quase impossível enxergá-los em si próprio), então nos outros, tal como os cientistas, que, ao mesmo tempo, são homens de fé religiosa ou fervor moral e professam doutrinas ou agem a partir de hipóteses acerca do homem e do universo que têm pouca ou nenhuma clareza conceitual ou justificativa racional.

No âmbito cultural, essa condição fragmentária e de contradição interna manifesta-se também sob diversas formas, algumas óbvias, outras sutis. Em ambos os casos, todavia, certos termos como "pluralismo", "tolerância" e "individualismo" constantemente mascaram o que é simples falta de relação entre as partes do indivíduo, ao mesmo tempo em que uma série de tentativas superficiais para integrar as partes camuflam a absorção de uma delas pela outra, como a secularização da religião sob a bandeira da "caridade" e da "preocupação social".

A formação de idéias conceitualizadas ocorre quando o intelecto assume o comando da formulação de idéias legítimas, convertendo-as em conceitos. Quando isso ocorre, aquela parte da mente que aspira por uma verdade mais profunda já foi deixada para trás. Os críticos visionários da era contemporânea, que buscam sanar o presente estado de fragmentação cultural e psicológica retomando o filosofismo ou a poética pré-moderna, não se deram conta desse problema. A "união" de pensamento comum e emoção comum é precisamente a inimiga da verdade. O necessário é a união do pensamento e sentimento genuínos. Essa autêntica unidade estrutural da natureza humana, entretanto, somente é possível com o desenvolvimento, no homem, de uma atenção capaz de contatar todas as partes do ser. Tal atenção surge inicialmente apenas quando coloco a mim mesmo em questão em meio à vida. A primeira função das verdadeiras idéias não é a de unir nossas partes numa harmonia superficial, mas a de separá-las, ou seja, romper a unidade ilusória denominada ego.

Quando dizemos que por detrás de Sócrates encontramos Pitágoras, estamos dizendo que existem idéias que nos levam ao autêntico silêncio da mente e que dão sustentação às iniciativas de autoquestionamento.

A própria palavra *filosofia*, introduzida por Pitágoras, é claramente uma idéia dessa natureza. Ela identifica uma parte do ser que busca algo além da satisfação de desejos materiais ou psicossociais. Assim procedendo, ela nos encoraja a prestar maior atenção àqueles momentos aparentemente casuais e desconexos da vida, em que irrompem novos sentimentos: o sentimento de assombro ou dúvida profunda e impessoal trazido pelo contato com imensas forças da natureza ou com as decepções e sofrimentos inevitáveis da existência humana. Sem uma idéia dessa natureza como guia, esses momentos passam sem serem reconhecidos por aquilo que são: sinais de uma outra força do ser interior a chamar por nós.

É essa força latente no homem que Pitágoras designava pelo termo *psiquê*, a alma. "Dê atenção à alma" é uma frase que praticamente define todo o ensinamento de Pitágoras e Sócrates. A idéia, aqui, é que existe algo em mim que corresponde ao princípio mais elevado do universo, mas que não ingressará automaticamente em minha vida. Faz-se necessário um ato específico de atenção, a mesma atenção capaz de surgir, mas apenas ocasionalmente e em lampejos desconexos, quando o curso normal da vida é invadido por uma grande ruptura ou quando, desavisadamente, um momento de sentir silencioso de uma nova qualidade acompanha uma percepção única de algo ou de alguém. A idéia de alma não foi expressa, por Pitágoras ou Sócrates, sem a concomitante necessidade do cultivo da qualidade da atenção, nem foi expressa sem o auxílio necessário ao homem para empreender esta tarefa. Como dissemos, as superstições em torno das imagens pitagóricas eram os pálidos resquícios desse auxílio.

O termo *alma* tornou-se uma idéia conceitualizada no momento em que esse ato de atenção foi mal compreendido. "Dar atenção à alma" transformou-se em "atender à alma" apenas no sentido de o indivíduo formar conceitos e imagens sobre si próprio e de sustentar opiniões fantasiosas acerca de uma divindade sediada automaticamente em nosso interior, o que leva a programas éticos exagerados e a exigências morais amargamente irrealizáveis. Eis um aspecto do filosofismo que merece uma denominação à parte, em virtude da influência singularmente destrutiva que exerceu ao longo dos séculos. Referir-se a ele como "psicologismo" ou "moralismo" é igualmente cabível, porém, o primeiro termo talvez seja mais adequado, tendo em vista que estes fantásticos programas morais, quando submetidos ao crivo da análise conceitual, transformam-se naquilo que conhecemos por moderna psiquiatria.

✧ ✧ ✧

É impossível apresentarmos, ainda que de forma sucinta, todas as idéias de Pitágoras. Eu me limitarei a mencionar diversas outras que serão de especial importância nos capítulos seguintes, onde buscaremos investigar a fundo os problemas da vida e da cultura contemporâneas.

Muitas das idéias de Pitágoras ingressaram, há tempos, em nossa linguagem, sob a forma de palavras que empregamos diariamente sem que nos apercebamos de sua rica linhagem filosófica. Quando falamos do "mundo" ou do "cosmos" como um todo abrangente, estamos empregando uma formulação introduzida por Pitágoras. A idéia-chave, nesse caso, consiste em que a imensa totalidade do cosmos é cognoscível e inteligível. O cosmos "imita o número", ou seja, a ordem total do mundo obedece a leis passíveis de serem apreendidas pela mente. Enunciada desta forma, a idéia de cosmos soa apenas como um dos clichês da atitude científica ocidental. A verdade, entretanto, não é um clichê. Se a idéia soa excessivamente familiar e óbvia, deve-se apenas ao fato de não mais sentirmos o seu significado. E não sentimos mais o seu significado em parte porque o moderno conceito de cosmos extirpou algo de essencial que existia na formulação de Pitágoras.

A *idéia* de cosmos não é, em absoluto, comparável ao *conceito* de universo. O cosmos é cognoscível no sentido de que tudo aquilo que é real e fundamental é propósito, intenção e harmonia. Ser é Mente. Mas não a minha mente; ou, melhor, é a mente do homem na medida em que este desenvolve todas as suas potencialidades mentais, morais e físicas. O cosmos é cognoscível, mas não podemos conhecê-lo antes de nos tornarmos similares a ele. O moderno conceito de universo mantém somente a primeira parte dessa afirmação – a realidade como cognoscível –, porém descarta a segunda parte, a necessidade de desenvolvimento da alma humana como um todo.

Tanto a idéia de cosmos quanto o conceito de universo referem-se a tudo o que observamos e inferimos à nossa volta: a vida biológica, o planeta Terra, o sistema solar, o Sol, outros sóis e sistemas solares, todas as galáxias; enfim, todas as entidades no âmbito do espaço, o qual, conforme a tecnologia contemporânea começa agora a demonstrar, exibe uma totalmente imprevisível variedade de dimensões, estruturas, polaridades e ritmos. Isso tudo, somado às leis matemáticas da física, configura o universo em termos modernos. Porém isso não é o cosmos, embora esteja contido no cosmos. Segundo a concepção pitagórica, existem entidades e substâncias permeando o universo por nós percebido, providas de matéria, eficácia causal e força, mas que são, ao mesmo tempo, pura mente ou estão no limiar de se tornarem pura mente. Estes "ventos celestes" ou "substâncias etéreas" são reais e materiais, sendo, também, quase o mesmo que número ou lei. São mais racionais, mais inteligíveis, mais cognoscíveis do que as coisas percebidas através dos sentidos, instrumentos ou inferências a partir da matemática conceitual ou da refinada percepção sensorial. São mais cognoscíveis – isto é, são manifestações mais puras da mente.

Devemos, agora, deixar a formulação por aqui, cientes do paradoxo aparente que esta idéia possui para nós: o paradoxo de uma materialidade existindo em diversos níveis da mente. Podemos, todavia, perceber de maneira sucinta o destino desta idéia ao ser conceitualizada. Na idéia conceitualizada do cosmos, mente e consciência estão apartadas da matéria. Dois mundos são postulados: o mundo do ser incorpóreo – realidade imaterial – e o mundo das entidades materiais. O mundo imaterial torna-se conceitualizado como entidade, ou entidades, existindo separadamente. No filosofismo religioso transforma-se no conceito de Deus e dos anjos. No filosofismo metafísico, esta noção do reino imaterial transforma-se nas idéias conceitualizadas de "causa primeira", "númeno" ou "realidade por detrás das aparências", compreendidas como entidades existentes em separado, de uma ou outra espécie. Uma vez aceita a conceitualização, está aberta a porta para uma desconcertante variedade de pseudo-explicações do mundo perceptível, sem possibilidade alguma de verificação, o que significa dizer que os mais elevados princípios da realidade estão implicitamente entregues ao mundo do incognoscível. Algo denominado "misticismo" é, então, convidado a entrar pela porta dos fundos, a fim de trazer estas realidades imaginárias de volta ao mundo do cognoscível e do inteligível. Ou, então, a mente humana será permanentemente julgada incapaz de conhecer a Deus ou a Causa Primeira e, por fim, perpetuamente julgada incapaz de tomar conhecimento de qualquer coisa além daquilo que lhe é revelado em seu estado habitual de consciência. Aquilo que é inacessível à mente comum deve ser aceito por "fé". Nesse ponto, estamos a um passo da tirania do "dogma" em seu sentido moderno.

A partir desse emaranhado de idéias conceitualizadas sobre o cosmos, surgiu um "problema filosófico" que até hoje ocupa acadêmicos e demais estudiosos. Trata-se do assim chamado problema de um conhecimento *a priori*: podemos adquirir uma certeza acerca do mundo unicamente através do pensamento ou estará todo o conhecimento digno de nota enraizado na experiência sensorial? Este problema exerceu colossal influência nos tempos modernos, mas representa, em verdade, um estado avançado de decadência quanto à idéia real de cosmos. Segundo Pitágoras, o cosmos, a ordem profunda da natureza, é certamente cognoscível através do autoconhecimento – o homem é um microcosmos. Mas esse tipo de autoconhecimento implica, todavia, um autoquestionamento total, envolvendo todos os aspectos da estrutura humana, bem como o surgimento, no homem, de uma atenção consciente, capaz de penetrar o inconsciente e harmonizar todos os impulsos discrepantes da estrutura humana. O assim chamado conhecimento *a priori*, por outro lado – conhecimento independente da experiência sensorial –, apresenta apenas uma certa semelhança com essa idéia de autoconhecimento. No problema do *apriorismo* é apenas o conhecimento intelectual que está em jogo e não o conhecimento contemplativo no sentido antigo. O conhecimento intelectual – os conceitos – por si só não pode ir além de organizar os dados fornecidos pelos instrumentos da percepção. A antiga idéia do conhecimento do cosmos através do conhecimento de si baseia-se na possibilidade de o homem desenvolver, em seu interior, novos poderes de percepção. A questão, em sua forma moderna, ignora ou compreende mal esta possibilidade.

◊ ◊ ◊

Bastarão as poucas idéias que mencionamos – número, alma e cosmos – para permitir-nos, finalmente, olhar o mundo em que vivemos com os olhos da filosofia? Teremos encontrado nosso Sócrates? Seguramente não. Mas, em certa medida, *invocamos* a ele e aquilo que ele representa: o esforço de questionamento que busca penetrar por trás das aparências do mundo e de mim – o mundo tal como se apresenta, sob a forma de ameaçadores problemas a serem resolvidos, e nosso próprio eu aparente, com todo o bem e o mal aparentes que há em nós. Apelamos às idéias, as legítimas idéias, para que venham auxiliar-nos. Estaremos abertos para elas? Ou iremos também desvirtuá-las em nossa pressa por formular respostas? Atrás das aparências encontra-se a Questão. Estamos preparados para deixar a Questão irromper nossa consciência adentro para ali iniciar sua longa jornada rumo ao coração?

É com esse espírito que apresento a passagem a seguir, como uma espécie de invocação, escrita no quarto século depois de Cristo pelo mais célebre biógrafo de Pitágoras, o grego Iâmblico. As primeiras linhas dessa biografia são as seguintes:

Tendo em vista ser usual, a todo homem sadio de entendimento, invocar a divindade ao embrenhar-se em qualquer discussão filosófica, muito mais apropriado se torna tal procedimento em consideração àquela filosofia que justamente recebe sua denominação do divino Pitágoras. Dado que sua origem deriva dos deuses, não pode ser apreendida sem seu inspirado auxílio. Acrescente-se a isso que sua beleza e magnitude ultrapassam de tal modo o poder humano, que é impossível examiná-la apressadamente; somente podemos reunir certa porção desta filosofia quando, sendo os deuses os guias, dela nos aproximamos em silêncio. Em vista disso, portanto, tendo invocado os deuses como nossos guias e voltando para eles tanto a nós mesmos quanto nossa discussão, acataremos o que quer que eles possam ordenar que façamos.*

A isso podemos apenas acrescentar que, nos ensinamentos de Pitágoras, os deuses são as idéias e idéias são deuses.

---

* *Iamblichus' Life of Pythagoras*, trad. Thomas Taylor, John Watkins, Londres, 1965, p. 1.

PARTE II

WENDY, SIMON E OUTROS FILÓSOFOS

CAPÍTULO 4

CURSO EXTRACURRICULAR

Há dois anos, recebi um convite do diretor de uma escola particular próxima ao lugar onde moro: estaria disposto a falar a uma turma do curso secundário sobre filosofia? Ilustres figuras da comunidade local estavam sendo convidadas a encarregar-se de pequenas turmas durante o dia. Os alunos escolheriam entre uma variedade de líderes da cidade, cientistas, artistas e artesãos, jornalistas e professores universitários, como no meu caso.

O fato de meus próprios filhos serem alunos da escola tornou difícil uma recusa, o que seria minha atitude normal. Falar para adolescentes sobre filosofia? A idéia me apavorava. Meus vinte anos de ensino para alunos do curso superior deixaram-me dolorosamente ciente da dificuldade em discutir-se idéias sérias de um modo a fazer jus, tanto às necessidades curriculares dos jovens, como ao desejo mais profundo de entendimento que os leva à filosofia em primeira instância. Quantas vezes eu já chegara ao fim de uma palestra ou de um curso inteiro sentindo ter fechado mais portas do que aberto? Bem, no caso de meus alunos universitários, cuja maioria estava na faixa dos vinte anos, eu sempre podia desculpar-me um pouco. Ao tempo em que ingressavam na universidade já estavam "fechados", exatamente como todos nós. Deus me livre de procurar fazer o papel de guru. Em todo caso, poderia, ao menos, procurar ajudá-los a experimentar o valor da análise conceitual e da crítica intelectual. Se, ao questionar suas próprias hipóteses e crenças, alguns dentre eles conseguissem vislumbrar o poder das grandes idéias que estudávamos, então talvez eu tivesse realizado tudo o que um professor de filosofia poderia e deveria fazer. Talvez.

Mas adolescentes? Lembrei-me um pouco de como eu era naquela idade. Definitivamente, eu não estava "fechado". Acreditava na Verdade e acreditava em Respostas. Tinha necessidade de servir a algo maior do que a mim mesmo e, contudo, ao mesmo tempo, ansiava por firmar meu ego pessoal.

Passei por uma determinada experiência que somente bem mais tarde pude compreender. Recordo-a nos mínimos detalhes. Acabara de completar quatorze anos. Era uma radiante tarde de outubro e eu voltava da escola. Lembro-me das árvores e das folhas coloridas sob os pés. Meus pensamentos vagavam quando, subitamente, meu nome, "Jerry", foi pronunciado em minha mente. Estanquei. Sussurrei a mim mesmo: "Sou eu". Fiquei perplexo. "Eu existo." Retomei a caminhada, mas muito lentamente. E minha existência caminhava comigo, dentro de mim. "Tenho quatorze anos e existo".

Isso foi tudo. Não comentei essa experiência com ninguém, pelo simples motivo de tê-la gradualmente esquecido. Passei a ler toda espécie de livros sobre a mente, a natureza, a ciência e a filosofia; li grandes romances. Mergulhei na música clássica. Porém, nada do que eu lia, nada nem ninguém que escutava fazia menção, ainda que remota, a essa experiência. Nada em meu ambiente ou educação lembrava-me dela. Como era possível? O que é a cultura, o que é a educação, se nelas tal experiência não encontra lugar? E, sobretudo, qual o modo correto de corroborar essa experiência sem desperdiçá-la, ainda mais, por uma abordagem inadequada?

Havia outras razões, bem menos elevadas, para meu receio em falar sobre filosofia para adolescentes. Sabia – pois me lembrava dos meus quinze anos – do olho crítico para detectar a presunção. Bastava que este ou aquele professor, independente da sinceridade com que procurasse transmitir algo de valor, exibisse o mais leve traço de pomposidade ou hipocrisia, para estar liquidado. Nossa roda de amigos se reuniria e o confinaria, para todo o sempre e sem a menor cerimônia, à nossa gaiolinha pessoal onde residiam os alvos de toda a nossa zombaria: diversos professores de "alta literatura", "higiene pessoal", "valores morais" e por aí adiante. A vítima jamais era levada a sério novamente.

Tinha certeza de que deveria abdicar de todos os meus truques profissionais. Sem esses truques – como o de encobrir a ignorância com referências eruditas a outros textos ou mascarar a própria confusão classificando determinado ponto de "extremamente complexo", "muito avançado", ou o de disparar uma pergunta difícil de volta ao coitado do aluno (com propósitos "pedagógicos"), enquanto esquadrinhava o próprio cérebro em busca de uma resposta respeitável – sem estes truques como iria me sair? Gostava de referir-me à filosofia como um instigador das questões autênticas e viscerais da vida e também gostava de queixar-me da falta de liberdade dos alunos para levantar estas questões nos estabelecimentos de ensino atuais. Mas, e se alguém resolvesse levantar uma dessas questões? Estaria eu realmente preparado para isso?

Na manhã de minha preleção eu estava nervoso como quando começara a lecionar, vinte anos antes. Ali estavam eles, cerca de quinze rapazes e moças de bela aparência, e ali estava eu... falando, falando e falando. Não conseguia parar de falar. As mãos começaram a erguer-se e, finalmente, dei a palavra a uma aluna. Tão logo ela começou a expor sua pergunta, avancei como um rolo compressor sobre sua dúvida com uma resposta que não deixava absolutamente nenhum espaço para outras perguntas. Continuei falando, de modo cativante, divertido e animado, apresentando a caverna de Platão aqui, os *Upanixades* ali, a concepção de Santo Agostinho acerca do mal acolá, e Kierkegaard, Spinoza, Hegel...

O tempo voou. Ouviu-se o sinal e, subitamente, a aula estava terminada. Aquilo foi tudo. Enquanto os alunos passavam em fila por mim e eu sorria para cada um, trocando algumas observações informais, comecei a perceber, em minhas vísceras, o que acontecera. Para ser preciso: *nada*. Não acontecera nada.

Permaneci naquela sala vazia, sentado atrás da mesa. Uma densa bruma começou a erguer-se, enquanto as imagens de rostos juvenis e abertos apareciam à minha frente. Soou, então, um segundo sinal e ouvi um leve bater na porta de vidro. A aula seguinte deveria começar. Os alunos, sem dúvida intrigados, haviam aguardado educadamente que eu deixasse a sala.

Nos dias que se seguiram, cada vez que me lembrava daquele fiasco sentia-me paralisado. Gradualmente, mas de modo decidido, comecei a reconhecer, pelo "sabor", o desenvolvimento de um certo processo com respeito às minhas estimadas opiniões sobre filosofia e educação de jovens. Eu mesmo estava sendo posto em questão – e sem esperar por isso. A gente nunca espera.

Eis-me, então, em Nova Iorque, tomando o café da manhã ao lado de um velho amigo que se tornou diretor de uma nova e interessante fundação filantrópica. Ele me pergunta se estou preparando algum projeto com o qual gostaria de pleitear uma subvenção.

No mesmo instante, surge à minha frente a imagem de minha única experiência com alunos secundaristas; e, para meu espanto, começo a dizer com total segurança na voz: "O que eu realmente gostaria de experimentar seria um curso de filosofia para adolescentes".

Quem foi que disse "Cuidado com o que você pede da vida – você pode obtê-lo"? Escrevo, agora, no final de agosto de 1980. Dentro de duas semanas inicio meu curso na San Francisco University High School (Escola Secundária da Universidade de San Francisco). O anúncio diz, corajosamente, o seguinte:

Curso extracurricular
A CRISE DO MUNDO CONTEMPORÂNEO

Além dos grandes problemas do mundo contemporâneo, envolvendo recursos naturais, guerra, criminalidade, família e justiça social, existe uma profunda confusão acerca do significado da própria vida humana. Quem sou eu? Por que nasci? Qual o propósito do homem sobre a terra? Estas questões foram levantadas desde o princípio dos tempos, mas nunca as respostas foram tão difíceis de encontrar quanto no aqui e agora do final do século XX. O objetivo deste curso é relacionar os problemas cotidianos às questões atemporais. Trata-se de um curso de filosofia, a arte de buscar o mundo real que há por detrás das aparências.

Os temas a serem abordados poderão incluir:

– os novos movimentos religiosos;

– o cosmos: grande máquina ou organismo vivo?

– o trabalho enquanto atividade humana;

– a boa e a má tecnologia;

– o problema e o mistério da morte.

As leituras serão extraídas de fontes antigas e modernas, orientais e ocidentais. O objetivo do curso é fazer filosofia e não apenas aprender a respeito dela.

Tentei, durante todo o verão, planejar o curso. No requerimento formal de subsídio tinha escrito sobre a necessidade de se proporcionar esses assuntos a jovens secundaristas:

A mesma necessidade existe, é óbvio, nos estudantes matriculados em cursos de filosofia de nível universitário em todo o país. Como tantos indivíduos do mundo contemporâneo, todos eles procuram idéias capazes de orientar tanto uma conduta de vida quanto uma busca de significado. Entretanto, a maior parte dos alunos termina seus anos de estudo desapontada e mais confusa do que nunca com respeito a valores – o que os torna presas fáceis de qualquer ideologia, guru ou estimulante que apareça nas ruas prometendo satisfazer seus anseios por uma ligação com algo maior do que eles mesmos. Particularmente perturbador para mim é o fato de um número tão elevado de estudantes ter, ao ingressar na faculdade, seu mais precioso dom intelectual – o sentimento do assombro – já esmagado ou aviltado.

Uma coisa, todavia, é falar dessa necessidade e outra, muito diferente, é saber responder a ela. Pedi conselhos a todo mundo. Todos, sem exceção, aprovaram com entusiasmo a idéia de um curso dessa natureza. "Já era tempo", diz um experiente educador, com os olhos faiscando. Um psicólogo que trabalha com jovens consumidos por drogas e seitas considera o curso "um passo dos mais importantes". "Agora", diz ele, "vou poder dizer aos grupos de pais ansiosos que existe algo sendo tentado em algum lugar." Ele me devolve minhas próprias palavras sobre nosso sistema educacional, que estaria nos transformando numa nação de "analfabetos da religião", e cita algo que escrevi, certa vez, comparando a situação atual com o tabu da geração anterior em falar sobre sexo. Concorda com o paralelo e defende a criação de uma espécie de programa de "higiene metafísica" para jovens. Mas, quando pergunto de que modo evitaria que tal programa se tornasse tão ineficaz e árido quanto as aulas de higiene de nossa mocidade, ele não tem resposta. Apenas brinca, dizendo que, enquanto ele tinha de aprender sobre sexo nas ruas, as crianças de hoje devem aprender nas ruas sobre o Ser.

Muito bem; ninguém sabia o que fazer, foi o que constatei. Assim, procurei indagar das pessoas sobre sua própria adolescência: qual fora o livro mais importante, para elas, na juventude? O que fez com que se voltassem para as idéias? Perguntava isso porque havia pesquisado cada livro de minha biblioteca tentando encontrar, ao menos, as leituras adequadas, para começar. Mas cada livro ou autor mencionado era um dos que eu já tinha considerado e rejeitado. Spinoza? Difícil demais. Herman Hesse? Sentimental demais. Platão? Evidente, mas não de início; eles já teriam ouvido muito sobre ele por outras fontes. Os contos de Grimm? Ricos em idéias originais, mas o adolescente encontra-se, ainda, muito próximo à infância para abordá-lo com liberdade. Nietzsche? Camus? Subjetivos demais. Kierkegaard? Sutil demais – além disso, embora qualquer pesquisador possa ver nele alguém tão distante quanto possível do convencionalmente "religioso", os jovens acabariam por ficar distraídos com a linguagem cristã de Kierkegaard. Não se pode começar com Kierkegaard. Os estóicos – Epíteto e Marco Aurélio? Não, embora eu tivesse sido profundamente tocado por eles quando muito jovem. Ao examinar outra vez Epíteto, dois meses antes, sentira-me desapontado pelo tom moralizante que as traduções vitorianas inserem em seus escritos. O moralismo, sob qualquer forma, é o beijo da morte para a ponderação de grandes idéias.

Assim, pensei novamente em como começara a me interessar por idéias, quando jovem. Qual o autor que havia me ajudado em primeiro lugar? A resposta me surpreendeu: Bertrand Russell.

Se alguém me houvesse aconselhado a iniciar meu curso com Russell, a sugestão teria sido descartada de imediato. Nem cheguei a considerar sua obra durante o verão – Bertrand Russel, lúcido, sagaz, cético, um dos principais fundadores da moderna análise lógica, que abordou as grandes questões filosóficas tendo em mãos pouco mais que um lápis de ponta bem afiada; Russell, que trouxe para o século XX a fé do Iluminismo no método científico enquanto modelo de entendimento; que conseguiu falar de Platão em um parágrafo, ou de toda a tradição religiosa da humanidade num capítulo breve e interessante. Não, Russell não.

Como explicar, então, o enorme impacto de seus escritos sobre mim, aos dezesseis anos? Embora ele tenha atacado de modo inteligente cada doutrina metafísica, antiga e medieval, não me sentia inteligente e nem mesmo desejava ser inteligente após lê-lo. Embora aponte as falhas lógicas na idéia ocidental de Deus, não abalou minha crença na existência de um Criador, muito pelo contrário. Dominando os modernos cânones científicos do conhecimento, ele retrata o homem como uma chispa de consciência num universo imenso e indiferente que inevitavelmente termina por extinguir sua vida e a própria memória de sua vida sobre a terra. Assim sendo, por que me pus a procurar, em seus livros, exatamente aquilo que desejava trazer a meus alunos, um sentido do lugar permanente do homem numa escala mais ampla de realidade?

Posso lembrar-me do dia e da hora em que li Russell pela primeira vez. Foi logo no início de meu terceiro ano de colégio. Acabara de obter minha carteira de motorista e costumava pegar o carro da família aos domingos de manhã e sair da cidade em direção a alguma área arborizada. No banco ao lado ia uma pilha de livros, representando a colheita semanal na biblioteca pública. Lembro-me que naquela época eu estava muito interessado nas novelas de Thomas Hardy; sua austera representação da condição humana confirmava, de modo um tanto açucarado, minha própria solidão. Naquela ocasião, entre os livros que viajavam a meu lado, havia um que eu tirara da estante sem pensar muito: *O Conhecimento Humano: Sua Finalidade e Limites*, de Bertrand Russell.

Falei de solidão, mas sem a intenção de sugerir nada além daquilo que muitos, se não a maioria dos adolescentes, experimentam em nossa cultura como resultado, creio eu, de não estarem suficientemente ocupados. O problema assume uma dimensão por demais destrutiva, contudo, quando existe interiormente a confusão, que hoje em dia se espalhou por toda parte, acerca da natureza e da função da família. Em minha cabeça, a questão se apresenta da seguinte forma: a família é a matriz do desenvolvimento do sentimento no homem. As modernas teorias psicológicas sobre a família concentraram-se principalmente nas emoções de aceitação amorosa e de afeto pessoal. Os tradicionalistas enfatizam a função familiar de incutir nas pessoas os valores morais e o senso de responsabilidade. Outros falam na preparação da criança "para a vida", havendo, ainda, inúmeras outras teorias e diversas experiências em andamento em todo o mundo moderno com respeito a diferentes estruturas familiares. Algo, porém, parece-me ter sido deixado de lado em todas essas visões do papel da família; algo relacionado à verdadeira dimensão do sentimento que é possível e necessário ao homem para seu desenvolvimento completo. Pai e mãe: mais cedo ou mais tarde, na vida individual de cada um, algo deverá substituí-los, algo que não seja externo. Qual a fonte de aspiração e amor por si mesmo no homem adulto? O que motiva a luta individual pelo Ser, num adulto? De que parte do indivíduo procedem a autêntica vergonha e o autêntico orgulho? A que são direcionados, e com que qualidade, os impulsos de reverência e honra num homem adulto? Tais questões não são retóricas, e espero não ser mal entendido ao propor uma tentativa de resposta: da mesma forma como a criança ama seus pais, o adulto chega a amar a verdade.

✧   ✧   ✧

Aquele domingo, em particular, foi especialmente enfadonho para mim. O tédio dominical já se instaurara antes do meio-dia. Ao estacionar o carro junto a um trecho muito bonito da enseada de Wissahickon Creek, no norte da Filadélfia, sentia-me envolto em autocomiseração. No caminho, sintonizara o rádio em alguma música que pudesse refletir esse estado emocional e, agora, contemplava toda a beleza a meu redor através dessa perspectiva. Qualquer coisa que a intensificasse, qualquer coisa que trouxesse uma emoção de qualquer espécie – era a única forma de me sentir vivo. Este, com certeza, é o significado fundamental do tédio que passa a constituir fator tão dominante na vida quando somos jovens: a ânsia pela emoção. Essa ânsia dá origem a muita coisa, incluindo certas modalidades de crime.

Apanhei um livro e comecei a ler; era *Jude, o Obscuro*, perfeito para meu estado de espírito. Logo embaixo, porém, estava o livro de Russell, cujo título, *O Conhecimento Humano*, atraiu-me. Enquanto desfrutava dos lacerantes sofrimentos do pobre Jude, minha mente rondava o título do livro de Russell. Logo pus de lado Hardy e apanhei Russell.

Fiquei preso àquele livro pelas três horas seguintes, sem querer pensar em almoçar. Por quê? O que aconteceu?

Não me era possível acompanhar boa parte do sofisticado pensamento de Russell sobre a ciência e a experiência humana. Não havia, portanto, questão alguma daquele adolescente em concordância ou discordância com seu ponto de vista. Algo muito mais importante e básico estava se passando em mim. Russell falava da linguagem humana, e me dei conta da existência da linguagem – eu falava através da linguagem, eu lia linguagem; a poesia, os romances, os livros e, talvez, a música e a arte eram também linguagem. Ele discutia espaço e tempo, e me dei conta de que o espaço encontrava-se em toda minha volta; que tudo existia no espaço; que o tempo perpassa tudo e eu estava nele, tudo estava nele – mas o que é ele? Falava, também, de ética; minhas preocupações e problemas – não seriam eles *ética*? E falava da mente; eu tenho mente e tenho corpo, mas tudo o que vejo é o corpo: onde está a mente? Minha solidão dissolveu-se; simplesmente sumiu à proporção em que os diversos aspectos de mim mesmo eram-me apresentados como objetos de questionamento no vasto mundo. Soube, então, da existência de algo que poderíamos chamar de *lucidez*. Eu a conhecia como sentimento e desejo. Era um sentimento inteiramente novo e, ao mesmo tempo, contudo, estranhamente íntimo e caloroso. Os críticos da era contemporânea falam, com freqüência, da sensação de alienação e solidão cósmica criada pela moderna ênfase na atitude científica. Eles têm uma certa razão, mas ela não possui peso algum quando colocada perante a primeira experiência de objetividade do indivíduo para consigo próprio. Não há nenhuma frieza nisso. Pelo contrário, foi então, e somente então, que comecei a sentir, pela primeira vez, a existência de uma morada para o homem por detrás das aparências deste mundo feliz/infeliz. Não consegui ler muitos outros romances depois disso em minha adolescência. Jamais terminei *Jude, o Obscuro*.

Assim, encaro o meu esforço, nesse verão, ao preparar o curso, como algo fora de propósito. Fiquei excessivamente preocupado com o conteúdo do curso e não o suficiente com a busca que deve ser trazida a toda filosofia, independente de seu conteúdo. Não concordo com Russell; considero estreita sua visão de realidade, e acho que seus conceitos acerca da natureza humana e do conhecimento não levam a nada. Entretanto, sua mente é mais privilegiada do que a minha, e já tive necessidade de escutá-la.

Hoje é dia 10 de setembro, e dentro de duas horas irei encontrar minha jovem turma pela primeira vez. Sinto-me de volta ao ponto de partida. Ainda assim, por algum motivo, isso não me deixa mais nervoso.

CAPÍTULO 5

QUESTÕES À MARGEM

11 de setembro

Há quinze alunos na classe, o número ideal. Antes e depois da aula, contudo, flagrei-me pensando mais nos alunos que passavam por mim no saguão e que não haviam se matriculado no curso. Será que eu, na idade deles, teria me arriscado a entrar num curso assim? Talvez não. Havia um rapaz que despertou meu interesse, em particular, e me pus a observá-lo por alguns minutos. Estava sentado próximo a seu armário em meio a um amontoado de livros e cadernos espalhados pelo chão. Com a cabeça enterrada em seu novo texto de física, virava rapidamente as páginas, completamente alheio ao que se passava à sua volta. Aproximei-me dele.

— Pode me dizer onde é a sala 11? – perguntei.

Ele olhou para cima sobressaltado. Podia ser eu; tinha o rosto redondo, traços finos e cabelo castanho em desalinho; a camisa pendia de um dos lados da calça.

— É logo ali, professor – disse ele, apontando o corredor. Então, ele sabia quem eu era.

— Estudando física este semestre? – perguntei.

Seus olhos se iluminaram.

— Isso mesmo, professor. Quero estudar ciências. Queria fazer o seu curso, mas é no mesmo horário que o de física.

Aquele rapaz era eu *mesmo*. Atravessei o corredor sorrindo por causa dele. Ele tinha dito "Quero estudar ciências", como alguém mais velho diria

"Quero saber, quero entender". Quando crescesse, porém, será que reconheceria que esse desejo de entender era parte tão integrante de sua natureza quanto seus braços, pernas ou a cor dos olhos? Estou convicto de que o homem nasce com esse desejo implantado nos próprios tecidos de seu corpo. Quando e por que ele deixa de se manifestar em tantos de nós? Será possível colocar na cabeça dos jovens ainda que uma ou duas idéias capazes de virem em seu auxílio quando a vida começar a agir sobre eles, capazes de ajudá-los a recordar aquele desejo ou de serem tocados por ele, mesmo inconscientemente, para uma autêntica busca da verdade?

Conheci minha turma, falei rapidamente sobre o sentido da palavra "filosofia". Eles estavam bem mais nervosos do que eu. O diretor assistente informara-me que alguns dos alunos mais brilhantes haviam se matriculado no curso, o que explicava, parcialmente, a tensão deles. Mesmo uma única idéia legítima, apresentada sob forma difusa e simplificada, pode ser um pouco assustadora para uma mente habituada a dominar conceitos.

Comecei pedindo-lhes que escrevessem a única pergunta que fariam se pudessem encontrar alguém verdadeiramente sábio, como um Moisés, um Sócrates ou um Buda. O que recebi de volta foram pequenos fragmentos comprimidos à margem das folhas ou rodeados por imensos espaços em branco:

"Deus é real"?

"Por que estamos aqui?"

"Tem que haver uma razão?"

"Para onde caminha tudo – o universo?"

"Por que o homem foi dotado de um cérebro mais avançado do que os outros animais?"

Enfiei os papéis em minha pasta, prometendo discutir todas aquelas questões no decorrer do curso. Para mim mesmo, entretanto, fiz uma promessa bem diferente. Eu lhes daria a mesma tarefa cerca de um mês mais tarde. Eles, então, não achariam tão estranho ter de formular a "pergunta no seu próprio coração". Não que fossem achar isso mais fácil, pelo contrário. Prometi a mim mesmo que eles passariam a pensar sobre suas questões durante praticamente todas as suas atividades : em outras aulas, no cinema ou diante da tevê, no esporte, no jantar em família, num encontro, numa festa... e mesmo, no caso de muitos deles, antes de acender um baseado. Prometi a mim mesmo que no espaço de mais ou menos um ano eles estariam, ainda que só um pouco, "contaminados" pela filosofia. Nossa cultura e nossa sociedade não dispõem de lugar algum onde as questões últimas sejam honradas enquanto questões. Todas as instituições e organismos sociais dedicam-se ora à solução de problemas, ora à oferta de prazer; a escola, a família, a igreja, a medicina, as diversões, o trabalho e, até mesmo, os funerais são idealizados de modo a confortar-nos, ao invés de colocar-nos perante a questão que nos é apresentada, quase aos berros, com a morte de um ente querido: *Você também vai morrer – para que viveu?* Nossas perguntas também são como berros truncados, escritos numa folha solta de papel em branco.

❖ ❖ ❖

18 de setembro

Nossos encontros dão-se três vezes por semana, durante os quarenta e cinco minutos finais do período escolar. Gosto desse horário. É um momento em que os jovens estão cansados e um pouco agitados, mas isso é compensado pelo fato de que nossa aula é a impressão com a qual eles deixam o colégio e que levam para casa. Mesmo o cansaço não é tão negativo. Que eles ocupem sua capacidade intelectual com geometria, francês ou química, em que ela realmente é necessária; que cheguem à filosofia um pouco menos preocupados em encontrar soluções – não me incomodo nem um pouco. Porque se eles, mesmo sob tais condições, tornam-se interessados, é possível que a origem desse interesse seja outra. Quero que sonhem, durante a noite, com filosofia.

Conforme minhas expectativas, o que verdadeiramente os toca são as idéias metafísicas e cosmológicas. A título de experiência, iniciei cada aula desta semana discutindo algum problema da atualidade: a crise ecológica, a ameaça de guerra nuclear e a questão da pobreza mundial. Gostaria de ter um registro filmado de suas reações para mostrar a diferença entre o início e o final de cada aula. No início, todas as suas opiniões e preocupações morais vinham à tona: todos falando ao mesmo tempo, mãos agitando-se no ar, discussões e informações do último artigo de jornal ou programa de tevê. Alguns são, de fato, extremamente bem informados. Todos desempenhávamos nossos papéis como que lendo um *script* intitulado: "Diálogo interessante sobre um tema sério". Por estarem um pouco cansados, todavia, e por não serem exatamente adultos, é fácil perceber que suas opiniões ainda não estão inteiramente cristalizadas neles. Em determinado momento denunciam apaixonadamente algum crime ecológico e, no seguinte, estão dando risadinhas ou apenas de olhos fixos na janela.

Que Deus os abençoe. Que Deus também abençoe essa condição de opinião não cristalizada, que nossa sociedade cegamente condena e busca erradicar de todas as formas possíveis. Contei a eles uma experiência minha um tanto divertida, envolvendo exatamente este aspecto.

Foi em 1968, quando eu estava na Columbia University, em Nova Iorque, como conferencista visitante. Era a época dos grandes movimentos estudantis, e Columbia foi uma das instituições onde aquilo tudo começou. Os edifícios estavam sendo ocupados, o caos e a ameaça de violência grassavam por toda parte. Eu estava saindo da biblioteca Butler certa manhã de novembro quando, subitamente, vindo não sabia de onde, um microfone apareceu em frente a minha cara. Do outro lado estava um ansioso repórter de televisão. Uma meia dúzia de gente da imprensa também se aproximou de mim, como um bando de pássaros junto a um naco de pão, um deles com uma câmera portátil de vídeo e outros com lápis e bloquinhos nas mãos.

— O senhor leciona aqui? — perguntou o sujeito do microfone.

Respondi afirmativamente com a cabeça, um tanto perplexo.

— Qual o lado que está com a razão? — perguntou ele, colocando o microfone tão junto da minha boca que por um instante pensei que fosse enfiá-lo nela.

Inclinei ligeiramente a cabeça para trás.

— Não sei — respondi.

Ele me olhou estarrecido e então repetiu a pergunta.

— Acha justificável o que os estudantes fizeram hoje? — Lá estava de volta o microfone. Vi a câmera aproximar-se um pouco mais.

— Não sei — repeti. Era verdade. Eu, de fato, não sabia quem tinha razão. Naquele instante notei nos repórteres, e em mim mesmo, algo que iria perceber diversas vezes tanto em Columbia como ao retornar, depois, à San Francisco State University, durante as greves estudantis que polarizaram as atenções mundiais. Uma das principais características de qualquer período de agitação de massas é a enorme pressão por tomadas de posição, e não apenas isso, mas defender tal posição de modo apaixonado e exclusivo. Dá-se a isso o nome de "compromisso" ou "engajamento". Normalmente, porém, nada mais é do que medo.

O repórter continuou encarando-me, sem entender. Subitamente, então, a expressão de seu rosto mudou. Jamais alguém me olhara com tamanha indignação e desdém em toda a minha vida.

– Quer dizer – disse ele, pronunciando as palavras com grande dificuldade – que o senhor... *não tem opinião?* – Era como se ele estivesse me acusando de um assassinato em massa.

Normalmente, quando conto essa história, costumo enfeitar os fatos de modo a torná-los mais divertidos do que realmente foram e para melhorar minha imagem. Digo ter respondido: "Qual é o problema? Levei anos para atingir o ponto de não ter opinião sobre coisas desse tipo!" Na verdade, porém, simplesmente balancei a cabeça, enquanto os repórteres se afastavam de mim como se acabassem de detectar o portador de alguma doença repugnante e altamente contagiosa.

Minha história pouco contribuiu para conter a torrente de comentários vindos da classe. Mas, tão logo surgiram idéias cosmológicas ou metafísicas na discussão, foi como se uma varinha de condão tivesse sido apontada em direção a todos. A agitação cessou. As piadinhas cessaram. Cessaram as interrupções e os atropelos verbais. Instaurou-se na sala uma atenção tranqüila, aberta e espontânea.

O tema da ecologia, por exemplo. Como preservar o ambiente biológico do homem num mundo dedicado à sua destruição acelerada? Tanto os países como as pessoas devem modificar seu estilo de vida, disse um aluno. Outra argumentou pelo desenvolvimento da "tecnologia intermédia" (ela andara lendo Schumacher). O tema das baleias e florestas tropicais levou um dos alunos a propor uma espécie de grupo internacional de trabalho que exercesse pressão. Isso levou à idéia de um governo mundial, o que um dos alunos afirmou não ser realista. Foi rejeitada aos gritos pelos demais, que argumentaram que, desde que se tratava agora de um problema de sobrevivência física no planeta, os governantes do mundo todo poderiam reunir-se por uma questão de absoluto interesse próprio. Outro aluno, ainda, que estava estudando os índios americanos, falou em "pisar a terra com cuidado" ou algo similar, o que levou toda a discussão de volta ao problema do relacionamento humano com a natureza.

Nesse exato momento, levantei uma daquelas questões que, com toda razão, tornaram-se uma espécie de gracejo entre gente sofisticada mas que, em determinadas circunstâncias, adquirem a força primordial que alguma vez já tiveram para quase todos nós. Durante uma pequena brecha na ruidosa discussão, perguntei:

– O que é o homem?

Todos ficaram em silêncio. Alguns segundos depois, acrescentei:

– E por que ele está neste mundo?

✧   ✧   ✧

1º de outubro

Tenho que encontrar alguma forma de conhecer esses alunos individualmente. Anunciei, hoje, que se alguém desejasse falar comigo, eu permaneceria na classe ou marcaria um encontro em particular com a pessoa. Ninguém, entretanto, ficou na classe ou pediu para falar comigo. Pensei, a princípio, que o único motivo fosse o tema que havíamos acabado de discutir. Como a guerra Irã-Iraque tinha recém-estourado, pedi a eles que lessem um interessante ensaio sobre as guerras, escrito por Samuel Dresner, um rabino que apresenta uma visão do lugar do homem na ordem cósmica bastante diferente daquela que os alunos poderiam ter escutado em suas igrejas ou sinagogas. É uma visão muito singular e um tanto desalentadora. Citando determinados textos rabínicos (*Breshit Rabbah* 8) e transcrevendo diversas doutrinas pouco conhecidas dos escritos cabalistas, Dresner fala da criação do homem como nada mais nada menos que um grande experimento de Deus. A iminência da guerra atômica, argumenta Dresner, é um presságio de que a experiência humana talvez esteja próxima de terminar em fracasso, em decorrência da inabilidade ou relutância do homem para ocupar seu devido lugar no planeta. Escreve ele:

> A continuidade da existência humana não está assegurada de modo algum... Não há estabilidade ou certeza quanto à existência do homem. Os anjos opuseram-se à criação do homem; as forças da verdade e da justiça opuseram-se à criação do homem. A criação do homem foi contestada porque o mal que dele se originaria foi previsto. A criação do homem foi contestada porque o seu poder de ferir e o seu desejo de destruição foram previstos. Não obstante, Deus criou o homem (segundo os rabinos) na esperança de que o bem conquistasse o mal; de que o poder do amor conquistasse o poder de ferir, e o desejo de obedecer à Sua vontade

conquistasse o desejo de destruição. A história humana, contudo, tem sido a história da decepção de Deus com o homem.*

Dresner cita, então, diversas passagens no Antigo Testamento (Adão, Caim, Noé e muitos outros) em que "o Todo-Poderoso estava a ponto de dar fim à experiência humana". Deus criou e destruiu muitos mundos antes de criar o nosso. Talvez agora, sustenta Dresner, "nossa Terra [esteja em vias de] tomar seu lugar junto aos outros mundos que Deus, segundo dizem, já criou e destruiu".

O que os profetas temiam era o abandono do homem por Deus; o silenciar de Sua voz, o retirar de Sua presença... Talvez seja este o sentido de nosso tempo. Se o homem quer destruir a si próprio, Deus parece dizer: "Deixem-no. Já estou farto. Vou tentar novamente em outra parte".**

Por certo não ignorei o efeito dessa idéia sobre os alunos. Após uma semana de discussões sobre o lugar ocupado pelo homem na ordem natural, a idéia foi tomada muito mais como uma hipótese científica do que alguma condenação de caráter convencionalmente religioso.

Aquilo, então, tocou-os diretamente, como algo a ser levado a sério.

Contudo, até eu fiquei surpreso com o grau de reflexão suscitado. Foram levantadas questões éticas e morais, mas com um alcance bastante diverso do normal. Falando em termos abstratos, eu diria que o aprofundamento de suas dúvidas com respeito a temas éticos deveu-se à sua visão de tais questões sob uma perspectiva cosmológica, como questões pertinentes àquilo que o homem *é* e não àquilo que ele tem que fazer. A agitação normalmente associada aos dilemas morais recuou em face do sentido de uma escala mais ampla de realidade, em que a atenção se volta para o *lugar* do homem, o *ser* do homem.

Com o propósito de testar essa minha percepção, finalizei a aula levantando um dos problemas filosóficos mais debatidos quando se aborda o tema da guerra: haverá alguma instância em que se justifique tirar a vida a alguém? Esse tema normalmente é uma garantia de controvérsia – matar é errado, mas existe o direito à legítima defesa, etc. Matar é errado, mas é preciso proteger a própria família, etc. Matar é errado mas existem casos de

---

* Samuel H. Dresner, "Man, God and Atomic War", *God and the H-Bomb*, ed. Donald Keys, Bernard Geis Associates, Nova York, 1961, p. 130.
** *Idem, ibidem.* p. 132.

guerras justas, como, por exemplo, o combate à Alemanha nazista, etc. Tais discussões levam, inevitavelmente também, à conclusão de que é necessária alguma forma de governo mundial. Todos, então, vão para casa satisfeitos, ainda que suspeitando, lá no fundo, de que nada disso jamais acontecerá entre os países do mundo. Todos vão para casa mais ou menos conscientes de que as diferenças estabelecidas entre o assassinato e a morte socialmente justificada são irrelevantes para a questão que está por trás do problema da guerra: a questão das verdadeiras origens e significado da violência.

— Como alguém pode decidir se matar é certo ou errado? — perguntou um aluno.

— O que quer dizer com isso? — indaguei. Ele não respondeu.

— Sei o que ele está querendo dizer — declarou uma aluna, após uma incômoda pausa. Todos os olhos voltaram-se para essa jovem, Lois, que raramente se manifestava em classe. — Ele está querendo dizer que se você odeia alguém, não tem saída. Sua vontade é matar a pessoa.

— É isso aí! — disse o rapaz, cujo nome era Sim (diminutivo de Simon).

Lois era uma garota alta, de pele clara, com meigos olhos azuis e tranças loiras e macias. Seu rosto era perfeitamente redondo. Embora raramente se manifestasse, prestava muita atenção a tudo; estava sempre com os olhos arregalados e os lábios entreabertos, numa expressão de doce espanto.

— Como se pode dizer a uma pessoa para não ter ódio de outra? — indagou ela. — Os pássaros voam, os peixes nadam e as pessoas odeiam.

— É isso aí! — repetiu Sim. Ele era baixinho, de constituição sólida; as maçãs do rosto salientes e os olhos ligeiramente puxados conferiam-lhe um ar de impassividade asiática. Tudo isso em franco contraste com a avidez com que se lançava a cada idéia.

— Mas as pessoas também amam, não é? — disse ele, dirigindo sua afirmativa a Lois. Voltou-se, então, para mim e indagou: — O que faz com que as pessoas odeiem ou amem?

Alguém, instantaneamente, ergueu a mão no meio da sala, mas Sim aguardava uma resposta minha. Contudo, quando eu ia abrir a boca para falar, ele olhou para o chão e deu um longo assobio baixo.

— Sabe de uma coisa? — declarou ele. — Será que todas as guerras da história humana são simplesmente isso, amor e ódio? Pense nisso! —

Assobiou novamente, surpreso. – Milhões e bilhões de pessoas, bombas, terror, destruição, massas humanas mudando de um lugar para outro... meu Deus! Será que tudo isso não passa de emoção? O planeta Terra está flutuando em emoções! – Luzes começaram a se acender nos olhos de Sim.

Foi nesse clima que a aula terminou. Sentei-me à escrivaninha fingindo estar ajuntando papéis, esperando para ver quem gostaria de falar comigo em particular. Mas todos, lentamente, foram-se embora.

Ao entrar no corredor, vi Sim de costas para mim conversando com duas garotas de outra turma. As garotas davam risinhos por algo que Sim estava dizendo. Resolvi passar reto por eles. Olhei para Sim de relance, ao passar, e fiquei chocado ao perceber o que havia em seu rosto quando nossos olhos se encontraram num cumprimento: era medo. Aquilo me perturbou profundamente.

É evidente que a última coisa que eu esperava seria algum tipo de cordialidade superficial, o que reduziria as idéias filosóficas a intrigantes quebra-cabeças. Um certo *tipo* de medo era até muito positivo – o medo que consiste, em verdade, num vislumbre da dimensão das grandes idéias, o primeiro passo do indivíduo no sentido de permitir a entrada de idéias em seu coração. Essa espécie de medo, denominado com mais propriedade de "assombro", pode, eventualmente, tornar-se aquele sentimento para com o superior, que se constitui em impulso indispensável no caminho do auto-conhecimento e que já foi nomeado como "temor a Deus" nos grandes ensinamentos tradicionais. É nessa direção que encontramos a experiência do autêntico remorso da consciência, a mais poderosa força transformadora na vida humana.

Entretanto, o medo que havia nos olhos de Sim, ao cruzarem com os meus, nem de longe se relacionava a isso. Era culpa; era como se, de alguma forma, as grandes verdades exigissem que ele não perdesse tempo com belas garotas ou algo assim. Deus meu, estaria eu, inadvertidamente, transformando idéias em patrulheiros, da mesma forma como toda a nossa cultura distorceu os ensinos de Moisés e de Cristo?

Essa possibilidade me perturbou pelo resto do dia. Minha intenção fora que o senso de procura viesse das idéias em si e não de alguma figura autoritária ou algum sistema regulador e moralista. Nossa discussão de idéias cosmológicas mostrara uma dimensão muito ampla de realidade, com a qual era possível pensar tranqüila e seriamente sobre o lugar do homem na natureza – o lugar que ocupa no momento e o lugar que deveria ocupar.

O tema da guerra e da violência aparecera, assim, como uma questão pungente dentro da dimensão, mais ampla, das idéias universais. A existência da guerra era um indicador do baixo nível de consciência da humanidade. Por trás do problema da guerra está a questão do lugar da emoção na estrutura da natureza humana e, mais que isso, também o lugar da emoção em toda a estrutura da natureza. É uma questão de grande importância. Existe a guerra, o problema da guerra. Existe o anseio de todos os povos por uma solução para este problema crescente – mais do que em qualquer outro período histórico. E existem, ainda, todas as teorias formuladas sobre as causas da guerra.

Entre o problema da guerra e as diversas soluções propostas ao longo da história – os códigos morais, as ideologias, os esquemas religiosos e políticos –, entre o problema e as "soluções" emerge a Questão: O que são as emoções do homem? Que tipo de força, ou energia, representam elas no equilíbrio total da vida sobre a terra? Trata-se de uma questão cósmica e metafísica que transcende as categorias comuns através das quais nós percebemos e classificamos o mundo à nossa volta. As emoções, as emoções negativas em função das quais o homem vive e se move, fazem parte da atmosfera terrestre. Sob sua influência, como Simon começara a expressar, as mudanças planetárias acontecem do mesmo modo que sob a influência do clima ou do deslocamento dos continentes. Era esta a luz que começava a se acender na mente de Simon; percebi isso. É uma questão cósmica que penetra o coração como uma faca, porque é também uma pergunta acerca de mim mesmo, impessoal e íntima como toda grande dúvida filosófica deve ser.

Contudo, ali estava ele, desviando seus olhos de mim como se eu fosse algum padre reprovador ou... um mestre-escola!

❖   ❖   ❖

8 de outubro

Ninguém tomou ainda qualquer iniciativa, mas decidi adotar um método simples para conseguir falar com eles em particular sem deixar transparecer o motivo. Deus me livre de que suspeitem que estou apenas interessado em observar o surgimento, neles, da aspiração à verdade, sua própria aspiração, não forçada e nem dissimulada. Quero que sintam, é claro, que me interesso por eles como indivíduos, mas quero que fiquem imaginando o motivo.

Reservei uma dúzia de livros na biblioteca da escola e pedi que cada aluno escolhesse um e sobre ele redigisse um trabalho. Disse-lhes que precisaria reunir-me com cada um separadamente, a fim de julgar qual o livro mais indicado, mas que, até então, eles dessem uma olhada em todos. Pelo modo como reagiram a essa atribuição, ficou visível que alguns já começaram a farejar qualquer coisa no ar. Ótimo. Todos sentem a necessidade de produzir algo, isto é, estão aliviados por verem alguma estrutura surgindo no curso. Alguns deles, contudo, estão vagamente cientes de que a meta principal nada tem a ver com realizar alguma coisa. Meu propósito é contatar aquela parte neles que busca pela realização pessoal e, ao mesmo tempo, apelar suavemente para aquela outra parte que sonha com a Verdade. A primeira parte de minha tarefa requer que eu seja digno de crédito e convincente, mas não em excesso. Quanto à segunda parte, deverei ser sutil e indireto, porém, novamente, não em excesso.

Como posso ter, eu, que tão raramente entro em contato com esses dois aspectos de minha natureza, a pretensão de conduzir alguém nesse campo? Deixo essas dúvidas de lado. Em primeiro lugar, não se trata, aqui, de conduzir ninguém. Eu mesmo estou em busca, à procura. Serei capaz de detectar, nesses jovens, a diferença entre o amor à sabedoria e a necessidade de atuar com êxito no mundo que os rodeia? Posso enxergar essa diferença neles e devo procurar enxergá-la igualmente em mim mesmo. Redescubro, uma e outra vez, que as verdadeiras questões da vida, aquelas existentes por detrás do mundo das aparências e dos problemas, emergem a partir dessa eterna Questão de minha dupla natureza.

Fico pensando naquelas pequenas e truncadas formulações rabiscadas nas folhas em branco no primeiro dia de aula. Dentro de um ou dois anos nem mesmo aquilo será possível para a maioria deles. A maioria de nós vê-se apartada de suas dúvidas por obra da educação, quando se atinge a assim chamada maturidade. Quero que sintam ter *permissão* para levantar as grandes questões. Não para representar um papel, não para fingir – embora mesmo isso não seja totalmente negativo. Bem melhor, contudo, é sentir o direito natural de fazer aquelas perguntas simples e viscerais acerca de universais, que são mais fortes na infância ou que surgem em momentos de grande decepção ou tragédia. Ouvimos, por toda parte, falar em direitos: o direito à vida, o direito de escolha, de fazer o que se quer com o corpo, etc. Existe, porém, um direito mais profundo na natureza humana do que o de perguntar: Quem sou? Por que estou aqui? Existirão grandes Respostas a estas questões? É evidente que sim. Mas elas não aparecem até que aprendamos a perguntar com a totalidade de nós mesmos.

Um grande amigo meu, que compreende aonde estou querendo chegar, diz que estou incutindo fé. Posso aceitar isso, contudo, não uma fé em algo. Trata-se meramente de uma fé, sem objeto algum, sem nenhuma percepção dela ou constrangimento. Defino a fé como a permissão, experienciada em profundidade, para a busca do sentido. Em meio a todas as crenças de nossa era – a crença na religião (e não em Deus), a crença na ciência (e não na verdade), a crença na moralidade (e não na bondade) –, aquela fé emanada da essência do homem se viu abafada e aniquilada. Lá no fundo, fomos proibidos, pelo medo e pela vaidade, de fazer as perguntas do coração. Crescemos, assim, buscando as respostas da personalidade [*persona* = máscara].

Kierkegaard diagnosticou, acertadamente, a enfermidade do homem contemporâneo como o medo sem um objeto, que ele denominou de temor. A saída, penso eu, é o cultivo da fé sem um objeto – o que poderíamos qualificar de busca.

Que livros colocar na prateleira? Não é difícil saber, agora que conheço minha meta.

CAPÍTULO 6

UM SINGULAR ENTUSIASMO

15 de outubro

Reservei os seguintes livros na biblioteca:

Os Diálogos de Platão (tradução de Jowett)
Bhagavad Gita (tradução de Mascaró)
Will Durant – *História da Filosofia*
C. S. Lewis – *As Cartas de Screwtape*
David Hume – *Diálogos sobre Religião Natural*
Carlos Castañeda – *A Erva do Diabo*
Isha Schwaller de Lubicz – *Her-Bak* (vol. 1)
René Daumal – *Monte Análogo*
Janwillem van de Wetering – *O Espelho Vazio*
Lizelle Reymond – *Minha Vida com uma Família Brâmane*
Bertrand Russell – *O Conhecimento Humano, Sua Finalidade e Limites*
John G. Neihardt – *Relatos de Black Elk*

Marquei meu primeiro encontro: Wendy Behrens. Como que por acaso, a discussão de classe naquele dia levantou um aspecto desse projeto sobre o qual eu deveria refletir sozinho antes de avançar em qualquer direção. Mesmo assim, não quis cancelar o encontro e adiar a oportunidade de conhecer um dos alunos. O modo como transcorreu minha conversa com

Wendy ajudou-me a compreender algo da maior importância acerca do que eu pretendia fazer.

Durante a aula, fiquei falando sobre o budismo sem chegar a parte alguma. O tema do budismo surgira quando tentávamos discutir o problema do trabalho e da vocação, um tópico de grande interesse e preocupação para a turma toda. O que é um trabalho significativo? Deverá o trabalho, ou um emprego, ser sempre um peso? Eu lhes indicara um capítulo de *Small is Beautiful*, de E. F. Schumacher, onde o autor examina esse tema à luz da doutrina budista do "correto meio de vida". Diz ele:

> Os modernos economistas foram levados ao ponto de considerar o "labor", ou trabalho, como pouco mais que um mal necessário. Do ponto de vista do empregador, trata-se, em todo caso, simplesmente de um item nos gastos, a ser reduzido ao mínimo caso não se possa eliminá-lo por completo, ou seja, pela automatização. Do ponto de vista do trabalhador, é uma inutilidade; trabalhar é sacrificar o lazer e o conforto do indivíduo, enquanto o salário é uma espécie de compensação pelo sacrifício. Daí que o ideal, do ponto de vista do empregador, seja obter produção sem empregados e o ideal, do ponto de vista do trabalhador, seja obter renda sem emprego.*

O budismo, em contraste,

> ... considera as finalidades do trabalho como sendo, no mínimo, três: proporcionar ao homem uma oportunidade de utilizar e desenvolver suas faculdades, habilitá-lo a vencer seu egocentrismo aliando-se a outros indivíduos numa tarefa comum, e produzir os bens e serviços necessários a uma existência digna.**

As conseqüências desta visão, segundo Schumacher, são infindáveis. O budista consideraria pouco menos que um crime "organizar o trabalho de modo a tornar-se desprovido de sentido, entediante, absurdo ou enervante para o trabalhador". Tal fato indicaria:

> ... uma nociva ausência de compaixão e um apego à face mais primitiva desta existência humana, num grau pernicioso à alma. Da mesma

---

* E. F. Schumacher, *Small is Beautiful*, Harper & Row, Nova York, 1973, p. 51. [Em português esta obra foi publicada sob o nome *O Negócio é Ser Pequeno*, Zahar Editores, Rio de Janeiro, 1977. N. E.]
** *Idem, ibidem*. pp. 51-52.

forma, o empenho pelo lazer como alternativa para o trabalho seria um completo equívoco do indivíduo quanto a uma das verdades fundamentais da existência humana, qual seja, a de que trabalho e lazer são partes complementares do mesmo processo vital e não podem ser separadas sem a destruição da alegria do trabalho e do gozo do lazer.*

Por fim, a título de resumo, Schumacher escreve:

> Enquanto o interesse do materialista concentra-se principalmente nos bens, o budista se interessa sobretudo pela libertação. O budismo, todavia, é o "caminho do meio" e, portanto, não se opõe, sob nenhum aspecto, ao bem-estar físico. Não é a riqueza que se interpõe no caminho da libertação, mas sim o apego à riqueza; não o desfrutar das coisas prazerosas, mas o anseio por elas.**

Tudo isso, de um jeito ou de outro, forneceu-me um bom pretexto para abordar o conceito budista do eu. Porém, por mais voltas que desse, por mais que eu falasse, a classe parecia completamente imune à idéia de que o sentido comum de auto-identidade no homem nada mais é do que uma miragem tridimensional.

Enquanto buscava uma abordagem após outra, contudo, passei por uma experiência interior que trouxe a todos os meus esforços uma nova perspectiva. Um aluno de notas excelentes chamado Eric Koppleman fizera uma pergunta procedente e racional sobre o paralelo entre a noção platônica de opinião e o ensinamento budista acerca da ignorância. Ambos pareciam semelhantes, para ele. E tinha razão; tal semelhança existe. Os filósofos modernos geralmente não a percebem. Para eles, Platão se refere apenas a crenças intelectuais quando desqualifica a opinião. Na verdade, ele se refere a um estado de coisas, um estado de consciência no homem em que todo o pensamento e a percepção encontram-se à mercê de emoções egoístas. É uma visão muito semelhante à dos budistas.

Ao começar a responder à pergunta feita por Eric, traçando, com entusiasmo, novas relações entre idéias, captei um certo brilho em seus olhos. Fiquei atordoado. Deus meu, existia uma pessoa ali naqueles olhos. Mas eu não falava àquela pessoa nem a qualquer pessoa.

Fiquei em suspenso, entre enxergar a pessoa ou embrenhar-me nas idéias. Foi um momento de grande intensidade, de grande realidade. Em

---
* *Idem, ibidem.* p. 52.
** *Idem, ibidem.* p. 54.

alguma parte e de alguma forma, compreendi esse momento e senti gratidão por ele. Percebi que me encontrava, na verdade, entre dois movimentos em mim mesmo, dois importantes aspectos de meu próprio ser. Em suma, eu mesmo estava em questão. Percebi que esses dois movimentos não estavam relacionados entre si.

Tudo isso teve lugar como que fora do tempo, no intervalo entre as palavras, no intervalo entre os pensamentos.

Mas, é claro, eu precisava seguir adiante. Tentei, sem muito êxito, tornar-me ciente da pessoa, olhando para ele enquanto falava. À medida que minhas palavras saíam, entretanto, e as idéias continuavam a ligar-se entre si, tive a sensação de desaparecer como que numa nuvem. A todo instante voltava a mim e procurava dirigir-me à pessoa que estava à minha frente. Porém, mesmo quando conseguia olhar diretamente para Eric, minha atenção era logo absorvida pela nuvem de pensamentos.

Embora aquilo me perturbasse, o impacto de perceber que eu não falava *para* ninguém foi sobrepujado, de longe, pelo enorme interesse que senti pelo significado desses movimentos. A questão da dupla natureza do homem, de minhas duas naturezas, aparecera, na verdade, ali mesmo, em meio a uma situação viva e mobilizadora. Como sempre, foi uma descoberta espantosamente original.

Logo depois, ali estava Wendy Behrens parada junto à minha escrivaninha, aguardando por mim ao término da aula. Trazia nas mãos um dos livros que eu reservara: o *Bhagavad Gita*. Lembrei-me de minha decisão de conhecer individualmente aqueles alunos e pus de lado meus pensamentos sobre o que tinha acabado de acontecer. Meu encontro com Wendy, contudo, logo traria o significado desse evento para o cerne de minha atenção.

Wendy é a única pessoa da turma que se poderia chamar de problemática. Normalmente chega atrasada e, com freqüência, é a principal responsável pelos acessos ocasionais de risinhos e conversinhas na classe. Sua postura é sempre a de um profundo e desafiante desleixo; as pernas esparramadas, a coluna com uma inclinação de quarenta e cinco graus, a cabeça inclinada ou jogada para trás, os olhos revirados na direção do teto, enquanto os gracejos e comentários vão sendo disparados como que de uma matraca. Seu cérebro trabalha a uma rotação mais veloz do que a de qualquer um de seus colegas, com a possível exceção de Eric Koppleman.

Gosto muito dela. Além de apenas gostar dela gratuitamente, considero-a um termômetro eficaz... até certo ponto. Quando Wendy está quieta é um sinal seguro de que algo de consistente está acontecendo na classe. Mas, como digo, até certo ponto. Por vezes ela é simplesmente um empecilho.

Graças a Wendy, já descobri um fato importante para mim referente a toda essa iniciativa de falar seriamente aos jovens, algo que eu não percebera de modo tão claro em meus anos de ensino superior.

Quando algum aluno se mostra inquieto, reclamando ou conversando com o vizinho, meu hábito sempre foi interromper o fio de meu pensamento e procurar trazer o aluno desatento de volta ao tema que está sendo tratado. Outro dia mesmo, tendo agido dessa forma pela quinta ou sexta vez durante uma aula, experimentei algo diferente. Por que, indaguei a mim mesmo, minha própria atenção deveria ser sempre desviada de tal maneira por qualquer elemento da classe que resolvesse, num dado momento, comportar-se do modo mais insolente? Não recordo o tema que eu estava desenvolvendo – talvez a idéia budista de desapego –, mas, num momento crucial de minha explanação, Wendy começou a fazer caretas para a aluna em cuja direção, particularmente, eu estava olhando. Essa jovem, uma ruiva cheia de vida chamada Heidi, evitou meu olhar, olhou para Wendy e voltou-se para mim com um sorriso de embaraço no rosto, vermelho como seus cabelos. Continuei falando na direção de Heidi, mas, como sempre ocorre nessas ocasiões, a força do que eu dizia estava completamente esvaída. Na primeira ocasião, todavia, fiquei simplesmente chocado pelo absurdo de falar sobre um tema sério para um tolo rosto adolescente. Ao invés de procurar despertar o interesse da aluna, limitei-me a desviar o olhar para seu vizinho, que, casualmente, era Simon.

Desta vez, nem mesmo Simon, o meu "mascote", mostrava-se especialmente atento. Seus olhos corriam de um lado a outro, entre Wendy e Heidi, e pude perceber que ele tentava, a duras penas, conter um sorriso. Assim, voltei-me ao aluno seguinte, e depois ao seguinte, percorrendo um a um a classe inteira, até que descobri um rosto atento. Foi para ele que me dirigi, ao mesmo tempo em que conservava uma certa consciência da inquietação por parte dos demais alunos. Quando o rosto ao qual eu me dirigia começava, inevitavelmente, a perder sua receptividade, eu passava ao seguinte, dirigindo-me sempre àquele que demonstrasse estar mais atento.

Os resultados foram excelentes. Tanto minhas idéias se desenvolveram numa seqüência normal, quanto as emoções dos alunos indisciplinados desapareceram por si sós, de modo rápido e natural. Além disso, o nível geral de atenção da classe ganhou em consistência. O mesmo se repetiu, logo ao final da aula, com Wendy; desta vez, ao invés de fazer palhaçadas e caretas, ela foi tomada, por algum motivo, de uma incômoda e impaciente autocomiseração. Resisti, novamente, ao impulso de modificar sua atitude, concentrando-me em Simon, que já recobrara sua usual expressão de assombro.

Prometi a mim mesmo explorar por completo, no futuro, toda aquela experiência, tanto pelo que poderia ensinar-me sobre o desejo, que há nos jovens, de idéias consistentes e as formas automáticas de resistência a esse desejo, bem como pelo que poderia ensinar-me, em geral, sobre as minhas próprias emoções e a carga desnecessária de atenção que dedicava a elas.

Entretanto, a questão que surgiu na aula de hoje, a questão de se falar à pessoa que está por trás de um rosto, parece-me, no momento, de suma importância.

E aí está Wendy, parada junto à minha escrivaninha. Hoje ela não está vestindo seu velho *jeans*. Será por causa do nosso encontro? Está usando um vestido azul-escuro franzido, bastante feminino, além de batom, o que não é comum para ela. Hoje ela é uma mulher.

"Vou conhecê-la", disse para mim mesmo. Mas para onde iríamos? Eu não tenho uma sala no colégio, e, de qualquer modo, não quero que o ambiente da escola interfira.

Havia um parque, pequeno e agradável, a cerca de dois quarteirões dali; iria levá-la até lá, para nos sentarmos em um dos bancos e conversar.

Era um dia típico de outubro, em San Francisco: sol forte, ar límpido e tudo verde, como no verão.

– Vejo que escolheu um livro – eu disse.

Ela tira seu exemplar do *Bhagavad Gita* da pasta, segurando-o como se fosse um bloco de madeira. Folheia as páginas sem convicção. Decido não perguntar a ela por que escolheu aquele livro em particular, pois obviamente ela não o escolheu em absoluto. Ela murmura qualquer coisa sobre seu interesse em estudar culturas estrangeiras e diz ter feito, para uma disciplina do semestre anterior, um trabalho sobre certo grupo de dança africana. Fecha, então, os lábios com charme e pára de falar, esperando que eu dê prosseguimento à entrevista.

Não tenho a mínima idéia de como prosseguir. Em que fui me meter? De uma forma ou de outra, retomo a conversa e logo me vejo escutando as descrições de Wendy sobre seu irmão mais velho, que é agora primeiranista em direito. Também ouço sobre os planos da família em ir de carro até Baja California nos feriados natalinos. Ouço, então, sobre seus planos de visitar as diversas faculdades da costa leste para as quais pretende candidatar-se.

Pergunto a ela o que considera ser a coisa mais importante em sua vida e, no mesmo instante, tenho vontade de morder a língua. Vejo a mentira se insinuando na expressão de seu rosto. É claro que *ela não tem nenhuma "coisa mais importante" em sua vida;* e por que haveria de ter? Mas é tarde demais. Ela inventa qualquer coisa referente a querer ser livre de opressão e, ao mesmo tempo, autocontrolada, ou algo do gênero. Eu a fiz mentir, ou reforcei nela uma mentira.

Agora ela começa a desfiar suas "experiências", cada qual mais trivial – isto é, adolescente – do que a anterior. Será justo falar assim? Ela confessa seu desejo, de coração, de viajar pela Europa "por conta própria, sentindo a vibração de outras culturas".

Ela me olha tão de perto quanto eu a ela, que se sente embaraçada diante de minhas reações mudas. Não posso fazer nada; finjo-me, então, mais interessado em suas experiências do que em realidade estou. Por dentro, sinto-me perplexo por dois motivos: o vazio e a artificialidade da vida pessoal de Wendy e minha ignorância, até então, desse fato. Ainda assim, gosto imensamente dela, agora mais ainda do que antes. Olho dentro de seus olhos e enxergo ali uma pessoa. O que é uma pessoa? Algo inacabado, indefinido e extraordinário; existe qualquer coisa de intensamente vivo e inteligente por detrás daquele rosto suave e redondo. Algo que nada tem a ver com suas "experiências."

Compreendi, naquele instante, algo com respeito à educação. Ou melhor, libertei-me de algo em que acreditara por muito tempo. Sempre apreciei a idéia de que, sob um ponto de vista ideal, educar significa trazer à tona algo que já existe na pessoa; o oposto de embutir algo na pessoa, como informação, modismos, etc. O que deve ser conduzido para fora (*e ducere*) é o saber, ou compreensão, contido, qual uma semente, em cada ser humano. (Historicamente, a derivação do termo não é tão positiva. Na Idade Média, educação era a expulsão de "demônios" ou falsas crenças.)

Seja com respeito a coisas positivas ou negativas, a educação estaria relacionada àquilo que já existe no aluno desde o início. Compartilhei desta visão com muita gente, entre educadores profissionais e outros, que estabelecem uma clara distinção entre a transmissão de habilidades e informações necessárias e este outro sentido, mais profundo, de educação.

Depois de minha conversa com Wendy, não posso mais acatar essa distinção de forma tão simples. Adolescente, ela ainda veste sua artificialidade e conta mentiras exatamente como usa seu vestido azul e o batom – de modo desajeitado, embaraçado e transparente. Vejo-a daqui a um ano ou mesmo seis meses: não estará mais se equilibrando sobre o salto alto, e as mentiras que foi incentivada a contar sobre si mesma já terão sido cuidadosamente amoldadas e ajustadas, para durarem toda uma vida. Ela se tornará "interessante", ou seja, uma boa mentirosa. Começará a "descobrir sua identidade", aquela estrutura que compreende toda a energia psíquica e que será o foco de toda a atenção daqueles com quem irá relacionar-se. Posso enxergar, ainda agora, a luz de uma pessoa por trás de seu rosto e sei que ela também sente, vagamente, essa luz em si. Minha atenção dividida, entre ela e minha percepção dela, é incômoda para nós dois. Esse incômodo é o último apelo espontâneo da Questão "Quem sou?", pouco antes de ficar totalmente encoberta pelo Problema de "estabelecer sua própria identidade".

Não sei muito sobre a infância. Conheço agora, entretanto, um fato inegável sobre a adolescência: é uma época em que a Questão de mim mesmo é uma companhia natural, uma luz que logo vacila e desaparece. Esta luz freqüentemente é degradada sob a denominação de "acanhamento". Não é de admirar que as lendas sobre a adolescência sejam tão estranhas para nós: o poder de enxergar o mítico unicórnio que desaparece com a perda da inocência. O unicórnio é a pessoa, o ser único, o indivíduo sagrado. Enxergar o unicórnio é experienciar a Questão sentindo a pessoa que existe em mim, ao lado do eu social em toda sua poderosa irrealidade.

Não, não posso aceitar que a educação dos jovens signifique trazer à tona o que já existe neles. Pelo contrário, deve-se colocar algo dentro! Mas o quê? E como? Qual o alimento dessa luz incipiente, dessa luz informe que há dentro deles? Como falar à personalidade de uma forma que a pessoa também ouça?

– Por que o *Bhagavad Gita*? – pergunto a Wendy, tateando no escuro. Antes que ela possa responder, todavia, sigo adiante. – Fico pensando se esse é o livro adequado a você.

Estou representando um papel. O que mais posso fazer por ela? Recuso-me a dizer-lhe que centenas de milhões de pessoas orientaram suas vidas, por milhares de anos, pelas idéias desse livro. Isso só a induziria a reações de pseudo-respeito, medo de não compreender, ou de desafio. Pretendo, isso sim, "incutir nela" uma atitude para com as idéias de modo a ajudá-la a perceber a dimensão do *Bhagavad Gita*. Não estou preocupado em fazer ou não justiça ao livro (ele se defende sozinho); quero apenas fazer justiça à pessoa que existe por trás de Wendy Behrens.

Assim, continuo a "representar" com o intuito de transmitir minha própria atitude para com o livro. Olho diretamente para ela, fingindo estar ponderando suas condições para tal livro. Ela sabe que está sendo avaliada, mas não sabe com respeito a quê.

— Assumi um grande risco ao colocar este livro na prateleira — digo eu. — Sabia que quem quer que o escolhesse começaria a fazer-me toda espécie de perguntas para as quais não tenho resposta. Aí essa pessoa ficaria com raiva ou decepcionada comigo.

— Que tipo de perguntas? — indaga ela.

— Bem, por exemplo, quem quer que leia este livro certamente começará a me atormentar para saber por que Deus, ou Krishna, como é chamado aí, diz ao homem que busca o conhecimento, (Arjuna) que deve sair, lutar, matar e logo em seguida afirma não ter poder para fazer coisa alguma porque os eventos da vida são predeterminados! Existe ou não o livre-arbítrio?

"Ou, então, certamente serei importunado com perguntas irrespondíveis sobre o infinito, ou sobre o universo inteiro, com suas estrelas, galáxias e cada ser vivente, representar um mero grão de poeira na Mente do Absoluto.

"Existe, também, tudo aquilo sobre os desejos, os prazeres e a dor — por que Krishna afasta tudo isso como sendo irreal, quando a experiência nos ensina que tudo o que podemos enxergar e tocar é real? Será a nossa vida apenas um sonho? Sendo assim, devemos acordar ou simplesmente continuar sonhando?

"E quanto à morte? Será que nós já vivemos antes? Será que renascemos depois da morte? Ou esta vida e este corpo resumem tudo? Será que possuímos uma alma, e será ela imortal? Por que precisamos morrer? Por que vivemos, afinal?"

Parei. O sol passava por trás de uma nuvem, enquanto uma súbita friagem se fazia sentir. Wendy está, agora, sentada em silêncio. Não é mais uma mulher. Nem uma simples criança. Desapareceu toda a artificialidade de seu rosto. Ambos voltamos os olhos para a vista da cidade que se espraia diante de nós. As perguntas que expressei tocaram-na com uma força inesperada. Não sou mais "o professor". Nem existe mais o senso de separação entre mim e Wendy. Quando o sol reaparece, erguemo-nos tranqüilamente, trocamos algumas palavras cordiais e seguimos nossos diferentes rumos.

O que será esse poder de questionar, que une as pessoas de modo tão extraordinário?

✧ ✧ ✧

22 de outubro

Hoje é a vez de Simon. Estou aguardando esse encontro há semanas. Existe algo nele que me atraiu e intrigou desde o início. Primeiro, imaginei que fosse apenas sua aparência – os olhos quirguizes, com uma sugestão de placidez asiática, num rosto tipicamente americano. Porém, há mais do que isso. Simon mergulha de cabeça em cada idéia e sem se proteger. Sua abertura e permeabilidade às questões sérias colocam-no à parte, até mesmo em relação ao brilhante Eric Koppleman. Quanto a novas idéias, Simon é como marinheiro disposto a habitar cada nova terra que surja à vista. Eric desce a âncora cautelosamente, explora com diligência o novo terreno e retorna ao navio ao anoitecer.

Hoje, porém, algo está perturbando Simon, que se mostra estranhamente reticente. Ao caminhar com ele em direção ao parque, fico sabendo que ocorreu uma morte na família: sua avó. O funeral aconteceu no final de semana; este é seu primeiro dia de volta ao colégio, um dia difícil para ele.

Ao contrário do usual, o parque hoje está lotado de pessoas. A área infantil, próxima aos bancos, está repleta de criancinhas em gritaria. Simon e eu encontramos um lugar o mais afastado possível do alvoroço, mas, assim mesmo, constantemente somos interrompidos pela garotada ou cães amistosos.

O que preocupa Simon não é tanto a morte de sua avó, quanto a dor de seu pai. Aparentemente a avó estava com idade bem avançada; já passara um tanto dos noventa. Morreu de repente, sem qualquer doença prolongada ou declínio gradual, de modo que foi um grande choque para a família quando, seis dias antes, ela não desceu para o café da manhã. Ao vê-la morta, a primeira idéia de Simon foi que aquela não era sua avó. Segundo ele, a pessoa que estava deitada na cama era como uma estátua ou um pedaço de pedra. A avó, sentiu ele, havia simplesmente ido embora. Ele não conseguia acreditar que houvera uma morte.

Seu pai, normalmente muito forte e capaz, ficou inconsolável. Simon jamais tinha visto uma pessoa chorar tanto e com tanta freqüência. Sentado na sala, ou à mesa de jantar, seu pai de repente abaixava a cabeça e todo seu corpo começava a tremer convulsivamente. Isso podia ocorrer em qualquer lugar, a qualquer hora. Para Simon, essa manifestação era mais inexplicável do que a própria morte.

Em meio a seu relato, que evocava lembranças bastante dolorosas de meus primeiros contatos com a morte, Simon disse, num tom de voz inteiramente despido de emoção:

– No cemitério, quando o caixão estava sendo coberto por terra, meu pai fez uma oração em louvor a Deus. E eu tive de recitar também. Por quê? Eu não sentia vontade de louvar a Deus por ter criado a morte. Meu pai chorava enquanto louvava a Deus. Se quer saber, acho que ele devia estar odiando Deus naquela hora.

Simon voltou o rosto e me olhou de frente.

– Doutor Needleman – disse ele –, por que a morte torna as pessoas fracas?

Mal podia acreditar em meus ouvidos. Imaginava já conhecer toda espécie de perguntas que as pessoas fazem sobre a morte.

Desviei-me do rosto franco de Simon. Haveria realmente alguma idéia ou pensamento sobre a morte que fossem tão profundos quanto essa pergunta? Deveria eu fingir ser mais forte do que seu pai ou qualquer outra pessoa? Flagrei-me dizendo:

– Um sentimento verdadeiro não significa fraqueza, Simon.

No momento em que falei aquilo, compreendi algo sobre a necessidade da filosofia na vida de todos, jovens ou velhos. Existem idéias que ampliam ou aprofundam o sentimento, e existem idéias que nos desviam do sentimento. O tema da morte deveria ser sempre parte da autêntica filosofia, porém com o propósito de aprofundar o sentimento e não de suprimi-lo.

– Sabe – continuei –, os filósofos antigos ensinaram que o mundo em que vivemos é impermanente e está em constante mutação. A todo instante e em toda parte existem nascimento e morte, vir-a-ser e deixar-de-ser. Falamos sobre isso ao discutir Platão, lembra-se?

Simon respondeu afirmativamente com a cabeça.

— Mas Platão também falou algo além — acrescentei —, que não se modifica.

— O senhor se refere às idéias eternas — disse Simon. — O Bem, a Justiça, o Belo...

Interrompi-o. Pense nelas como leis do universo. Tudo muda, mas as leis são imutáveis. Tudo obedece a leis fundamentais. Tudo.

— Não é isso que a ciência diz também?

— Exato; mas a ciência descobriu apenas as leis dos objetos materiais. Ainda não descobriu as leis que regem a vida e a morte, e nem as leis da mente.

— Então — disse Simon — isso significa que a morte não é a coisa mais forte do universo. — Esperei que Simon completasse seu pensamento. — As leis são mais fortes. Até a morte tem de obedecer às leis?

A conversa que se seguiu foi longa. Lembro de minha surpresa, quando nos levantamos para ir embora, ao ver que o sol já tocava o horizonte.

Foi a ligação entre a morte e a lei que tocou Simon de maneira tão forte. A morte é onipresente e inevitável; Simon, como todo mundo, compreendia esse fato. Por compreendê-lo, foi capaz de conceber que uma lei universal também é onipresente e inevitável, e de que — isso era novidade para ele — uma lei do universo é mais real e consistente do que os objetos, as coisas e os seres que o indivíduo enxerga e com os quais se relaciona a cada momento do dia.

Simon e eu discutimos a tragédia do pensamento humano, que contém o resíduo cultural de formulações e símbolos que representam a idéia da excelência de toda existência, mas, ao mesmo tempo, encontra-se afastado da percepção direta das leis do universo. A excelência das leis, conforme os ensinamentos dos antigos filósofos, apenas é percebida pelas leis da mente e da vida. Tais leis, por sua vez, só podem ser conhecidas através da observação do modo como a vida se desenvolve *de fato* e do modo como as energias da mente operam *de fato*. Estas são as leis da criação e da transformação, representadas por Pitágoras através da ciência da música e do símbolo matemático.

Que distantes estávamos do árido problema dos universais! Assim foi como os filósofos escolásticos da Idade Média classificaram este tema e o modo como ele sobrevive, em estado cada vez mais embalsamado, na era contemporânea. E como é estranho que tantos de nós sejam capazes de compreender que todas as coisas obedecem às leis e, ainda assim, acreditem que as coisas materiais sejam a realidade fundamental!

Os idealistas acreditam numa realidade imaterial, entretanto não experienciam as leis do modo como elas realmente operam. Os materialistas acreditam nas coisas percebidas ou inferidas com base nos sentidos externos, mas não conseguem ter em conta as leis a que as coisas materiais obedecem, isso sem mencionar as leis a que a mente e tudo o que é vivo obedecem.

Foi Simon quem fez a ligação entre a idéia de lei e Deus.

— Louvar a Deus é o mesmo que louvar as leis do universo? — perguntou ele.

Respondi relembrando, a nós dois, o que Platão disse ao se dirigir a uma sociedade em que toda a idéia de Deus fora engolida pela superstição. O homem não pode enxergar a excelência das leis se sua mente está entorpecida pelo apego ao prazer e o medo da dor. Uma mente assim, ensinou Platão, inventa ou renega deuses, mas nunca enxerga, em absoluto, as leis. Em meu modo de entender a filosofia antiga, falei, "conhecer a Deus é conhecer as leis; e sentir a excelência das leis é louvar a Deus." Mas acrescentei: "É difícil ao homem sentir a excelência das leis quando está sofrendo". Queria prosseguir. Queria contar-lhe sobre o modo como toda aquela questão começava a se apresentar a mim naquele momento. Comecei a perceber que a essência de toda essa questão estava contida num dito que ouvi, certa vez, em algum lugar, não me lembro de quem: "Quando pensar em algo, lembre-se de Deus; quando sentir algo, lembre-se de Suas leis".

A idéia de Deus para o intelecto é tal que, quando o intelecto se encontra ativo, o homem não se esquece de sentir suas necessidades e seu lugar individual na ordem das coisas; a idéia de lei cósmica é tal que, quando são as emoções as que se encontram ativas, o que o homem não esquece é sua necessidade de conhecimento. Assim, na prece hebraica pelos mortos, o enlutado é lembrado, em primeiro lugar, das leis universais da criação e da destruição.

Enquanto discutia esses temas complexos com Simon, percebi que ele, na verdade, acompanhava apenas parte da linha de raciocínio. Seu rosto, todavia, ardia de interesse e atenção, estava radiante. Vi, naquele rosto, meu próprio estado interior. Estas questões estavam acima de mim, também. Mas não é isso que pretendemos e queremos? Ambos estávamos sendo solicitados, intelectual e emocionalmente, além de nossos limites, por uma questão legítima e pela sombra de uma idéia real.

— Posso compreender — disse Simon — que a morte é necessária. As coisas devem morrer para dar lugar ao nascimento de outras coisas. Mas por que tem de ser assim? E... a morte é benéfica só porque é necessária? E... mesmo sendo necessária e também benéfica, como é que a coisa que morre pode acreditar que aquilo seja um bem? Ninguém quer morrer, quer? Os animais nunca querem morrer. As pessoas nunca querem morrer, querem? Eu não quero morrer, mesmo que seja preciso.

Não consegui tirar os olhos do rosto dele. Onde estava o problema que me perturbara de tal modo, primeiro na classe e depois com Wendy, o problema da divisão entre pessoa e pensamento? O problema havia sumido. Estava dirigindo-me a uma pergunta em forma de pessoa ou a uma pessoa em forma de pergunta? O jovem Simon não tinha essa pergunta; ele *era* essa pergunta.

Assim como eu. Também eu temo a morte, e sentia esse temor enquanto falava com Simon. Não pretendo fazer de conta que posso manter-me acima desse medo e invocar alguma grande idéia que o dissipe. Nós dois estávamos com medo e, ao mesmo tempo, desejosos de compreender. Nesse estado, qualquer um de nós poderia, talvez, ouvir o Sócrates da *Apologia* dizendo ao Estado ateniense que não iria optar por viver sem prosseguir na busca pela compreensão. Escolheria eu viver sem compreender ou morrer compreendendo?

Creio que sei o que está se passando aqui. O medo da morte não foi encoberto por alguma majestosa filosofia da imortalidade, nem foi amenizado por enigmas lógicos envolvendo a definição da morte e do eu; nem está sendo atenuado enfeitando-se a morte com poesia ou terapia, nem há uma aceitação resignada ou desafiante através de qualquer névoa emersoniana, pesadelo existencialista ou devaneio humanístico. O medo da morte está sendo confrontado pelo desejo de entendimento, e talvez seja este desejo o único elemento na vida humana tão poderoso quanto a morte, ou capaz de se tornar tão poderoso quanto ela. É o *eros*. Não é de estranhar que Platão o tenha chamado de ponte entre o homem e a imortalidade.

Penso na história de Al-Hallaj, o grande santo sufi da Pérsia do século X. Foi sentenciado à morte por heresia; sua pele foi lentamente arrancada do corpo e, uma vez açoitado e mutilado, ele foi pendurado a uma cruz para esperar a morte. Até aí é fato histórico. Al-Hallaj louvou sua identidade com Deus, uma noção herética para a ortodoxia muçulmana. Dizem alguns que ele buscava abertamente o martírio ao falar desse modo. Seja como for, a história de seus últimos dias me foi contada em certa ocasião em que eu passava por um momento de grande angústia.

Contaram-me no mais prosaico dos lugares – um café para executivos, repleto de gente, em Nova Iorque –, num inverno de congelar, quando parecia que o sol jamais voltaria a surgir por detrás das nuvens cinzentas como chumbo:

– Quando Al-Hallaj estava na cruz, seus discípulos se aproximaram para ouvir suas últimas palavras de instrução.

Indaguei a mim mesmo quais seriam as últimas palavras de um santo martirizado: uma exortação à fé? sua visão de Deus? uma ordem de perdão?

– Enquanto agonizava, disse algo para os discípulos.

Algo? O quê? Alguma bênção? Alguma palavra de paz ou amor? Nada disso. Entre o barulho de pratinhos e o ruído confuso de risos e vozes, as palavras me atingiram como que direto no coração: "Estudem a si próprios".

❖   ❖   ❖

Abandonei estes pensamentos para me dirigir a Simon, e percebi que ele havia mudado completamente sua disposição de ânimo. Enquanto conversávamos, cachorros de todo tipo e tamanho haviam passado por ali, ora saltando à nossa frente, ora farejando nossos pés. A certa altura, um *spaniel* grande e peludo atraiu a atenção de Simon; correu em nossa direção com um galho na boca e o depositou solenemente no colo de Simon, como que cumprindo uma missão sagrada. Simon provocava-o agora alegremente com o galho, até que, não podendo mais resistir, levantou-se e atirou o galho bem longe. O *spaniel* disparou atrás dele, seguido por cerca de dez outros cães que se encontravam pelas imediações. Simon observou a ruidosa disputa pelo galho com a mesma atenção enlevada com que me perguntara sobre a vida e a morte. Em poucos instantes, nosso banco se viu cercado por mais cães do que eu jamais vira juntos em minha vida, cada qual contribuindo generosamente com seus decibéis para a produção de uma cacofonia generalizada. No momento em que Simon ergueu o galho resgatado, preparando-se para atirá-lo de novo, os latidos cessaram de súbito, enquanto os cães aguardavam e observavam ansiosamente. Percebendo aquilo, abaixou o braço e, no mesmo instante, os latidos recomeçaram. Simon estava completamente maravilhado com a descoberta. No momento exato em que ergueu o galho acima do joelho, os latidos cessaram e os cães ficaram silentes como monges. Meu jovem brincou com a situação por certo tempo, enquanto eu, aos risos, abandonava meus pensamentos. *Eros* pode ser uma força mais poderosa do que a morte, mas, para nós, simples mortais que filosofam em parques, não pode resistir nem mesmo a um cão amigo.

✧ ✧ ✧

Quando Simon se cansou de brincar com os cães, voltamos ao assim chamado real motivo de nosso encontro – a seleção do livro que ele deveria pesquisar para o trabalho semestral. Eu não tinha a menor dúvida quanto ao texto mais indicado: a *Apologia* de Platão. Foi o que eu disse a ele sem hesitação. Não podia contar-lhe a história de Al-Hallaj; ela seria de pouca valia nesse estágio de sua vida. Porém, se ele se parecia comigo, quando tinha a sua idade, tal como eu acreditava, haveria de ficar enfeitiçado por uma leitura bem orientada do julgamento de Sócrates. É ali que o divino mandamento "conhece a ti mesmo" é introduzido na corrente da cultura ocidental como algo equivalente e até mesmo mais poderoso do que o fato da morte.

Ah, mas quem lê a *Apologia* dessa maneira? Em minha própria vida e pensamento, o luminoso paradoxo da morte de Sócrates empalideceu e foi quase extinto inúmeras vezes pelas explicações acadêmicas. O mesmo se passa com muita gente. Para muitos de nós, esse paradoxo permanece como que imediatamente abaixo do nível consciente, funcionando como os grandes mitos do passado, emitindo lentamente sua radiação no decorrer dos anos, até que, num determinado momento da vida, a riqueza de seu significado começa a emergir de dentro de nós, dando sustentação à busca da verdade perene.

Se Simon for um pouco como eu era, já sei como irá transcorrer o seu estudo da *Apologia*. Em primeiro lugar, ele já escutou os "boatos" acerca de Sócrates – que foi um sábio sentenciado à morte pelo poder estabelecido e que preferiu morrer a pactuar com ele. Já deve ter ouvido dizer que Sócrates acreditava ser mais importante obedecer às leis do Estado do que salvar a própria pele. Assim sendo, logo no começo de sua cuidadosa leitura da *Apologia*, um paradoxo estará presente em seu pensamento: por que um homem sábio escolheria morrer por algo tão relativo como a ordem cívica?

Em certo sentido, é até mais intrigante do que a morte de Jesus, que, segundo "boatos", era Deus ou o Filho de Deus e, assim sendo, podia "bancar" a própria ressurreição. Sócrates, porém, nunca afirmou ser Deus e nem o Filho de Deus. Fala dos deuses, mas apenas para dizer que não sabe sequer se existe vida após a morte. Não tem certeza; ninguém pode ter certeza. Ainda assim... ainda assim, algo ocupa o lugar de Deus para Sócrates, mas não é chamado Deus. Algo produz em Sócrates uma certeza a respeito da vida e da morte, mas não pode ser chamado exatamente de "fé na imortalidade", e parece existir nele apesar de e paralelamente à sua tão professada incerteza. Sua incerteza sobre a imortalidade aparenta, de modo paradoxal, ser inseparável de sua certeza. Como isso é possível? E o que, realmente, ocupa o lugar de "Deus" para ele?

Sendo como eu, Simon começará a ler, por conta própria, os outros diálogos que tratam da morte de Sócrates. O paradoxo, então, irá apenas aprofundar-se. Ele estudará o *Fédon*, que apresenta um relato das últimas horas de Sócrates — uma discussão que trata exatamente do tema da imortalidade. Verá os argumentos acerca da imortalidade oferecidos por Sócrates serem refutados, com base na lógica, pelos discípulos, e não será convencido nem mesmo pela última prova, a qual os discípulos aceitam. Aqui, a alma é definida como um princípio de harmonia, aquele que coordena, harmoniosamente, todas as funções da estrutura humana. Em termos lógicos, nada é comprovado. Entretanto, a harmonia do próprio Sócrates, a inquebrantável presença de Sócrates, reluz através do enigma lógico. O que produz essa presença em Sócrates? Qual a natureza de seu ser? É o próprio *inquirir-se*, do qual emerge não apenas a liberdade de utilizar e de abandonar a lógica, como também uma compaixão justa pelos outros e o poder de encarar diretamente a própria morte.

Simon irá descobrir, ou sentir, que o Deus de Sócrates é o autoconhecimento, o autoquestionamento. É nesse ponto que se faz necessária uma orientação. Caso eu consiga passar-lhe ainda que uma pequena fração da riqueza de conteúdo do mandamento socrático "conhece a ti mesmo", já considerarei ter-lhe prestado algum serviço. Quero poupar-lhe os anos em que esta frase se manteve exilada num canto de minha mente, distante de um vínculo real com o restante de minha vida e de minhas aspirações.

A corte ateniense teria, de bom grado, enviado Sócrates ao exílio em algum país distante, mas isso ele não aceitaria. Não seremos, nós mesmos, como a corte ateniense? Para nós, a expressão "autoconhecimento" representa pouco mais do que "psicologizar" sobre si próprio, ou seja, obter opiniões emocionalmente estimulantes sobre si mesmo em relação a um parâmetro de natureza humana inculcado em nós por nossa própria e deformada ordem social. Pode representar, ainda, uma análise conceitual, o que não conseguirá penetrar nossas emoções e nosso corpo, pois a própria faculdade de pensar encontra-se confinada em nós. Os pensamentos a meu respeito não conseguem penetrar as emoções e os instintos.

O autoconhecimento socrático é auto-atenção, uma força capaz de existir e atuar com uma tremenda intensidade em nós. Para Sócrates, ela se desenvolve e cresce de acordo com as diversas funções da estrutura humana como um todo, em meio aos "cidadãos de Atenas" e na "praça do mercado".

Sócrates é uma presença, uma atenção capaz de encarar diretamente a morte.

É nessa direção, segundo vim a entender, que se encontra a resposta ao paradoxo da morte de Sócrates. De que outro modo poderemos compreender que tudo aquilo em nome do qual Sócrates morreu traduz-se no mandamento "conhece a ti mesmo"? As leis que governam esta grande dimensão energética sediada no eu são as leis que governam tudo o que existe no universo. São leis que provêm de Deus e que estão simbolizadas, na *Apologia*, pelas Leis do Estado. Platão refere-se a elas como Idéias. Encontram-se todas no interior do indivíduo, bastando apenas procurar por elas, sendo que a própria procura deve obedecer a estas leis. As Idéias são as leis de Deus, as leis da Mente e as leis do Ser.

✧ ✧ ✧

Quando nos preparávamos para levantar e ir embora, Simon retomou o assunto da dor de seu pai.

– Há algo que eu possa fazer para ajudá-lo? – perguntou Simon.

Enquanto pensava nessa pergunta, veio à minha cabeça que gostaria muito de conhecer os pais desse jovem tão interessante.

– Há, sim – respondi. – Acho que você pode fazer algo. Em primeiro lugar não julgue, automaticamente, que o que está ocorrendo com seu pai seja alguma fraqueza. Em outras épocas e outras culturas, o período de luto era normalmente considerado bastante sagrado, e as pessoas vinham até o enlutado para receber sua bênção ou pedir ajuda. A aflição pela morte não é, em absoluto, o mesmo que o confronto com a morte. Trata-se de dois tipos completamente diferentes de sofrimento. O segundo tipo consiste num confronto doloroso entre aquilo que as pessoas imaginam acerca da vida e as verdadeiras leis da vida em si, que, como dissemos, é uma outra denominação de Deus. Essa espécie de sofrimento traz sabedoria e compaixão.

– E quanto ao outro tipo de sofrimento? – indagou Simon.

– Bem – repliquei –, qual é o oposto da sabedoria?

Ele pensou por um momento.

– Mas como é possível? – perguntou. – As pessoas morrem o tempo todo, no mundo inteiro. Então, como é possível que tão pouca gente tenha sabedoria?

– Procure descobrir o que Platão diz a esse respeito – respondi. – Esse tipo de sofrimento não traz automaticamente a sabedoria. As pessoas devem aspirar pela sabedoria de antemão, caso contrário cria-se o primeiro tipo de sofrimento, o que traz o oposto da sabedoria. É preciso aspirar muito. É preciso aprender a buscar por ela, indagar por ela; foi o que Sócrates ensinou.

Após uma pausa, perguntei a Simon:

– Qual o nome dessa aspiração?

– O que está querendo dizer?

– Onde você está, Simon? Qual o nome que Platão dá a essa aspiração, a esse amor pela sabedoria?

O rosto de Simon iluminou-se.

– Filosofia! – disse ele. Seus estreitos olhos quirguizes estreitaram-se, então, ainda mais. – Mas meu pai não é um filósofo!

Eu ri e disse: – Não tenha tanta certeza. Um filósofo não é apenas um sujeito que lê livros e faz cursos.

Com isso, nossa conversa terminou. No caminho de volta ao colégio, Simon fala, alegremente, sem parar, e me dou conta de que o trabalho com estes jovens não estará completo antes que eu conheça, também, seus pais.

❖   ❖   ❖

12 de novembro

Nas últimas três semanas consegui encontrar-me ao menos uma vez com cada aluno da turma. Percebo claramente, agora, que não se trata de discutir quais dentre eles estão abertos às questões filosóficas e quais não estão. Nada disso; a tarefa é enxergar *de que maneira* eles estão abertos. Pois a grande verdade é que todos eles são sensíveis às grandes idéias, quer tenham consciência disso ou não.

Em uma das aulas, quando discutíamos os ensinamentos do hinduísmo, contei a eles uma das histórias que melhor ilustram a doutrina hindu do grande Eu presente em cada ser humano. Somente agora, conhecendo estes jovens, compreendo essa poderosa fábula de um modo novo.

✧ ✧ ✧

Uma tigresa, em avançado estado de gestação, espreita um rebanho de cabras e, ao avançar sobre elas naquela difícil condição, tropeça numa pedra pontiaguda. Fere a cabeça e morre, porém o filhote vem à luz.

Passado o perigo, as cabras retornam e, vendo o filhotinho, criam-no como sendo seu. O filhote começa a crescer, feliz e contente, como se fosse uma cabra. Alimenta-se de capim e imita, automaticamente, o balir das cabras. Ele é muito feliz.

Tudo corre às mil maravilhas até que, certo dia, um outro tigre, um macho grande e feroz, espreita o rebanho. Também ele dispara sobre as cabras, que fogem apavoradas. O filhote, entretanto, não se mexe. Vê aquele ser enorme e assustador avançando sobre eles e vê seus irmãos e irmãs passando por ele numa correria, com os olhos cheios de terror. Por algum motivo que o filhote não compreende, ele não sente medo algum, nem mesmo quando o enorme tigre passa junto a ele.

Vendo aquele filhote em meio às cabras, o tigre fica estarrecido e estaca. "O que é que *você* está fazendo *aqui*?", ruge ele, raivoso. O filhote pisca os olhinhos e emite um patético e rouco balido. O tigre não consegue acreditar no que vê e no que ouve e torna a rugir em total desaprovação. Esquecendo-se inteiramente de sua caçada, ele agarra o filhotinho pela nuca e carrega-o para a floresta em sua imensa mandíbula. Ali, ao chegarem junto a um lago, o tigre dependura o filhote sobre a água para que este possa enxergar seu reflexo. "Olhe só!", grunhe o tigre. "Veja! Você pertence à *nossa* raça!" O filhote fica verdadeiramente perplexo ao perceber que possui o mesmo tipo de feição que aquela terrível criatura que o prende. Porém, tudo o que consegue fazer é soltar outro balido.

Enfurecido além dos limites, o grande tigre carrega o filhote até sua cova, onde, num canto, está estendido um antílope caçado recentemente. O tigre deposita o filhote junto àquela carne sangrenta e ordena: "Coma!" O filhote, porém, que jamais comera nada além de capim e folhas, o alimento das cabras, sente nojo e recusa com outro balido. O tigre insiste, porém o filhote sente repulsa pelo simples aspecto e o odor da carne crua à sua frente. Por fim, já impaciente, o grande tigre agarra-o com sua imensa pata e força a ingestão da carne goela abaixo do filhote. O coitadinho engasga, enojado, enquanto engole involuntariamente o novo alimento. De súbito, então, algo de notável acontece. Começa a sentir uma estranha e assombrosa excitação surgindo nele, uma sensação diferente de tudo quanto experimentara. Tomado por essa excitação, ruge de satisfação; e o seu rugido é o mesmo do tigre, som que qualquer outro animal da selva estremece ao escutar.

O grande tigre sorri, satisfeito. "Agora", diz ele ao filhote, "já sabe quem você é! Venha, vamos caçar juntos!"

✧ ✧ ✧

Melhor do que uma dúzia de palestras ou tratados, essa fábula ilustra a idéia de que no interior de cada ser humano se encontra Deus, o grande Si Mesmo, *Atman* que é *Brahman*; o grande *Eu Sou* do homem e do universo. Porém, existe uma carapaça de medos, desejos e padrões de comportamento culturalmente condicionados, que se forma ao redor desse grande Si Mesmo em cada criatura humana. Essa carapaça é o ego, o eu imaginário ou identidade social. A tragédia da vida humana, a única e verdadeira tragédia da vida humana, é que vivemos e movemo-nos inteiramente sob a ilusão do ego.

Vejo, agora, algo de novo nessa fábula sobre o filhote de tigre, com o potencial de todo crescimento à sua frente. A divindade, no homem, encontra-se como que ainda em estado informe, necessitando formar-se. Vejo que essa divindade, essa natureza do filhote de tigre em nós, aparece sob a forma de uma procura, um questionamento, e uma sede por ser e pela verdade. O rugir desses estudantes é exatamente isso. E esse rugido ressoa em meio a todos os demais impulsos e manifestações da vida diária; em meio à vida familiar, ao trabalho, à diversão, ao sofrimento e ao prazer, à atração sexual e à confusão; em meio ao ódio e ao amor, à construção e à destruição, à guerra, à ambição e aos reveses. Por que estou aqui? Qual o significado de minha vida na terra? O que é a família, o que é o trabalho, o que é a ciência, o que são a arte e a religião e por que os homens se matam entre si? Por que morremos, para que serve nosso cérebro, por que somos diferentes dos animais, o que são o certo e o errado, como saber por que existem a dor e a doença – todas essas questões escritas à margem de nossa vida são, em realidade, as múltiplas expressões de uma força, um movimento central na própria estrutura da psique humana – o eros, a aspiração por Ser, a luta por tornar-se o Deus, conhecido nas antigas tradições como Eu Sou.

Com que presteza a classe respondeu a essa fábula! Com que rapidez eles se dispuseram a acompanhá-la, aonde quer que os levasse! Bastou que eu mencionasse a distinção entre valores-de-cabra e valores-de-tigre para detonar uma intensa seqüência de comentários, perguntas, argumentos e discussões que reuniam, à sua maneira, tudo o que vínhamos discutindo até então, e que – de modo imperfeito e desajeitado, por certo – refletia as idéias fundamentais de todas as grandes filosofias do mundo antigo.

Eric Koppleman foi o primeiro a comentar:

– Existem psiquiatras de cabras? – perguntou ele, com uma risada gostosa. – Suponha que o filhote de tigre se sentisse um pouco deprimido por não conseguir balir tão bem quanto os outros. Provavelmente ele seria encaminhado a um terapeuta para poder se adaptar.

– Mas o problema não seriam apenas os seus sons – disse Lois Kesley. – Ele não se sentiria bem, na verdade, em nenhum aspecto. E pensaria ser por causa de sua inferioridade, quando, na verdade, o motivo real seria a sua superioridade.

Naquele ponto, Wendy Behrens entrou na discussão. – Mas não é isso o que importa na história! O que importa, na história, é que ele foi treinado para ser uma ótima cabra. Ele se sai muito bem como cabra, exatamente como todas as outras cabras ao seu redor. A sociedade transforma os tigres em boas cabras.

– E quanto às suas listras? – indagou Jeanette Streiser, uma garota franzina de cabelos pretos com a qual eu conversara em particular no dia anterior.

– Sem problemas – brincou Eric. – Ele iria lançar a moda das listras. Seus amigos começariam a pintar listras sobre o pêlo.

Wendy novamente se manifestou.

– Não – disse ela. – Eles nem iriam *enxergar* as listras! Não enxergariam nada de sua natureza de tigre. Cabras enxergam somente cabras, compreendem?

Aquilo não satisfez Jeanette. Ela estava lendo *Her-Bak*, a extraordinária novela sobre um jovem iniciado entre os sábios do antigo Egito. Em nossa conversa do dia anterior, ela me contou como havia sido tocada pelo tipo de insatisfação com a vida experimentada pelo herói do romance. Lancei uma nova luz sobre suas próprias confusões com respeito à vida. Talvez nem todos os seus problemas fossem o indício de que algo andava errado com ela. Talvez, ela se questionava, fossem o indício de que algo andava certo.

Sempre que Jeanette falava, chamava a atenção por sua voz, surpreendentemente profunda e madura em contraste com sua aparência física, frágil como a de um pássaro. Ao ouvi-la, fiquei espantado pelo modo como os jovens parecem crescer: repentinamente, sem aviso, algum aspecto ou função irrompe na maturidade enquanto todo o resto permanece em estado infantil. A pobre Jeanette, por sua voz ter-se desenvolvido primeiro, era agora identificada por essa função. Os pais logo trataram de arranjar-lhe aulas de canto e teatro, tendo sido inclusive notificado nos jornais de domingo o fato de ela desempenhar papéis normalmente masculinos num coro local. Em nosso encontro do dia anterior, percebi que algo nela resistia em ser identificado dessa maneira, como uma espécie de voz à qual, por acaso, havia uma pessoa ligada. Nela, a resistência em formar sua identidade em torno dessa voz, não era consciente. Notei, contudo, o número de problemas criados em sua vida por essa situação.

Jeanette era conhecida como uma aluna singularmente multifacetada. Participava de duas equipes escolares de atletismo, estava sempre envolvida em campanhas de caridade, trabalhava no jornal da escola, além de ser, do ponto de vista acadêmico, uma ótima aluna. Tudo isso era também incentivado pelos pais, que a queriam em bons ambientes. Ela, entretanto, contou-me – e pude percebê-lo claramente sem que ela precisasse mencionar em absoluto – que, quando começava a pensar na vida sob a influência de alguma importante questão filosófica, uma enorme ansiedade parecia tomar conta dela, por um momento. "A filosofia me faz sentir como que chegando em casa", disse-me.

Foi, talvez, meu encontro com ela que me ajudou a perceber um novo significado nessa fábula da tradição hindu. A divindade inata no homem é um movimento em direção ao equilíbrio interno de todas as funções da estrutura humana. Tal movimento tem lugar sob a forma do autoquestionamento orientado por idéias que se referem a uma escala gigantesca de realidade. Este movimento é o filhote de tigre; a meta distante, a imensidão de uma natureza humana completamente equilibrada, é o tigre adulto, o grande Si Mesmo.

Esse questionar representa um sofrimento de categoria especial, muito diferente do sofrimento que acompanha o esforço por adequar nossas vidas à nossa identidade de "cabra". Embora esse questionar seja, seguramente, um sofrer, ele é acompanhado por um inconfundível convite à liberdade e à volta ao lar. Não sei quem sou, mas não sou aquilo que minha sociedade afirma que sou. A experiência e o ato de questionar são a própria natureza-de-tigre começando a crescer.

O que intrigou Jeanette na fábula foi o fato de o filhote ser sempre apenas aquilo, um filhote de tigre. Ele não possui qualquer qualidade intrínseca de cabra. Ele é um tigre, mas não sabe disso. Como é possível?

Isso também me intriga. Observo o poder das grandes idéias surgindo e dando sustentação a esse tipo especial de questionamento no jovem. Observo como isso os atinge de maneira fácil e natural. Todavia, sem o auxílio destas idéias, apresentadas a eles de uma forma definida, tal questionamento pode jamais ser deflagrado ou levá-los muito longe. Contudo, ao menos antes que se tornem "adultos" com um "papel certo" na sociedade, esse questionamento encontra-se ali presente o tempo todo, como a natureza-de-tigre, como as listras do filhote. Mas quem as percebe? Quem é que honra esse questionamento? Quem é que o mantém em nosso mundo?

Fiquei pensando no poder das idéias, que parecem exercer, elas próprias, um efeito moral na vida das pessoas. Vejo agora, também, que é o autoquestionamento evocado por tais idéias que produz esse efeito moral. Ensinamos idéias aos nossos jovens de uma forma que, na verdade, enfraquece esse poder moral das idéias. Estou convicto de que essa falta necessita e pode ser corrigida. De outra forma, as verdadeiras idéias simplesmente não nos penetram, não conseguem fazê-lo. Sócrates compreendeu isso.

WENDY, SIMON E OUTROS FILÓSOFOS

Passei hoje a enxergar todos esses alunos da maneira como enxergava Jeanette. Jeanette era uma "voz". Havia algo em *formação* nela em torno daquela função; uma identidade que a acompanharia ao longo do casamento, da carreira profissional, da maternidade, da dor e da doença, de todas as conquistas e fracassos, dos prazeres e reveses que constituem o quinhão de cada ser humano. Contudo, sem o auxílio de legítimas idéias – seja na expressão da autêntica filosofia, seja em alguma modalidade artística que transmita o silêncio, ou em símbolos religiosos que apelem a uma outra dimensão de realidade – essa formação da identidade irá, gradual mas inexoravelmente, apertar o laço que denominamos "caráter".

Se Jeanette é uma "voz", então Eric é um "crânio", Lois, com seus grandes olhos, é um "suspiro" e Wendy, apesar de toda sua contagiante vitalidade, é uma "queixa". E Simon? Não será alguma espécie de *encantamento*? Basta observar o modo como, astuciosamente, leva todos a gostarem dele, o modo como alguma inteligência e sensibilidade enormes são continuamente mobilizadas para esse fim, e como ele se mostra murcho quando não consegue seu intento, seja com relação a pessoas, conceitos ou trabalhos físicos. Eu o vi em seu carro, um velho Volkswagen, e juro que até mesmo o carro gosta dele. Tal como a voz de Jeanette, o encantamento de Simon – que advém não sei de quais centros emocionais e mentais de sua psique – desenvolveu-se, nele, antes de tudo o mais.

Talvez eu esteja enganado, talvez não enxergue esses jovens com suficiente clareza. Não consigo deixar de vislumbrar a totalidade de suas vidas como uma série de *scripts* que agora, às vésperas da idade adulta, estão sendo ajustados à sua versão final e revisados, antes que se inicie a fase de produção.

Jeanette não podia aceitar a interpretação de Wendy e Eric sobre a fábula; não podia aceitar que o filhote fosse realmente absorvido pela sociedade de cabras sem ter a menor exigência de sua própria e verdadeira natureza. Contudo, era suficientemente fácil para Eric responder a cada objeção levantada por ela. Ou os psiquiatras de cabra "curariam" o filhote de sua "falta de segurança em si próprio" ou, então, a "opinião pública caprina" conferiria a ele um prêmio por "habilidades incomuns"; ou, ainda, os "sacerdotes-cabras" inculcariam tamanha culpa no filhote que ele faria mais do que o impossível por tornar-se uma cabra ainda melhor do que as próprias cabras.

E assim prosseguiu a discussão. Se o filhote era feliz como cabra, por que o tigre deveria intervir? O que é a felicidade? É possível ser realmente feliz se você não está de acordo com a sua própria natureza? Ao lado disso, quando o filhote experimenta realmente a carne, ele conhece um tipo de felicidade muito superior a tudo aquilo que experimentara antes. (Quando esse ponto foi levantado por um dos alunos, senti-me tentado a desenvolver uma discussão sobre o Livro IX da *República*, em que Platão fala da singular qualidade do prazer que acompanha o gosto do verdadeiro entendimento. Porém, me contive.)

Ao soar o sinal das três horas, o tema da "moralidade caprina" já havia tomado conta da classe. Eric identificara, fervorosamente, o filhote como o "super-homem" de Nietzsche, estando além do bem e do mal do mundo das cabras. Bastou esta colocação para que toda a atitude da classe com respeito à fábula se modificasse. Seu desenfreado prazer em imaginar as conseqüências da alegoria transformou-se em agitação e desconforto. Independentemente do que ele fosse – cabra, tigre ou qualquer outra coisa –, jamais seria correto matar, destruir ou ocasionar sofrimento. Por outro lado, a "moralidade caprina" podia ser identificada como a "moralidade de rebanho" de Nietzsche, com o egoísmo disfarçado em piedade, a preguiça mascarada de altruísmo, a ganância fingindo-se de individualismo e a licenciosidade no lugar da liberdade e da legitimidade. A discussão chegou, enfim, a uma espécie de clímax quando Lois e Heidi perguntaram, quase ao mesmo tempo, se o filhote, afinal de contas, não tinha uma dívida para com as cabras!

O dia letivo tinha terminado. Os alunos das outras classes passavam correndo pela porta; havia muita gritaria e algazarra no pátio da escola. Ao toque do sinal, diversos alunos começaram, automaticamente, a arrumar seus livros para ir embora. Todos, porém, permaneciam sentados no lugar, em meio ao silêncio que se seguira à dúvida de Lois e de Heidi.

Não falei nada. Esperei. Algo inteiramente novo surgira no rosto e na atitude de cada um. Ali estava o interesse espontâneo numa importante questão humana; e, bem ao lado, estavam os impulsos de levantar e ir embora, treinar basquete, tomar um sorvete, encontrar um amigo ou estudar para alguma prova. Uma tensão enorme tomou conta da sala, de modo extraordinariamente vivo, criativo e silente. Procurei não tomar nenhuma atitude no sentido de indicar a direção que deveriam tomar, ou o lado de si mesmos a que deveriam obedecer. Sabia que, a qualquer momento, aquele estado intermediário se dissolveria e a classe inteira, incluindo a mim mesmo, se transformaria em "cabras". Mas por ora eles eram verdadeiramente jovens tigres a experimentar, sem sabê-lo, o espaço entre suas duas naturezas. Eram filósofos.

Foi Simon quem interrompeu aquele momento. Estaria lendo meus pensamentos? Estranhamente, ele permanecera em silêncio durante toda a discussão, seu rosto fora ficando cada vez mais contraído à medida que as coisas avançavam. Agora, de súbito, suas feições relaxaram e seus olhos encheram-se de luz.

– O filhote – disse ele – é, ao mesmo tempo, um tigre e uma cabra!

– Prossiga – pedi.

– Mesmo tendo nascido com o código genético dos tigres, ele tem a habilidade de imitar as cabras, não é? Portanto...

Uma onda de descontração envolveu a todos. Depois de uma pausa, Simon prosseguiu:

– Portanto, a história não termina na cova do tigre. O filhote cresce e, ao invés de caçar cabras, ele volta para junto delas querendo ajudá-las. E... daquele dia em diante, os tigres e as cabras vivem juntos em harmonia!

A classe só faltou aplaudir. Todos se levantaram ao mesmo tempo para ir embora, rindo e brincando. Enquanto saíam, Eric zombou de Simon:

– Então, o que os tigres vão comer depois disso?

– Vegetais – disse Jeanette, correndo para fora da sala.

CAPÍTULO 7

OS PAIS

Perto do fim de novembro, encontrei-me com um grupo de pais interessados em conhecer meu trabalho no colégio. Ao concordar em me reunir com eles, entretanto, deixei bem claro que ainda era cedo demais para se tirar conclusões, mesmo que conjecturais, sobre o papel da filosofia na educação juvenil. Ao invés disso, eu falaria a eles sobre a filosofia em geral e as razões de sua necessidade na vida moderna. Não podia imaginar que ao fim de novembro eu chegaria não apenas a conclusões *bastante* definidas com respeito a filosofia e adolescentes, como estaria pronto a fazer detalhadas sugestões a quem desejasse ouvir-me, bem como oferecer minhas substanciais experiências.

Decidi, contudo, manter meu plano original, evitando descrever o que se passava na sala de aula. Tinha muitas razões para esta decisão. Em primeiro lugar, como já mencionei, meu encontro em particular com Simon me levou a um grande desejo de conhecer os pais desses jovens, com a finalidade de ver, por mim mesmo, que tipo de influências existiam em suas casas. Chegara à conclusão um tanto firme de que para "conhecer" alguém, seja lá quem for, é necessário observar o relacionamento da pessoa com as idéias.

Essa opinião foi o ponto de partida de algumas discussões com amigos do campo da psiquiatria e da psicologia. Estes falavam em "tipos de personalidade", empregando um ou outro sistema de classificação psicológica – Freud, Jung, Sheldon e outros teóricos modernos do comportamento humano. Falavam em testes projetivos, como o de Rorschach ou o de Apercepção Temática. Falavam em análise fenomenológica para a determinação do "projeto original" ou "visão de mundo" de outrem. Falavam em traumas de infância e em "adultos significativos" enquanto fatores determinantes e fundamentais na formação da personalidade. Enquanto isso, eu, para sua contrariedade, falava de apenas uma coisa: o direcionamento para as idéias. Nunca neguei que as pessoas fossem diferentes umas das outras tal como meus colegas psicólogos afirmavam. Eu apenas sustentava que a sua preocupação era de importância secundária para o entendimento das diferenças entre as pessoas. Creio, todavia, não ter tido muito tato na defesa de meu ponto de vista. Na verdade, meu argumento era de que a psicologia moderna, como um todo, ignorou sistematicamente o mais importante aspecto da natureza humana.

Eles, em contrapartida, acusavam-me de superficialidade. "Será que você não está simplesmente se referindo àquilo que nós chamaríamos de 'interesses' ou 'preferências'?", disse um deles. "Certas pessoas se interessam por filosofia, outras por arte, música, ciência ou ganhar dinheiro. Como pode comparar isso com a tentativa de compreender as forças psicodinâmicas mais profundas que operam nos diferentes indivíduos?"

É evidente, porém, que eu não estava me referindo a nada disso. Existe uma arte que expressa idéias e uma arte que satisfaz apenas o desejo de estimulação; existe a música que evoca o anseio pela verdade e a música do sentimento, da inovação intelectual ou do sexo; existe uma ciência que desperta o assombro e existe uma ciência que soluciona problemas materiais; até mesmo a busca pelo dinheiro pode servir a dois propósitos fundamentalmente distintos: a busca de entendimento ou a ambição de poder, prestígio e posses. O relacionamento do homem com as idéias não se mede apenas por seu interesse na formulação verbal de idéias, convencionalmente denominada "filosofia". Além do mais, as idéias não precisam ser conhecidas apenas com a função intelectual; elas podem também ser sentidas e apalpadas. Determinado indivíduo ama a sabedoria com o instrumento de sua mente, outro com suas emoções e outro com o corpo.

O desenvolvimento, argumentava eu, é uma questão de amor à sabedoria envolvendo mais e mais partes da máquina humana, nada tendo a ver com "oral, anal e genital"; nem com a "individuação" junguiana, nem com o "comportamento adaptável". Não é preciso dizer que fui incapaz de fazer compreender meus pontos de vista a muitos de meus colegas do campo da psicologia.

✧ ✧ ✧

O encontro havia sido marcado para as vinte horas na biblioteca da escola, e nada do que aconteceu depois, naquela noite, superou a intensidade de minha primeira impressão ao entrar na biblioteca. Sem dúvida, o choque que experimentei deveu-se, em parte, à simples incongruência daqueles adultos circulando num espaço projetado para os mais jovens. As mesas e as cadeiras eram pequenas demais para eles; o teto, um pouco baixo demais; a sala toda (que, objetivamente falando, era espaçosa) parecia destinar-se a uma espécie ligeiramente diferente de seres. A impressão foi ainda mais forte por ter-me atrasado e, ao entrar, deparar com um clima mais para um coquetel do que para uma palestra. Por toda parte viam-se copos plásticos de café ou vinho branco. A fumaça dos cigarros e o ruído de animadas conversas enchiam o ambiente. Homens e mulheres elegantes e bem vestidos, distribuídos em grupinhos, riam e tagarelavam.

Fiquei surpreso com minha própria surpresa diante da cena. Será que passara a conceber o colégio como algum tipo de monastério? Seja qual for o motivo, experimentei, num curto espaço de tempo, uma série de percepções claras que poderiam sintetizar-se na imagem de um grupo de pessoas reunidas para algum propósito vergonhoso, mas cujo comportamento social se resumisse a uma série de fórmulas habituais de respeito mútuo superficialmente afáveis. Não era diferente – se puder colocar assim – de se entrar num bordel de primeiríssima categoria, no qual a nata da sociedade passa o tempo a discutir, de maneira agradável, temas socialmente aceitáveis, enquanto seus corações palpitam e seus olhos faíscam pela antecipação íntima da experiência deliciosamente pecaminosa que os aguarda. No nosso caso, é óbvio, o que os aguardava não era comportamento pecaminoso algum, mas apenas uma palestra sobre filosofia.

Tendo um copo de vinho e um cigarro nas mãos, iniciei uma agradável conversa com diversos pais e comecei, eu próprio, a experimentar a mesma coisa. Será que eu realmente pretendia falar sobre idéias sérias com respeito ao sentido da vida e da morte? Como me parecia artificial e embaraçosa essa perspectiva!

Mas, indaguei a mim mesmo, qual a "pessoa" em mim mesmo que de repente tomou conta de minha mente e para a qual a perspectiva de considerar questões sérias parecia artificial? Não será essa pessoa "ela própria" até mais artificial? Fiquei extremamente interessado nessa questão, mesmo enquanto conversava e ria. E, num espaço de tempo não superior a cinco ou dez minutos, desfilou diante de mim todo um elenco de "pessoas internas", para cada uma das quais a perspectiva de refletir sobre questões verdadeiras parecia desagradável, desinteressante ou atemorizante.

Era esta, certamente, a "multidão" a que Platão se refere na *República*! Estas eram as "massas", os "mercadores, negociantes, trabalhadores, lavradores, comediantes, sapateiros" e por aí adiante, que não compreendem as motivações de *eros*, a aspiração pela verdade, e que devem ser convencidos a submeter-se à lei da Mente, o "rei filósofo".

Eis-me aqui parado, tagarelando com uma mulher incrivelmente atraente de trinta e poucos anos. Surgem em mim pensamentos sexuais, enquanto falo sobre uma coisa ou outra. Esta "pessoa" que deseja fazer sexo – o que se importa "ela" com autoconhecimento ou consciência? Junto a essa mulher encontra-se um senhor de cabelos brancos bastante conhecido no mundo dos negócios. Gostaria de tornar-me um "verdadeiro amigo" deste homem – e por quê? Porque tornando-me seu "verdadeiro amigo" poderei conseguir dinheiro. Essa "pessoa" que está sempre em busca de dinheiro se vê alarmada pela perspectiva de tentar falar sobre a verdade de forma sincera.

Uma segunda mulher, também atraente, junta-se ao nosso pequeno *tête-à-tête*. Teço um comentário espirituoso que resulta num momento de gargalhadas, enquanto eu – ou deveria dizer "ele"? – sou banhado pela sensação de um calor tão onipresente que me sinto quase um deus. Essa "pessoa" espirituosa e brilhante parada no meio de um grupo de pessoas que o admiram: será que ela não considera a verdadeira filosofia um tanto pesada e pretensiosa?

Ao tomar meu lugar diante do grupo para dar início à palestra, fui assaltado por uma súbita percepção. Eu fora até ali para conhecer os pais de meus jovens alunos, os adultos que haviam moldado suas mentes. Todos aqueles "adultos", porém, estavam dentro de mim! Se eu os conhecesse, poderia conhecer a mim mesmo! E é preciso que eu conheça a mim mesmo. Necessito saber por que a verdade conhecida por minha mente não tem poder algum sobre minha vida. Outra vez a questão socrática. Pitágoras e sua escola – a questão de como transmitir idéias verdadeiras a todos esses "adultos", dentro de mim, que desconhecem, não se importam ou não conseguem escutar as convicções da mente.

Não será este um significado central da idéia de *desejo* que chegou até nós através dos tempos, não apenas por Pitágoras e Platão, mas que vem de muito antes, inclusive, desses filósofos antigos? Os desejos talvez não sejam, em si mesmos, o inimigo a que os ensinamentos tradicionais se referem, porém tornam-se algo muito diferente quando assumem, em nós, a posição de "eu", quando eles sentem como "eu próprio". Não serão, esses inúmeros "eus", a razão pela qual o homem se *esquece* da verdade e do ser?

Que erro colossal comete o homem, portanto, ao lutar contra aquilo que chama de *desejos*, sem reconhecer nessas identificações com o "eu" o seu principal inimigo!

Sentado ali, diante de todos aqueles "eus", ou pais, experimentei um momento extraordinário, da mesma espécie que já experimentara em ocasiões passadas. Nunca vi um momento desses descrito em qualquer literatura mística tradicional, e a única forma de descrevê-lo é dizer que por um breve intervalo de tempo encontrei-me no interior de uma metáfora viva e pulsante. Isto é, o mundo exterior fundiu-se com o mundo interior em torno de uma questão ou idéia específica. O sentimento de júbilo ou êxtase não era inferior, talvez, àquele relatado por certos místicos, embora não tenha sido provocado pela experiência direta de uma realidade superior, mas sim, pelo contrário, pela experiência direta de uma realidade inferior, pela inequívoca experiência de uma questão sobre mim mesmo. Em outras palavras, experienciei a realidade de uma idéia de forma tal que uma diretriz prática e viva de questionamento abriu-se à minha frente, dentro da qual a minha atividade externa podia continuar a ser exercida – sem nada "forçado" – como uma metáfora espelhada ou concreta de minha busca interior.

Tais experiências proporcionaram-me um parâmetro exato de avaliação pelo qual ponderar a questão se a vida tem ou não sentido. A vida tem um sentido quando uma nova questão aparece e quando as circunstâncias externas da vida se organizam como material de investigação dessa questão. Tenho certeza de que o grande problema teórico do propósito da vida humana sobre a terra apenas pode ser abordado depois que o indivíduo experimentou o que seja um momento de direção simultaneamente na vida interna e externa.

Raramente tive tanta clareza sobre algum empreendimento em minha vida: 1) quero compreender a natureza do amor à verdade no homem – por que não permeia a vida que levamos e o que fazer para que a permeie; 2) tanto este amor quanto a cristalização dos obstáculos à sua realização são claramente perceptíveis no último período da adolescência; 3) para compreender os jovens, é necessário conhecer também as influências a que eles estiveram submetidos, especialmente a dos pais; 4) o mais importante a conhecer nesses pais é o seu próprio relacionamento para com a verdade –

neste caso, a verdade sob a forma de grandes idéias; 5) esses pais também existem em mim.

Minha palestra dirigida aos pais produziu um resultado singular, o qual eu imaginava ser possível mas, na verdade, não esperava e nem planejara. No meio da discussão, diversos pais pediram-me, espontaneamente, que ministrasse um curso de filosofia *para eles*! Concordei no ato.

✧　✧　✧

Mas como fazer? Não era meu interesse promover qualquer tipo de entretenimento intelectual. Aqueles pais eram bastante ocupados, com seus negócios, arte, ciência, educação, atividades filantrópicas ou políticas. Não teria o menor sentido que nossos encontros fossem apenas uma atividade cultural a mais em suas agendas já tão repletas, acrescentando uma noite de filosofia aos concertos, teatros, etc. Se minha intenção era estudar o seu relacionamento com as idéias, deveria preparar as condições adequadas para isso. Meu objetivo era estudar e não ensinar, ou melhor, estudar, através do ensino da filosofia, a condição atual da aspiração pela verdade na psique de homens e mulheres de alto nível cultural.

O primeiro passo foi o envio de um anúncio de praxe informando a todos os pais sobre o curso. Simples detalhe, talvez; mas a vida não é feita desses detalhes? Não podia iniciar ali mesmo o meu estudo? Toda a questão do comportamento humano, do viver segundo as convicções do indivíduo, pode ser situada no relacionamento do homem com os detalhes. Os professores de filosofia podem argumentar à vontade sobre a ação moral e sobre o modo como o bem pode ser realizado em situações concretas; os teólogos podem clamar profeticamente acerca da inabilidade humana em arcar com suas aspirações mais elevadas, e os psicólogos podem oferecer explicações para o fato de as ações humanas se voltarem contra seus mais legítimos interesses. Porém o problema está inteiramente contido, em verdade, na desproporção entre a atenção dispensada pelo homem às idéias, aos ideais e às aspirações, por um lado, e os detalhes da vida, por outro.

Redigi, simplesmente, o seguinte comunicado:

> Diversos pais solicitaram-me para dirigir um grupo de estudos sobre filosofia, e gostaria muito de experimentar abordando a *República* de Platão com quem esteja interessado. Quanto à minha visão do tema, posso apenas dizer que considero o estudo da filosofia como uma forma de revelar as

mais evasivas e fundamentais questões da vida: Quem somos? Por que estamos aqui?

Fiquei contente em ver este pequeno comunicado, comprimido em meio a uma página repleta de outros anúncios e notícias, ser enviado a todos os pais. O mais leve indício de um apelo à *busca* deveria aparecer de modo praticamente velado em meu anúncio.

Estaria enganando a mim mesmo? O *apelo* sempre soa debilmente porque aquela parte do homem que busca a verdade soa muito debilmente em nós mesmos. O impulso de buscar, também, está comprimido em meio a todos os nossos demais interesses e motivações. Possui, contudo, uma qualidade completamente diferente. Minha intenção era que as pessoas que se apresentassem questionassem o que, exatamente, as teria motivado. Estava quase querendo que ninguém se apresentasse. Refiro-me, em suma, a algo jovem e incerto em nós que deseja crescer e fortalecer-se, mas que nunca recebeu o alimento adequado para tanto, o alimento das idéias. Existe, em toda nossa volta, filosofia, arte, ciência e religião. Estas, dada sua natureza, não proporcionam o alimento ao qual me refiro, pois apresentam-no sempre embalado ou "cozido", de modo que a parte jovem de nosso ser não consegue aceitá-lo. Trazemos, em nós, verdades embaladas em sexo, ambição pessoal, romantismo e piedade, temperadas com medo ou sentimentalismo, ora diluídas pelas convenções, ora, ainda, poluídas pela raiva e a impaciência. Pense no modo como as influências das grandes tradições da verdade são trazidas até nós: em museus, salas de aulas estéreis, livros habilmente apresentados, igrejas santarronas e padrões de conduta que adulteramos para adequarem-se ao nosso prazer e capricho. O que resta, em tudo isso, do chamado dirigido à humanidade através de grandes obras de arte, da filosofia, do cinema, da religião – nos ritos, costumes e, até mesmo, maneiras antigas, cuja origem encontra-se em mentes muito mais privilegiadas do que as nossas?

Estaria enganando a mim mesmo? Poderia, realmente, iniciar esse curso no "tom" adequado?

Não sabia se me sentia feliz ou preocupado pelo grande número de pais que apareceu no primeiro encontro. A sala de nossa anfitriã estava repleta; havia gente sentada no chão, amontoada na porta, chegando até a sala de jantar.

Iniciei a noite lendo, em voz alta, um longo trecho da *Confissão*, de Leon Tolstoi, em que o autor descreve o modo como, aos cinqüenta anos, no apogeu de suas capacidades e sucesso, viu-se gradual mas inexoravelmente dominado "por minutos, no início, de perplexidade, e mais tarde por um rapto da vida, como se eu não soubesse mais como viver ou agir". Tais períodos, conta Tolstoi, tornaram-se gradativamente mais freqüentes e sempre encontraram sua expressão nas questões: "Por quê? E daí?"

As questões pareciam tolas, simples e pueris.

"Mas no momento em que cheguei a elas procurando resolvê-las, convenci-me, em primeiro lugar, de que não eram pueris ou tolas, mas questões muito importantes e profundas na vida, e, em segundo lugar, que por mais que eu tentasse jamais seria capaz de respondê-las." Qual o sentido da vida? "Antes de me dedicar à minha propriedade em Samara, à educação de meu filho, ou de escrever um livro, eu deveria conhecer as razões para fazer aquilo. Como não podia conhecer as razões, não podia fazer nada. Não podia viver."

Prossegue ele:

> Em meio às minhas idéias sobre a lavoura, que muito me interessava naquela época, subitamente passava por minha cabeça uma questão do tipo: "Muito bem, você irá conseguir seis mil desiátinas de terra do governo de Samara e trezentos cavalos – e daí?" Perdi completamente o senso, e não sabia mais em que pensar. Ou, então, ao pensar na educação de meus filhos, dizia a mim mesmo: "Para quê?" Ou, refletindo sobre a forma pela qual as massas poderiam obter seu bem-estar, subitamente dizia a mim mesmo: "O que isso representa para mim?" Ou, pensando na fama que minhas obras me angariaram, dizia a mim mesmo: "Muito bem, você será mais célebre do que Gogol, Pushkin, Shakespeare, Molière e todos os escritores do mundo – e daí?" E sentia-me absolutamente incapaz de dar alguma resposta. As perguntas não esperavam e eu tinha de respondê-las de imediato. Caso não as respondesse, não poderia viver.
>
> Senti que aquilo que me sustinha fora-se embora, que eu não tinha chão sob meus pés, que aquilo para o qual eu vivia não tinha mais existência e que eu não possuía mais nada pelo qual viver.*

Tudo isso, prossegue Tolstoi, teve lugar num período de sua vida em que havia alcançado tudo aquilo que sempre desejara, tudo aquilo que qualquer pessoa poderia almejar. "Estava cercado por aquilo que se consi-

---

* Leon Tolstói, *My Confession*, trad. Leo Wiener, Colonial Press, Boston, 1904, pp. 17-18.

dera a completa felicidade" – uma esposa boa e amorosa, bons filhos, riqueza e propriedades, fama, uma saúde e um vigor excepcionais. Todavia, "foi nestas condições que cheguei à conclusão de que não poderia viver e, temendo a morte, tinha de usar de astúcia para comigo mesmo a fim de não terminar com minha própria vida".

Tolstoi conta, então, uma antiga fábula oriental para descrever a visão que tinha de sua própria situação. Enquanto eu lia esta fábula em voz alta para os pais, observei que eles ficavam cada vez mais silenciosos. Entre as pessoas incomodamente espalhadas pelo chão cessou a inquietação, e mesmo aqueles encostados na parede ficaram quase imóveis.

Muito tempo atrás, foi contada a fábula oriental sobre o viajante que é atacado nas estepes por um animal feroz. Na tentativa de salvar-se do animal, o viajante resolve atirar-se num poço seco, mas vê, lá no fundo, um dragão abrindo a boca para engoli-lo. O infeliz não se atreve a sair para fora do poço com medo do animal feroz e nem se atreve a saltar em direção ao fundo, pois seria devorado pelo dragão. Assim, ele alcança os galhos de um arbusto que cresce numa fenda do poço e agarra-se a eles. Suas mãos vão enfraquecendo e ele sente que logo terá de render-se ao perigo que o aguarda em ambos os lados; mas ainda se agarra, quando vê dois camundongos, um branco e o outro preto, de tamanhos iguais, fazendo um círculo ao redor do ramo principal do arbusto no qual ele está pendurado, roendo-o em toda a volta. Agora, o ramo irá quebrar-se a qualquer momento e ele cairá na boca do dragão. O viajante vê e sabe que irá sucumbir inevitavelmente, mas enquanto ainda está pendurado, percebe algumas gotas de mel pingando das folhas do arbusto, alcança-as com a língua e lambe as folhas*.

A sala estava em completo silêncio. Era incompreensível. Estariam todos sentindo o mesmo pânico objetivo perante a idéia de que todas as chamadas boas coisas da vida possam ser apenas aquelas "gotas de mel"?

Deus do céu, eles estavam até mais atentos e enlevados do que seus filhos! O que estava acontecendo? Vi minhas teorias, baseadas em legítimas observações, começarem a desmoronar. Esperava encontrar menos interesse nestes pais e menos abertura às idéias que desafiam os alicerces da compreensão da vida no indivíduo. Tendo percebido, depois de muito trabalho e um período razoavelmente extenso de tempo, que seus filhos adolescentes não se encontravam, ainda, totalmente afastados da aspiração

---

* *Idem, ibidem*, pp. 21-22.

pelas idéias, tinha certeza de que encontraria uma enorme resistência nos pais – do tipo que encontrara no primeiro contato na escola e do tipo que conhecia muito bem em toda a gente com que deparamos no curso da vida diária. Entretanto, eles se mostravam até mais concentrados do que seus filhos!

Concluí rapidamente a leitura, a fim de dar início à discussão. Comecei, como sempre, por Platão. Resolvi não fazer rodeios, mas ir direto à Teoria das Formas, as Idéias platônicas, o ensinamento central de Platão sobre o ser de todos os seres; sua equiparação entre ser e *significado*.

Somente após a primeira parte da noite, durante a pausa para o café, foi que a verdade do que estava ocorrendo começou a chegar a mim, momento em que experimentei, pela segunda vez naquela noite, duas impressões fortemente contraditórias ao mesmo tempo. Neste caso, porém, aquilo que percebi me deu um calafrio. Minha teoria original acerca da diferença entre pais e filhos, que pouco antes parecia correr sério risco, viu-se então confirmada. Contudo, minha satisfação por estar, afinal, no caminho certo foi quase totalmente eclipsada pela sensação de choque em face do que notei nos pais e em mim mesmo.

Aquilo que eu tomara por atenção e maturidade de propósitos nada mais era que polidez! Uma respeitosa curiosidade! Percebi isto em suas perguntas e comentários durante o intervalo – o modo como certas idéias que, ao mesmo tempo, desafiavam suas vidas na própria essência e abriam horizontes novos de valores e propósitos, tudo aquilo fora aprisionado numa parte ínfima da mente e logo domesticado para tornar-se como que um gatinho manhoso de manchas incomuns. Não havia ali nenhum tigre a rugir.

Igualmente surpreendente foi perceber até que ponto eu próprio fiquei envolvido. Acabara de falar e de conduzir uma discussão por mais de uma hora, totalmente cativo numa fantasia sobre a minha audiência. Percebendo aquilo, tive uma sensação estranhamente familiar de relaxamento percorrendo-me enquanto tomava meu café. Comi um biscoito e acendi um cigarro. Eu era um deles. A sensação era boa. Por acaso eu não era um pai? Por que não deveria desfrutar o fato de ser o centro das atenções e da admiração? Não tinha, afinal, algumas coisas importantes a dizer a eles? Não era eu um eminente professor e escritor? Afinal... afinal...

Durante quase todo o segundo período observei, com diversos graus de clareza, o professor Jacob Needleman.

◇ ◇ ◇

O encontro seguinte com os pais finalmente produziu o verdadeiro resultado pelo qual eu ansiava, mas de uma forma tão inesperada que quase tive um acesso de riso. Não que houvesse algo de divertido naquilo, mas porque me pareceu demasiadamente simples e profundo ao mesmo tempo. Compreendo, agora, a real diferença entre um adulto e um adolescente, mas como posso transmitir a importância e a novidade dessa descoberta?

Nesse encontro, o número de pessoas caíra para vinte. Em parte, isso era devido a um outro comunicado enviado ao grupo inicial solicitando o compromisso de comparecimento ao ciclo inteiro de palestras (quatro), além de uma pequena quantia em dinheiro para mim. Naquela noite, também, havia o espetáculo anual de talentos da escola, um grande acontecimento social. Compareceram ao encontro, portanto, aqueles pais suficientemente interessados, a ponto de pagar uma pequena quantia e sacrificar a ida ao espetáculo.

Também estava presente uma aluna do colégio, a filha, absolutamente encantadora, dos anfitriões daquela noite. Seu nome era Beth, e se eu fosse um garoto de dezessete anos teria me apaixonado por ela no mesmo instante. Fiquei um tanto perturbado com sua presença, uma vez que meu objetivo era trabalhar apenas com os pais. Sua presença, entretanto, resultou de importância capital.

Eu indicara, ao grupo, os quatro primeiros livros da *República*. Neles, Sócrates é convidado a demonstrar que é melhor, ao homem, ser justo e bom, não importa que males possam sobrevir-lhe. De início, diversas definições de justiça são apresentadas, evidenciando-se, de imediato, seu caráter inconsistente e ingênuo. O terrível Trasímaco entra, então, em meio à barulhenta e presunçosa discussão, caçoando da falsa ignorância de Sócrates e do próprio esforço de um questionamento filosófico sério. Não resiste em apresentar sua própria definição de justiça, que, segundo ele, nada mais é do que o interesse do mais forte; a força tem sempre razão; não existe justiça objetiva ou bondade alguma na vida humana. Assim, mesmo caçoando de Sócrates e da filosofia, Trasímaco cai na rede de Sócrates e é derrotado com algumas poucas mas certeiras investidas lógicas.

Termina o Primeiro Livro da *República*. Fica claro que simples palavras, simples conceitos, definições e análises são incapazes de responder à questão da justiça e da moral. É preciso visão e não argumentação – visão da própria estrutura da natureza humana e seu lugar no universo como um todo. A exigência colocada sobre Sócrates é severa e inflexível. Não nos ofereça hipóteses, Sócrates; não se limite a reordenar nossas opiniões e definições. Não nos convença apenas pela lógica, a inferência ou o chamado senso comum. Não, Sócrates, mostre a nossos corações e mentes, juntos, que é melhor, a um homem, ser justo e bom. Tome um homem perfeitamente justo, coloque-o numa prisão, dê-lhe uma má reputação, afaste-o da família, dos amigos e das posses; acorrente-o, imobilize-o, açoite-o, queime seus olhos e o crucifique. De maneira inversa, apanhe um homem mau e injusto até a raiz dos cabelos, mas deixe-o ser conhecido por todos por sua bondade e justiça; dê-lhe riqueza, honra, poder e tudo aquilo que o mundo tem em alta consideração. Agora, então, Sócrates, mostre-nos que o primeiro é mais feliz do que o segundo e que, não importa como, melhor é ser, e não apenas parecer, justo e bom. Faça-nos compreender que o bem da vida humana deve ser avaliado pela natureza interior do homem, por seu estado de alma e nada além!

Sócrates aceita o desafio. Começa, então o desenvolvimento de uma das mais poderosas e luminosas metáforas da vida humana em toda a literatura universal. Imaginemos primeiro uma cidade justa, diz Sócrates; um governo de homens e mulheres, construído por nós a partir do nada. Somente então, quando tivermos observado a existência do homem por inteiro, é que iremos perceber o significado da justiça no indivíduo, em cada um de nós.

Imediatamente é descoberto um princípio, enganosamente simples na aparência, que deverá gerar todo o dinamismo da "república" interna e externa do homem: *Cada indivíduo deve fazer o trabalho para o qual foi destinado por natureza*, seja o lavrador, o carpinteiro ou o ferreiro. Quando este princípio é estabelecido, contudo, surge, com toda a rapidez, a solução aparente da questão – uma solução que se autodestrói no momento em que é posta em ação. Surge uma cidade ideal, que Sócrates, ironicamente, rotula de "saudável": uma pequena comunidade composta de homens e mulheres que vivem da lavoura, cultivando o próprio alimento, habitando em cabanas simples, comendo, dormindo e cantando.

Saudável? Você nos mostrou uma cidade própria para suínos e não homens, diz Glauco. Isso é bem verdade, ainda que Glauco não perceba o quanto. O homem é mais do que seus saudáveis apetites e sua natureza material; muito mais. Para estabelecer uma cidade que reflita tudo o que é pertinente ao homem, inclusive cada desejo refinado e mesmo luxuriante – para que apareça uma justiça reinante, que tenha condições de harmonizar todo o espectro da entidade humana – haverá necessidade de mais terra e, para tanto... de comércio e *guerras*, ou seja, luta, esforço, risco e perigo, envolvimento com outras cidades e povos.

Agora, e somente agora, deverá surgir na cidade uma nova espécie de força e um novo tipo de homem – que se preocupe pelo bem do *todo* e não apenas deste ou daquele aspecto do todo. Não se trata do agricultor que se preocupa com a colheita, nem do carpinteiro que se preocupa com o abrigo, nem do ferreiro que forja os metais, mas de um homem que atenda às necessidades e à natureza da comunidade toda; que saiba o que é bom e o que é mau e que seja, acima de tudo, capaz de lutar por isso, defendendo a cidade de seus inimigos e abrindo as portas para os que lhe são amigos.

Esta força no homem que compreende e se preocupa com o todo é representada pelos *guardiões*. Eles são de uma linhagem à parte. O guardião é um amante do conhecimento e da sabedoria, não um amante da comida, das posses, do prazer sexual ou da segurança – tal como os mercadores e os artesãos. Possui a vontade, aquela energia emocional particular, denominada *thumos*, para vencer qualquer obstáculo ou "inimigo" no serviço desse amor; é um guerreiro.

Thumos é um termo extremamente difícil de se traduzir para a linguagem contemporânea. O melhor que os estudiosos conseguiram foi aplicar a palavra "valor", "brio", no sentido empregado com referência a um cavalo "brioso" ou um lutador "brioso". Trata-se de uma força para lutar e vencer. Não é, simplesmente, algum desejo a mais; é um tipo singular de energia. Quando orientada pela sabedoria e a compreensão é a *vontade*; quando orientada pelos apetites é obsessão ou mesmo insânia.

– Aquele, então, que deverá ser um guardião verdadeiramente nobre e valoroso do Estado, deverá ser a um só tempo filósofo, brioso, rápido em suas decisões e forte por natureza?

– Sem dúvida.

– Encontramos, assim, as naturezas desejáveis de nossos guerreiros; e uma vez tendo-as encontrado, de que modo deverão ser cultivadas e educadas?*

---

* Platão, *Republic*, 376B, *The Dialogues of Plato*, 4ª ed. trad. Benjamim Jowett, Oxford University Press, 1953.

A educação dos guardiões: se o verdadeiro tema da *República* é a natureza do homem, este é o tema dentro do tema. De que modo identificar, no homem, sua natureza de guardião, como sustê-la, alimentá-la, testá-la e trazê-la a seu lugar de direito como governante da dinâmica estrutura da vida humana, minha própria vida humana aqui e agora?

Quando o último casal de pais se acomodou, apanhei em minha pasta um exemplar do texto e, procurando ser o menos sociável possível, pedi que cada um recapitulasse o Livro I. Não me surpreendi ao ver uma dúzia de expressões acanhadas nos rostos das pessoas. Nos quase quinze minutos seguintes, senão mais, passei a presidir uma espécie de confessionário coletivo.

– Tentei ler – disse um homem –, cheguei até a colocar o livro na cabeceira da cama.

– Achei a linguagem muito antiquada – disse outro.

– Fiquei protelando.

– Deu-me sono.

– Comecei a ler, mas acabei me interessando por um outro livro.

E assim por diante.

Sorri por dentro. Aquilo era muito bom. Não sabia realmente por quê, mas senti algo muito positivo no fato de tantos não terem conseguido cumprir o proposto e, ainda assim, estarem dispostos a comparecer. Do ponto de vista acadêmico, suponho que eu devesse ter ficado irritado ou decepcionado. Mas meu objetivo nada tinha de acadêmico com relação a esses adultos de vidas agitadas e bem-sucedidas que ocultavam, ao mesmo tempo, um certo vazio, como acontece com a maioria.

– Quero ir direto ao cerne do tema – disse eu, deixando de lado toda aquela questão de eles terem cumprido ou não o proposto. – Quero ler, para vocês, um trecho da República que apresenta toda a mensagem de Platão em poucas palavras. Aviso, porém, que quando escutarem esse trecho não irão sentir o seu enorme significado. Somente depois, quando tiverem quebrado a cabeça procurando compreender este livro e as idéias que contém, é que começarão a sentir a força revolucionária do que irão escutar.

Localizei o final do Livro IV e li em voz alta:

Mas, na realidade, a justiça parece ser tal como a descrevemos, regendo, todavia, não a ação externa do homem, mas sim a interna, o verdadeiro ser e o verdadeiro interesse do homem; haja vista que o homem justo não permite que os diversos elementos de seu interior interfiram uns com os outros ou que qualquer um destes cumpra tarefa alheia, pois ele põe ordem à sua própria vida interior, sendo seu próprio amo e sua própria lei, em uníssono consigo mesmo; quando, então, ele reúne os três princípios dentro de si, como se fossem os termos de uma harmonia – o da corda alta, da grave e da média, e todos os demais tons intermediários –, quando ele reúne esse conjunto e consegue a unidade através da variedade, com temperança e ordem, não é mais múltiplo e sim uma natureza única, perfeitamente integrada e inteiramente ajustada. Desse modo, ele passa a agir – seja numa questão de posses, no zelo do corpo ou em algum outro assunto, político ou privado – sempre considerando justa e boa a ação que salvaguarda e coopera com essa harmoniosa condição, denominando prudência ao conhecimento que a isso tudo preside; em contrapartida, toda ação que em qualquer momento venha prejudicar tal ordem, ele a qualificará de injusta, e de ignorante à opinião que a governa.*

Aconteceu exatamente aquilo que eu esperava e dissera: interesse cordial, mas nenhum sentimento.

– A *República* – eu disse – trata do homem considerando-o uma estrutura em três camadas, um ser tríplice. Todos os sofrimentos e males da vida humana têm origem na falta de relacionamento entre essas partes. O objetivo da vida humana é, em primeiro lugar, reunir as três partes e, então, manifestar essa harmonia na sua própria vida e com seus semelhantes.

Depois acrescentei:

–Aí está. Esta é toda a mensagem de Platão. Se quiserem seu dinheiro de volta, agora é o momento de dizer, porque o restante de nosso tempo será empregado apenas para explicar o que isso significa.

Risos gerais, cafezinho e cigarro. Exceto para Beth, a filha adolescente dos anfitriões. Seu rosto belo e franco ardia de interesse.

Prossegui, depois, apresentando uma síntese dos primeiros livros da *República* à luz da doutrina das três partes da natureza humana, *logistikon*, *thumos* e *epithumia*, a função intelectual, a função do espírito e a função das atrações, temores, desejos e apetites. Enfatizei a outra divisão básica do eu

---

* *Republic*, 444d-3, adaptado da tradução de Jowett.

para Platão, a divisão entre dois movimentos fundamentais no homem: o movimento em direção ao Ser e aquele em direção às coisas externas e às aparências. Contudo, apenas consegui abordar a caracterização platônica do intelecto enquanto *nous*, presença harmonizante e consciência interior do homem que, a um só tempo, experimenta e compreende de modo direto o mundo universal.

Ao longo dessa explanação, as perguntas foram esporádicas e superficiais – exceto, novamente, no caso de Beth, que acompanhava a tudo o tempo todo. Cheguei mesmo a identificar nela um laivo de piedade pelos adultos, que pareciam ter tanta dificuldade com os ensinamentos de Platão. Beth e eu logo começamos a trocar rápidos olhares de compreensão mútua. Eu não gostei disso.

Comecei a querer estar com meus adolescentes, onde havia, comparativamente falando, tanta abertura ao questionamento filosófico. Também não gostei disso. A sensação de peso naquela sala, o contexto humano, a atmosfera – não sabia como qualificar isso – era completamente diferente: mais rica e mais pobre, mais e menos real, mais e menos séria, tudo ao mesmo tempo.

Prossegui em minha síntese da primeira metade da *República*. Entrei, depois, no tema da educação dos guardiões. Foi nesse ponto que todo o significado de meu trabalho com os pais começou a ficar claro para mim.

Foi no meio de minha discussão sobre o papel da arte no desenvolvimento humano. Eu sabia, evidentemente, que esse aspecto da filosofia platônica é de difícil entendimento para a maior parte das pessoas da atualidade. Devemos, afirma Sócrates, controlar cuidadosamente o tipo de arte permitido em nossa cidade. A educação apropriada aos guardiões – que significa o adequado desenvolvimento do homem – depende significativamente da influência da arte, em especial a música e a narrativa. O Estado, portanto, deve permitir apenas um tipo específico de arte, enquanto todo o restante deve ser banido.

Podia-se quase escutar os pêlos se eriçando pela sala.

"Censura", disse alguém, secamente. Eu estava preparado para essa reação. A maioria dos estudiosos contemporâneos de Platão, inclusive muitos acadêmicos, empacam nessa sua visão da arte. Ele é quase unanimemente condenado como um inimigo da livre expressão artística e por tentar transformar a arte em mera propaganda usada em defesa dos interesses de classe e para abafar dissensões. Mais adiante, na *República*, quando

Sócrates avalia os tipos de organização política, a impressão de Platão como totalitário parece inevitável, especialmente quando ele, sem pudor algum, denigre a democracia. Até mesmo os estudiosos que admiram a filosofia platônica como um todo freqüentemente consideram ofensivos estes aspectos de seus ensinamentos.

É evidente que, qualquer indivíduo que tenha vivido no século XX e testemunhado os horrores impostos à humanidade pelo totalitarismo e a repressão política paranóica, dificilmente poderá ser censurado por mal interpretar Platão, nesse particular. Apesar disso, ele continua sendo mal interpretado. O que se esquece, e é sempre esquecido em primeiro lugar, é que a *República* é uma metáfora da estrutura interna do homem: de mim mesmo. Esse simples fato coloca tudo sob um prisma diferente. Quando Platão fala em governo de guardiões, está se referindo ao desenvolvimento de uma presença direcionadora no interior do ser. Quando fala em força e coragem de guerreiros, está se referindo a uma energia interior específica que obedece e luta por levar a cabo a visão da verdade; numa palavra, a vontade. E ao falar de trabalhadores braçais, artesãos e mercadores, ele está se referindo à multidão de desejos e apetites que estão no interior do indivíduo e que são capazes de submeter-se, voluntariamente, ao bem, à sabedoria e ao esforço dos centros superiores de percepção e de ação na natureza humana.

Assim, não me surpreendi com os murmúrios sobre censura. O que me surpreendeu foi a reação das pessoas diante do tema da própria arte, independente, até, da questão da censura. Nunca havia percebido, ou talvez me esquecera, da paixão com que as pessoas defendem suas opiniões sobre a arte e os artistas.

Não foi difícil para ninguém concordar que a arte, de modo geral, é voltada principalmente à função emocional do homem. O papel da arte na educação, portanto, é a de evocar um tipo específico de emoções no desenvolvimento do ser humano. A questão está em saber qual o melhor alimento ao componente emocional da psique humana.

Prossegui com bastante lentidão, já percebendo as dificuldades que se formavam na cabeça das pessoas.

– Considerem – disse eu – a quantidade de padrões de sentimento adotados de modo totalmente automático na juventude, por pura imitação. Pensem nos filmes que nós assistíamos quando jovens. Que emoções estimulavam em nós? Quantos de nós não se apaixonaram principalmente por ter visto a paixão no cinema ou lido a seu respeito?

– Mas não se pode chamar de arte a esse tipo de coisa! – disse Georgiana W., inclinando-se para a frente no sofá diante de mim, segurando delicadamente a jóia que lhe pendia do pescoço. O marido da sra. W., sentado a seu lado, era um preeminente arquiteto. Balançou afirmativamente a cabeça, de forma brusca, concordando com ela.

– Evidente que é arte – replicou Herb S., sentado numa cadeira atrás dela. A arte não está apenas num quadro pendurado na parede ou num museu. A arte está em toda parte.

Era exatamente o ponto a que eu pretendia chegar, de modo que continuei:

– Não lhes parece óbvio, quando pensam no assunto, que estamos cercados de arte por todos os lados? O cinema, a tevê, os romances, as histórias que estamos sempre lendo, e a música... a música está em toda parte e não apenas nas salas de concerto; estamos sempre ouvindo música, em lojas, elevadores, consultórios médicos e automóveis. E o que dizer sobre as coisas de nosso convívio diário? Alguém as desenhou desta ou daquela forma, não é? As casas em que vivemos, a mobília que usamos, a roupa que vestimos...

Parei no meio da frase para permitir que Beth se manifestasse; estava louca para dizer algo.

– Será que temos alguma emoção realmente própria? – perguntou. Deus meu, ela estava tão à frente na discussão que precisei, simplesmente, protelar a questão no momento.

– Chegaremos lá – disse eu. – Primeiro quero me certificar de que estamos captando o sentido principal da visão platônica da arte.

"A arte, afirma Platão, possui um imenso poder na vida humana, mais especificamente quando somos jovens ou quando algo em nós é jovem e está em crescimento. Ela possui o poder de fixar padrões de sentimento e emoção no homem. Alguém poderá negar ser este o mais importante aspecto da educação em seu real sentido? Se estamos tratando do desenvolvimento moral do homem, certamente estamos nos referindo ao desenvolvimento de sua natureza emocional, uma vez que os valores que não são sentidos não são valores, em absoluto; não possuem poder algum em nossa vida.

"Devemos, então, perguntar a nós mesmos: que tipos de emoção são despertados e mantidos pela arte que normalmente nos cerca? Ao mesmo tempo, devemos perguntar também: existirão emoções que consideremos menos desejáveis do que outras? Obviamente que sim. Quem, dentre nós, tem algo de favorável a dizer sobre o ódio, a autopiedade, o sentimentalismo ou o medo? Entretanto, a maior parte da arte que conhecemos lida precisamente com estas emoções."

Continuando, sugeri que todos fizessem uma experiência antes do próximo encontro. Era o tipo de experiência simples que eu já aplicara a meus alunos na escola e que freqüentemente sugeria na faculdade. Ela sempre esclarece a visão platônica da arte melhor do que qualquer outra explicação. Trata-se, também, de uma espécie de bomba-relógio que pode explodir diretamente em seu rosto. Desta feita, sua simples menção aos pais já causou uma explosão – ainda que branda.

– A título de experiência – declarei –, procurem perceber as emoções suscitadas em vocês durante a semana; no teatro, no cinema, diante da tevê, num concerto ou ouvindo música gravada, diante de qualquer forma de arte com a qual estejam em contato. Procurem apenas observar e tomar nota de suas reações emocionais. Não dêem muita atenção ao tema, apenas observem suas emoções, se puderem e caso se lembrem de tentar.

"Penso que vão achar essa experiência bastante reveladora. Mas deverão desviar um pouco da atenção dispensada ao tema. Poderá ser uma peça de conteúdo moral bastante elevado, mas descobrirão, se não estou enganado, que as verdadeiras emoções suscitadas em vocês são do tipo que acabamos de mencionar – autocomiseração, raiva, vanglória, desejo de vingança e coisas do gênero. Experimentem. Quando estiverem dominados pelo suspense, experimentem olhar para si próprios com sinceridade; verão uma 'pessoa' ansiosamente na expectativa de alguma morte violenta ou algum evento sentimental que não poderia se dar em universo algum, real ou ideal."

Geralmente, quem faz esta experiência fica surpreso não tanto pelas emoções que detecta, como pela dificuldade em identificar a emoção que realmente experimenta diante da arte. Essa descoberta é mais do que suficiente para comprovar o ponto de vista de Platão sobre a influência não reconhecida da arte, e para que as pessoas comecem a pensar sobre o oceano de influências emocionais em que nós e nossos filhos nadamos.

Quando procurava realizar essa experiência na universidade, normalmente iniciava com uma demonstração prática através da música. Levava seis ou sete tipos diferentes de música e tocava para a classe sem dizer, de antemão, o que era cada uma. Pedia a eles que apenas procurassem perceber o que cada uma evocava neles: um recital sufi em flauta de cana, um canto gregoriano, o quarto movimento da 7ª Sinfonia de Beethoven, o primeiro movimento do concerto para violino de Tchaikovski, uma "balada romântica" dos anos 40, uma música *country* e uma seleção de *rock* pesado.

Ali, também, é claro, o propósito era mais dramatizar uma idéia do que proporcionar uma experiência verdadeira, tendo em vista que, mesmo no ambiente relativamente tranqüilo e concentrado de uma classe universitária, é quase impossível manter suficiente atenção às próprias emoções diante da arte. Isto requer condições de concentração, tanto no ouvinte individual como no grupo como um todo, bem mais intensas do que se pode encontrar em qualquer sala de faculdade. Contudo, a experiência resultava eficaz no seu próprio nível. Após tocar a peça sufi (que era, também, na verdade, um exercício interior de respiração), eu passava imediatamente para a seleção *country* e *western*. Os alunos ficavam perplexos ao perceber o forte desejo sexual que esta música despertava neles, estimulando, neste caso, a emoção de autopiedade sugerida nas letras. Alguns ficavam chocados até mesmo com o que percebiam em si ao ouvir a seleção de Beethoven, que certo aluno definiu como uma "agradável sensação de entorpecimento". Surgiam muitas e muitas observações do gênero. A experiência, mesmo conduzida neste nível relativamente baixo de precisão, nunca deixa de comprovar a seriedade da idéia de Platão quanto à influência formativa da arte no desenvolvimento emocional do homem.

Enquanto explicava aos pais o que deveriam procurar ao fazer a experiência, percebi que o rosto da sra. W. tomava uma expressão cada vez mais grave. Ainda estava inclinada para a frente, segurando seu pingente, mas tinha os olhos agora voltados para o chão e o cenho franzido.

Pela conversa que se seguiu, ficou claro que a sra. W., assim como muitos dentre os presentes, dedicara boa parte de sua vida à apreciação da arte – em seu caso a música, tema sobre o qual ela discorria com bastante segurança. Em outras palavras, ela adquirira um grande cabedal referente à música, e isso significava muito para ela.

Por um curto espaço de tempo, a atmosfera de cordialidade e respeito para comigo, que me permitira, de certa forma, dizer qualquer coisa sem ser contestado, viu-se tumultuada.

A branda explosão teve início.

Por que esse termo tão dramático, "explosão"? Será um exagero visando maior efeito? Absolutamente, embora seja difícil transmitir em palavras o que se deu naquele momento. Lembrem-se: eis-me aqui, um professor de filosofia e escritor que o mundo classifica como um "eminente acadêmico". Em resumo, sou uma "autoridade". As pessoas com quem estou tratando nutrem ilimitado respeito por uma tal figura, embora, e talvez porque, suas vidas de adulto afastaram-nos do ambiente universitário. Lembrem-se, também, que fui convidado às suas casas e que tudo transcorre num clima dos mais gentis e afáveis. Lembrem-se, ainda, que o tema em questão é a filosofia, Platão; não é um tipo de tema pelo qual alguém se predisponha a brigar, não se trata de política ou algum tópico de suma importância social como, por exemplo, a energia nuclear ou o aborto. As pessoas presentes vieram, com toda a sinceridade, no propósito de aprender e não de discutir; de tomar contato com um mundo do qual sentem ter-se distanciado demais – o mundo das idéias e do estudo. Lembrem-se, finalmente, da atmosfera de aconchego e bom-tom desta ocasião semiformal entre amigos, onde a última coisa que se espera é ver alguém atingido em seus próprios sentimentos acerca de sua própria vida.

Você é um indivíduo atarefado e bem-sucedido; mantém uma família e uma bela carreira; está criando seus filhos da melhor maneira possível, erguendo seu espírito e sua sensibilidade com respeito às coisas mais refinadas da vida – as artes em particular, a música, a pintura e a literatura; você lê, certamente ao acaso, bons livros, coisas sérias, na medida do possível. Construiu um repertório de idéias e informações, boa parte do qual baseado numa longa experiência pessoal, de modo que não está desprovido de ferramentas intelectuais, afiadas, também ao acaso, em discussões quando e onde a ocasião se apresenta. Você é dotado de lógica, possui algumas idéias e uma bagagem que coletou a respeito da vida. E trouxe tudo isso com você na intenção de aprender algo de novo, de ampliar seus interesses e sua compreensão. Você é um adulto. Não é um adolescente.

Você, então, acompanhou com interesse o desenvolvimento de um sistema de idéias fascinante, difícil e desafiador, que coloca em questão muitas de suas suposições e que traz perspectivas inteiramente novas para a visão da estrutura humana e do próprio universo. Você permite que elas se instaurem gradual e cautelosamente, consegue – até certo ponto – fazê-las coincidir com a bagagem coletada sobre a vida. Sendo novas, estas idéias são externas a você; seu desejo é confrontá-las e compará-las com seus próprios sentimentos e valores. Elas estão lá fora e você aqui. Empolgantes e interessantes, elas são tudo aquilo que você esperava da filosofia; algo para fazê-lo refletir, novamente, sobre tudo, algo que se perdeu em sua vida. Como isso é bom, como é necessário para que nos tornemos pessoas de verdade!

Sei quem você é: você é eu; é dessa forma que encaramos as grandes idéias quando estamos no melhor de nós. Algumas coisas lhe parecem difíceis de engolir, e é espantoso que esta jovem, Beth, ou quem quer que seja, capte tudo com tamanha rapidez e seja capaz de aceitar tudo. Ela é tão jovem; como pode ser tão aberta, enquanto você e eu sentimos tanta dificuldade? Na verdade, isso é um incômodo.

Agora, porém, acontece a você algo que não acontece com Beth ou com qualquer adolescente. Você, com todo esse material que reuniu em sua vida, e ela com nenhum ou muito pouco – e o pouco que possa ter não está, ainda, o suficientemente firmado na sua personalidade. (Na medida em que se consolida, ela já é uma adulta.) Ela é mais aberta às grandes idéias do que você, muito mais aberta (e devemos estar cientes disso quanto a nossos filhos, é vital estarmos cientes). *Para ela não custa nada.* Para você, que é pai, é diferente. Custa-lhe muito quando uma idéia penetra, repentinamente, por detrás de todo o seu repertório, toda a sua experiência, todo o seu conhecimento e, agora, não lhe é mais externa. Essa idéia sobre arte e emoção humana, por exemplo, não é algo externo com o qual se trava conhecimento. Muito pelo contrário: *diante dessa idéia você trava conhecimento consigo próprio.*

Será que isso explica o que pretendo dizer com a palavra "explosão"? Quando a sra. W. recostou-se novamente no sofá, seu rosto não expressava leveza ou gravidade. Desaparecera toda a tensão de sua testa e seus olhos pareciam serenos e brilhantes, sem se mover de um lado para outro em busca de idéias. O que estariam enxergando aqueles olhos? Suas mãos não mais seguravam o pingente e repousavam, graciosamente, no colo.

O que mais posso dizer? A idéia de *recordar* foi empregada não apenas por Sócrates e Pitágoras, como por todos os grandes mestres da verdade em todos os tempos. Se isso tem algum sentido, este deve emergir, estou seguro, a partir daquele extraordinário estado de presença que a sra. W. experimentava então.

Pode-se chamar de filosofia – o amor à sabedoria, o amor ao ser – algo que não nos direcione àquele estado e nos leve a recordá-lo em toda nossa conduta de vida? Que busca será mais profunda e mais autenticamente humana do que aquela que se inicia no momento em que permitimos a um amor original e profundamente interno – o amor à arte, ao belo, à ciência, a Deus ou ao meu vizinho – separar-se de tudo o que em nós se reveste de pompa e artifício? O recordar começa exatamente por essa condição de divisão interna que acompanha as linhas ontologicamente fundamentais da natureza humana: de um lado o impulso primordial e original em direção ao ser e, de outro, as diversas funções e faculdades psicológicas destinadas a lidar com o mundo material à nossa volta.

E se alguém perguntar: O que é, então, recordado?, a resposta só poderá ser uma: meu Eu.

PARTE III

RECORDANDO A FILOSOFIA

CAPÍTULO 8

EROS E EGO: POR UMA REDEFINIÇÃO DA HISTÓRIA DA FILOSOFIA

Há dois estágios no estudo da filosofia, correspondentes aos dois estágios principais da própria vida humana. Em princípio, o propósito da filosofia é conduzir a mente, repetidas vezes, de volta à necessidade de enxergar o mundo como que de um outro nível, outra dimensão, capaz de outorgar a tudo o que está à nossa frente um matiz e um valor diferentes. Trata-se de um poder da mente que nos indica um nível mais elevado de ser no interior da natureza humana. Não se trata, ainda, do nível superior propriamente dito. É um nível adolescente, a meio caminho entre a abertura informe da criança e o ego individual, já formado, do adulto. É uma orientação da mente, uma sensibilidade da mente – aquela mesma mente que é também moldada e limitada por todos os lados pelas necessidades pragmáticas e as influências do mundo cotidiano, com seus valores de sobrevivência psicológica e física, suas exigências materiais e sociais.

O segundo estágio tem lugar quando as grandes idéias nos conduzem a um encontro frontal entre essa sensibilidade da mente, esse amor à verdade por um lado e, por outro, o ego individual já formado, com seus desejos e temores específicos sustentados por opiniões profundamente arraigadas e, mais importante ainda, o conhecimento adquirido, os gostos formados e mesmo as visões filosóficas que atingem aquela região da psique geralmente compreendida como a personalidade humana adulta. O segundo estágio da filosofia corresponde àquele do desenvolvimento humano não alcançado por todos em suas vidas, e no qual se percebe que todo o cabedal, todos os

141

dados de um indivíduo – científicos, éticos, religiosos e artísticos – foram adquiridos por uma parcela pequena de si mesmo, onde ficaram fatalmente moldados e confinados àquela parte onde prestam serventia unicamente aos valores sociais e de sobrevivência, tais como: o desejo de reconhecimento, segurança, saúde física e fama; identificação com o país, a raça ou o grupo social; o desejo de prazer e satisfação; o anseio de ter respostas para tudo e levar uma vida pessoal arrumadinha. Este segundo estágio consiste no confronto entre o amor ao ser e a mente egóica. Essas duas partes da natureza humana são experienciadas como absolutamente incompatíveis, expressando-se por escalas de valores inteiramente opostas. Levar o indivíduo a esse confronto é a meta última do estudo filosófico das grandes idéias; para além desse confronto, é necessário um tipo de estudo bastante diferente – e isso não é para "crianças".

Podemos considerar a história global das idéias em nossa civilização pelo prisma dessa distinção. Sob a influência do primeiro estágio da filosofia, o homem concebe um mundo a seu redor, o mundo revelado a seus sentidos, em termos de espaço e tempo, como uma série de aparências, mais ou menos ilusórias. Para além desse mundo – inacessível ao conhecimento e à percepção comuns – encontra-se um outro, o mundo real das coisas em si, sendo o mundo em que vivemos no máximo uma sombra, um reflexo, do mundo real. Esta idéia, sob muitas e variadas formas, é a principal idéia que rege a história da filosofia. Sob uma ou outra roupagem, sua expressão e desenvolvimento estende-se desde os ensinos de Pitágoras, passando por Sócrates, Platão, Aristóteles, o período medieval, o Renascimento e a era moderna. Hoje, tal como na mais remota Antigüidade, ela possui o poder de tanger uma corda extraordinária na mente humana. Qual o elemento, em nós, que reage a essa idéia? Certamente é algo, algum impulso, que também se encontra por trás dos fenômenos de nosso próprio mundo psicológico – nossos pensamentos, opiniões, desejos e motivações comuns. Foi denominado de *eros* e simbolizado pela imagem da "adolescência"; um espírito jovem, entre o homem mortal e os deuses imortais.

Em última instância, porém, todos aqueles que buscam o primeiro estágio da filosofia com intenção séria, descobrem que o mundo das aparências, o mundo "ilusório" no qual vivemos, tem uma obstinada realidade. Esta se recusa a dissolver-se ou recuar e impõe sua presença; com ela devemos lidar, nela devemos viver e a ela devemos organizar. Lança imperativas exigências à nossa energia e atenção, jamais amoldando-se às formas ideais do mundo metafísico. O mundo em que vivemos contradiz, na verdade, a realidade ideal para a qual somos atraídos por *eros*, e esta contradição permanece inevitável enquanto vivemos. Como encarar esta contradição?

Dá-se o mesmo em nosso interior. Nossos pensamentos, emoções e hábitos físicos amoldam-se continuamente à identidade do ego, que, sem descanso, opõe-se ao anseio do ser interior, à liberdade de consciência e ao poder moral. Como enfrentar essa contradição interna?

Grandes idéias perderam sua força em nossa civilização e em nossas vidas pelo fato de o homem ter procurado passar diretamente do primeiro estágio da filosofia à ação prática, sem ser conduzido ao segundo estágio. Ou seja: ele tem procurado caminhar de uma visão da verdade superior à ação moral sem confrontar-se, por tempo ou profundidade suficiente, com a contradição entre o movimento em direção à unidade e o movimento em direção à dispersão em todas as esferas da existência, mas especialmente dentro de si próprio. Ele tem tentado passar diretamente da adolescência à perfeição, sem viver frente a suas duas próprias naturezas – o deus e o animal de seu interior.

O confronto ao qual me refiro pode parecer insignificante comparado às grandes idéias e ensinamentos apresentados no decorrer dos séculos. A sra. W., com os olhos no chão e vivendo o conflito entre todo seu conhecimento adquirido e a súbita consciência de uma idéia que mobiliza seu coração para uma outra direção: estarei realmente pretendendo colocar essa experiência momentânea acima das grandes idéias? Na verdade, é precisamente o que pretendo. Contudo, se a sra. W. alguma vez na vida irá recuperar esse instante ou se irá tirar dele as conclusões corretas, é outra questão. O que estou sustentando é que, numa experiência assim, a filosofia levou-a tão longe quanto é possível a qualquer ser humano. Para além desse ponto, as idéias precisam estar associadas a um confronto interno específico por um longo período de tempo.

O encontro entre a aspiração de ser e a mente egóica pode ser identificado como um momento único e, o mais importante, de transição na vida de qualquer adulto. É algo a ser encarado diante de todos os grandes problemas da vida. Atrás do problema jaz a Questão. Através desse encontro, quando ele é persistente e profundo o bastante, surge no homem uma mente nova, a qual Platão qualificou de *nous*, a consciência mais elevada, capaz de apreender o mundo tal como ele é em si mesmo. Essa mente nova, esse novo Eu, é alimentado apenas pelo embate prolongado entre as duas naturezas, quer dizer, apenas pelo enfrentamento prolongado da Questão em mim mesmo.

Mas estamos caminhando muito depressa. Antes que esse encontro decisivo entre as duas naturezas possa ocorrer, deve surgir a busca da verdade, a ignição de *eros* no intelecto e nos sentimentos comuns do homem. As idéias filosóficas sobre a vida humana como um todo e o cosmos devem circular no ambiente humano, enquanto influências capazes de atrair e magnetizar a mente comum.

Tais idéias existem – e em profusão. Platão não foi o único a introduzir estas idéias na corrente da civilização ocidental, embora a influência das idéias platônicas tenha sido, sem dúvida, a mais importante de nossa história. Os "filhos" e "netos" de Platão – de Aristóteles aos neoplatônicos e posteriores – contribuíram, com sua respeitável porção de formulações filosóficas próprias, para a vida do homem ocidental. Devemos incluir aqui, também, os estóicos, com seus penetrantes conceitos de mente universal interior e exterior e com o vínculo que estabeleceram entre as leis da ética e a transformação da estrutura psicológica do homem. Incluem-se aí, também, os vastos mundos da filosofia judaica e cristã – Maimônides, Agostinho, Escoto Erigena, Tomás de Aquino e inúmeros outros. Aparecendo posteriormente, temos, ainda, a visão da realidade "sob o aspecto de eternidade" de Spinoza; temos a formulação revolucionária da idéia de númeno por Immanuel Kant e temos a visão de Espírito, por Hegel, movendo-se na vastidão do tempo histórico.

O importante não é enumerar estes muitos canais por onde as idéias universais ingressaram no torvelinho geral da vida do Ocidente; abordaremos algumas destas correntes de pensamento logo adiante. O importante é reconhecermos o fato de que sempre existiram idéias capazes de levar-nos a considerar nossas vidas sob o prisma de uma outra escala de realidade. Ao mesmo tempo, contudo, a ação destas idéias viu-se progressivamente bloqueada no século XX. A filosofia, como influência no sentido de orientar o homem para uma outra realidade, interna e externa a si, praticamente desapareceu de nossa cultura. Já é hora de trazê-la de volta.

Digo "trazê-la de volta", mas a expressão não é muito precisa. O fato é que ela está retornando por força própria. A verdadeira questão é saber se estaremos abertos para ela como tal. As grandes idéias forjadas nos centros iniciáticos da Antigüidade continuam existindo e estão penetrando agora nossa cultura sob novas formas, novas formulações e novas expressões. Estarão penetrando através de quem e do quê?

Antes de responder a esta pergunta, devemos perceber, também, que não é apenas a formulação intelectual das grandes idéias que volta a se misturar às influências sociais e de sobrevivência do mundo contemporâneo. As idéias filosóficas são apenas uma das formas pelas quais os ensinamentos reveladores enviam seus sinais em meio ao turbilhão da vida cotidiana; ao mundo da guerra e da paz, da saúde e da enfermidade, da família e do governo; a vida na qual os homens lutam e anseiam por fama, sexo, segurança, romantismo, aventura e diversão; a vida em que os homens avançam e recuam, protegem-se e destroem-se uns aos outros – o mundo de *maya* e *samsara*; o mundo e a vida caracterizados no Eclesiastes por "vaidade, vaidade". O nosso mundo.

Vindas como que de alguma fonte mítica central, situada acima e no interior do mundo da vaidade "sob o sol", surgem, em todas as épocas e culturas, sinalizações indicando outra direção, outro sentido para a vida como um todo. Idéias filosóficas, formas artísticas, arquitetura, música, símbolos, ritos e costumes, cerimônias, lendas, escrituras, tipos de dança e ensinamentos sobre o corpo humano, normas psicológicas e éticas – tudo isso, e muito mais, pode advir desses centros mítico-real de conhecimento e penetrar a própria atmosfera em que os homens conduzem suas vidas. No mundo da vida cotidiana, tudo isso é mesclado às influências da mente comum, às forças sociais e de sobrevivência do mundo, perdendo gradualmente sua pureza e seu poder de despertar. Podem, então, distanciar-se novamente, recuperando algo de sua clareza; ou podem surgir, de súbito, novas fontes de tais influências, enviando uma vez mais, sob novas formas, suas influências incitantes – novas formulações filosóficas das verdades eternas, uma arte nova, novos símbolos, novos mitos e escrituras, aparentemente diferentes das antigas sinalizações, mas contendo, em verdade, o poder de chamar o homem de volta à grande busca. Por meio dessas sinalizações, o indivíduo é levado ao limiar do encontro subjetivo entre o amor à verdade e o sistema egóico, ponto em que se faz necessário um tipo bastante diverso de influência, aquela que não pode ser passada por forma alguma que seja menos do que o treinamento pessoal, direto, em autoquestionamento total e orientação da sensibilidade para o estado de recordar.

Sustento que a função primordial da filosofia é instilar na mente humana uma influência toda especial. Auxiliando o indivíduo a pensar na vida e no mundo pelo prisma de uma escala mais ampla de realidade, ela aponta-lhe a direção de algo que ele desconhece e que se encontra sob o mundo das aparências no qual ele está preso desde o momento do nascimento até a hora da morte. Ao mesmo tempo, ela aponta-lhe algo em si mesmo que ele desconhece, mais real do que a identidade pessoal que o ambiente social lhe impõe – uma certa sensibilidade à verdade, um certo amor ou aspiração que se constitui no embrião de algo de grande importância nele. Neste segundo estágio, a filosofia leva o homem à percepção de que esta grandeza embrionária dentro de si é resistida pelo ego pessoal e que lá fora, no mundo exterior, também existem duas grandes forças inerentemente opostas entre si. É essa compreensão da dualidade de si e do mundo que o homem precisa "digerir" de maneira imparcial e por um longo período sob "Sócrates", ou seja, sob uma espécie inteiramente diversa de influência. Através da orientação e da influência de "Sócrates", tem início o trabalho interior que leva à transformação, e cessa o estudo estritamente filosófico das idéias. O embrião é amamentado pela filosofia, mas a criança é parida através de "Sócrates" e cresce sob "sua" tutela.

Em resumo, a principal tarefa da filosofia é trazer algo de novo ao deplorável estado de adormecimento do homem, perturbar seu sono com um sonho grandioso e extraordinário que termine por incitá-lo a um instante de despertar. Na sombria escuridão noturna, ele enxergará uma figura tranqüila parada no meio do quarto. É Sócrates; atrás de Sócrates está parado um outro vulto, impossível de ser distinguido, porém estranhamente familiar. É esse mesmo homem.

◆ ◆ ◆

Resta, assim, iniciar o trabalho de redefinir a história das idéias filosóficas para a nossa época. É necessário devolver à filosofia seu próprio papel de um chamado para recordar.

CAPÍTULO 9

REALIDADE: O PROBLEMA E A QUESTÃO

Tinha onze anos de idade quando a bomba atômica foi lançada sobre Hiroshima. Lembro-me das manchetes garrafais e da foto da nuvem-cogumelo ocupando toda a primeira página do jornal. Lembro-me de ter pensado: "Algo de novo entrou em nossas vidas". Senti isso instantaneamente, sem ao menos saber direito o que significava a palavra "atômica". Abri o jornal e fechei-o rapidamente. Por algum motivo, não queria ler nada sobre o assunto.

Na escola, aquela foto me perseguiu o dia todo. Falou-se muito sobre a bomba, mesmo no recreio, mas desliguei-me daquilo tudo. *A guerra logo estaria terminada*: era maravilhoso, sim. Uma nova e ilimitada fonte de energia fora descoberta: sim, imaginei, isso também era bom, seja lá o que fosse. "Um simples seixo contendo energia suficiente para atingir uma cidade inteira" – aquilo já me interessou um pouco mais; lembro-me de ter apanhado uma pequena pedra e de ter olhado para ela curiosamente. Porém, sem grande admiração. Que as coisas materiais estivessem repletas de uma enorme energia não era mais surpreendente do que o simples fato de as coisas existirem. Um ou dois colegas de classe disseram algo sobre a imoralidade da bomba, mas ninguém lhes deu ouvidos. O mais veemente era Howie Weiss, um garoto franzino, de óculos, e que estava sempre tagarelando sobre o capitalismo ou o proletariado.

Mantive-me afastado de toda aquela conversa. Esperava ansiosamente pelo fim do dia escolar, quando discutiria tudo aquilo com Elias Barkhordian.

Elias Barkhordian era um ano mais velho que eu, alto demais para sua idade, tinha um rosto grande e redondo e olhos brilhantes e escuros. Posso vê-lo virando a esquina da Franklin Street e caminhando lentamente em minha direção. Eu esperava por ele todas as tardes junto ao muro de pedra que cercava o jardim de nosso vizinho, longe do barulho e da agitação dos jogos de rua que começavam diariamente depois da aula e se estendiam até depois do anoitecer.

Elias morava a dois quarteirões de nossa rua, o que, em termos de nossa vizinhança, representava uma grande distância, especialmente porque Elias freqüentava outra escola, um estabelecimento particular, e morava numa casa que, para nós, parecia grande e imponente. Ele nunca participava de jogos e era tido como um excêntrico e esnobe pelos demais garotos da redondeza. Minha amizade com ele também era considerada suspeita.

Não me lembro quando foi que descobrimos uma disposição mútua para conversar sobre temas filosóficos, mas foi uma descoberta absolutamente natural para nós. Nossas conversas tomavam, por si, determinadas direções e um sentimento particular começava a crescer em nós. Lembro-me da ocasião em que ocorreu-lhe perguntar quem criou Deus; lembro-me de ter ficado olhando para sua testa grande e suave, como que tentando enxergar o interior do seu cérebro. Percebi que, ao fazer a pergunta, ele não estava simplesmente desafiando a mim, mas desafiando o universo inteiro. Foi a primeira pergunta filosófica que experimentei na vida. Ela imprimiu em mim um extraordinário sentimento de liberdade. Lembro-me, também, de dizer a mim mesmo as palavras: "Esse é o meu melhor amigo".

Devo mencionar um pequeno ritual que precedia nossas conversas. Ao aproximar-se de mim, Elias diminuia gradativamente o passo até ficar quase imóvel. Esta era a "deixa" para que eu caminhasse até ele e fosse o primeiro a falar. Fingíamos sempre estar surpresos em nos encontrarmos e tinha que ser eu a sugerir que nos sentássemos no muro, o que fazíamos mesmo quando este se encontrava coberto de gelo e neve. Um elemento de formalidade, incomum nas crianças de hoje em dia, caracterizou nossa amizade no ano e meio em que tivemos contato. Elias morreu de leucemia pouco antes de completar quatorze anos.

Eu sempre o chamava de "Elias" e não de "Eli".

Naquela tarde, levara o jornal comigo. Não podia conter meu entusiasmo. Mas a que se devia, exatamente, aquele entusiasmo?

— Não é espantoso? — exclamei.

Muito placidamente, Elias começou a expor, com aquela sua voz alta e de singular firmeza, toda sua teoria atômica, que, provavelmente, acabara de devorar da enciclopédia naquela tarde. Para não parecer um imbecil, respondi enumerando uma série de conhecimentos que adquiri por acaso, sobre o Sol e o sistema solar: dimensões, distâncias, temperaturas e tudo o mais que pudesse lembrar de minhas vorazes leituras de livros de astronomia.

Elias rebateu com outros dados sobre átomos, elétrons, prótons e moléculas. E eu falei, novamente, de estrelas, galáxias e alguns aspectos relevantes sobre os anéis de Saturno.

Nossa conversa transcorria da forma costumeira. Sempre começávamos com esse tipo de disputa, às vezes na brincadeira, às vezes discutindo. Mais cedo ou mais tarde, porém, inevitavelmente algum pensamento ou idéia parecia levar-nos a uma trégua. Lá no fundo, ambos sabíamos que era exatamente aquilo o que buscávamos. Desta vez, a iniciativa partiu de Elias:

— Talvez — disse ele — a Terra seja um elétron.

Após uma longa pausa, durante a qual ambos saboreamos essa idéia, acrescentei:

— E vivemos dentro de um átomo.

— O Sol é o núcleo — continuou Elias.

— E as estrelas, as galáxias...

— Outros átomos, moléculas e células — prosseguiu — de algum organismo gigantesco.

Ficamos mudos.

Permanecemos ali sentados, sem dizer uma palavra, por um bom tempo. Elias olhou para o céu, com os braços cruzados à sua frente. Curvei-me inteiro, olhando intencionalmente para o chão, com os cotovelos sobre os joelhos e a cabeça apoiada nas mãos em concha. Observei algumas formigas movimentando-se em redor de meu sapato. Disse a mim mesmo: "Nós, seres humanos, somos exatamente como estas formigas". Pisei, absorto, nas formigas, mas quando levantei o pé elas continuaram a movimentar-se por ali como se nada tivesse acontecido.

— Até onde irá isso? — pensei alto, apanhando uma das formigas.

De olhos fixos no céu, Elias respondeu:

— Talvez continue indefinidamente; mundos dentro de mundos dentro de mundos.

— Não pode ser — contestei. — Deve ter um fim.

Observei a formiga percorrer agitada o dorso de minha mão, parando junto de cada pêlo como se este fosse uma árvore.

Talvez Elias tivesse razão, pensei. Talvez vá descendo e descendo, subindo e subindo; mundos maiores e maiores, estrelas, galáxias, universos, superuniversos — e tudo isso dentro de mim, dentro dessa formiga e de tudo o mais. Para minha surpresa, senti lágrimas escorrerem dos meus olhos.

Naquele exato momento, segurei a formiga entre o polegar e o indicador da outra mão e esmaguei-a. Uma sensação semelhante a uma ligeira descarga elétrica percorreu meu corpo. Matar a formiga me fez sentir ligado à vida e à natureza.

✧ ✧ ✧

Por trás do problema da ecologia encontra-se a questão da relação do homem com a natureza. Essa questão é idêntica à questão da relação do homem com a própria realidade. A natureza é a realidade. Mas "quão longe irá isso, para cima e para baixo?" Quem jamais se deparou com esta pergunta alguma vez em sua vida? Por que ela ronda a mente de tantos de nós, por vezes ao longo de toda uma existência?

Quando comecei a estudar filosofia de modo mais ou menos formal, até mesmo a palavra "ecologia" era desconhecida. A natureza era ainda considerada, de modo geral, como um oceano circundante de realidade, infinitamente vasto e infinitamente poderoso. A ciência, mesmo tendo assumido, de longa data, uma vida própria e um papel dominante em nossa cultura, ainda podia ser considerada como uma tentativa de se compreender a natureza e não apenas de manipulá-la. Suas teorias e descobertas podiam, até então, ser empregadas como material de ponderação para o tipo de pergunta que uma criança faz a si própria ao olhar para o céu. As pessoas tinham grande disposição para embrenhar-se pelo difícil estudo da matemática, da física e da química, na firme convicção de que existiria algo, no fim desses estudos, crucialmente importante à solução de questões sentidas em profundidade. Não era preciso advertir a ninguém sobre a responsabilidade do homem para com a natureza, o "cuidar da terra" ou coisas do gênero. Por quê? Porque o ardente desejo de conhecer a verdade sobre a realidade era, em si, uma força moral. Tal desejo, o amor à verdade pela verdade, jamais viria a destruir, matar, danificar ou saquear. É bem verdade que os problemas associados aos efeitos da tecnologia sobre o ambiente não haviam, ainda, atraído a atenção sobre si. Isso devido, em parte, ao fato de que o indivíduo estudava a realidade e não algum aspecto seu, limitado, chamado de "meio ambiente". De que modo a realidade poderia ser ameaçada?

Até muito recentemente, portanto, a idéia de natureza como realidade, como Deus, tinha alguma influência em nossa cultura. Poderíamos dizer que, em suas raízes, a ciência não negou a idéia judaico-cristã de Deus; antes, forneceu-lhe uma nova denominação: natureza. Ou, então, colocando de modo diferente, poderíamos dizer que ela buscou estudar um aspecto de Deus negligenciado pela Igreja: Seu modo de operar no mundo exterior. A Igreja ensinava sobre as exigências internas de Deus feitas ao homem; a ciência ensinava o modo como Deus operava. Por trás de ambas estava a idéia da existência humana no interior de uma realidade todo-abrangente, para além das aparências imediatas. Essa realidade todo-abrangente obrigava o homem a descobrir sua verdadeira relação com ela – seja através da função do conhecer (a ciência) ou da função do sentir (a fé religiosa).

Porém meio ambiente não é o mesmo que natureza, no sentido da realidade todo-abrangente no interior da qual toda a vida da humanidade não passa de um elemento ou de um nível. O meio ambiente é apenas aquela parte da natureza, ou realidade, que o homem vê como necessária à sua sobrevivência física. Meio ambiente é o termo tecnológico empregado pelo homem moderno para designar "mundo", realidade e natureza. O meio ambiente não é capaz de maravilhar o homem, apenas de preocupá-lo. Quando se preocupa, o homem busca auxílio em pensamentos, teorias e conceitos. Assim, a grande idéia de natureza, ao render-se por completo ao poder do medo, torna-se uma construção teórica, um conceito, um instrumento mental a serviço das necessidades físicas e sociais. Para trazer de volta a força instigante da grande idéia de natureza, torna-se necessário *recordar* o verdadeiro e completo meio ambiente do homem. O meio ambiente não é maior ou superior ao homem; a natureza, sim. O meio ambiente não invoca, na mente humana, algo que seja mais real do que o sistema egóico; a natureza, sim.

Historicamente falando, poderíamos dizer que a filosofia moderna começa com o surgimento da idéia de natureza como outra denominação de Deus, ou seja, sua meta é provar que a ciência e o cristianismo falam da mesma coisa. Os grandes filósofos da era moderna – Descartes, Spinoza, Hume, Kant, Leibniz e Hegel – juntamente com os pais da moderna ciência – Copérnico, Galileu, Newton e Kepler – são os canais por cujo intermédio a idéia de natureza foi redefinida como uma influência sobre o coração humano, comparável à mensagem fundamental da religião.

Cada um desses filósofos emprega o modelo científico de pensamento – argumento, lógica, comparação e observação – em lugar do modelo mítico, com o intuito de expressar a idéia de natureza como outro nível de realidade no interior do qual a humanidade vive e se movimenta. Para Descartes (1596-1650), este nível mais elevado de realidade consiste num todo matematicamente ordenado, criado e mantido pela vontade do Deus absoluto. Para situar a si e a sua vida numa relação adequada a esta realidade fundamental, o homem deve libertar sua mente do influxo de seus automatismos sensoriais e emocionais.

Descartes é célebre por sua formulação "Penso, logo existo". Na busca de um conhecimento que se mostrasse indestrutível, Descartes percebeu que a única certeza absoluta que podia obter era quanto à sua própria existência, na experiência mesma do questionamento. Mesmo que todas as suas crenças e idéias a respeito fossem falsas, ponderou ele, algo que acredita e pensa deve, necessariamente, existir. Posso duvidar de tudo, exceto do próprio fato de duvidar, do fato de que estou realmente duvidando naquele exato momento.

Uma idéia simples, talvez, mas que para Descartes representou uma enorme descoberta. Representou a descoberta de um modelo de certeza, um modelo bastante elevado, o que o levou ao compromisso de acreditar apenas naquilo que contivesse a mesma qualidade de certeza inequívoca. Apoiando-se nessa base, ele parte, então, para o exame de todas as demais idéias em sua mente. A principal, dentre elas, é a idéia de Deus.

Descartes encontrou seu modelo de certeza; mas, pergunta ele, suponhamos que a realidade estivesse ordenada de tal forma que a experiência da certeza, da clareza e da distinção não fosse realmente confiável. Suponhamos que o criador do mundo fosse um embusteiro malicioso. Se fosse assim, nenhum homem poderia jamais avançar além da singular e simples verdade do "Penso, logo existo" (pois, mesmo que houvesse um Deus malicioso a ludibriar-me, eu ainda poderia ter a certeza de que existo, ainda que tão-somente como alguém a ser ludibriado). Descartes, obviamente, quer mais do que esta verdade singular e estéril. Quer conhecer toda a ordem da realidade, a própria estrutura da natureza.

Portanto, segue Descartes, devo observar com muita cautela a idéia de Deus que encontro alojada em minha mente. Devo observar esta idéia de um ser supremo. Se a ordem última do universo é caprichosa ou maléfica – isto é, se Deus não é bom –, então nem o conhecimento e nem a bem-aventurança podem ser perseguidas pelo homem. Se o Deus-Criador-Mantenedor absoluto não é bom, ou se a Sua vontade não abarca o todo da realidade, a vida humana não possui um rumo certo.

Com Descartes, a antiga idéia do Criador original de tudo o que existe começa a ser traduzida em linguagem científica. Sensível ao modo pelo qual a Igreja se vinculara às fórmulas verbais do cristianismo escolástico, Descartes foi extremamente cauteloso em sua interpretação. Não obstante, a revolução que ajudou a promover reside precisamente em sua profunda habilidade em reformular um aspecto da antiga idéia dos níveis de realidade, níveis da mente, níveis de vontade e poder na ordem universal.

É esta conquista que se encontra por trás da comprovação cartesiana da existência de Deus. Não se constitui, evidentemente, em prova alguma no sentido convencional e lógico da palavra. Aqui, como em outras partes, a filosofia de Descartes pode ser criticada por suas falhas – e, de fato, nenhum outro grande filósofo da era moderna foi tão castigado. Tacharam-no como o principal responsável da crise ecológica pelo fato de ter defendido uma rigorosa separação entre o mundo da mente e o mundo da matéria, um argumento que contribuiu para forjar a moderna visão do homem como amo e senhor da natureza. Sua rígida distinção entre aquele que conhece e o objeto conhecido foi denunciada pelos filósofos existencialistas como a principal causa do sentido de alienação do mundo em que vive o homem moderno. Foi amplamente desdenhado como o filósofo do dualismo radical, que persuadiu toda uma era quanto à existência de uma divisão intransponível na estrutura da realidade e na natureza humana, a divisão entre consciência e mundo material.

Descartes, porém, não é dualista neste sentido. Existem, argumenta ele, um Poder e uma Mente que a tudo permeiam, fora do tempo e do espaço e que, todavia, permeiam o próprio tempo e espaço; permeiam, em sentido descendente, a mente humana e o mundo material simultaneamente, proporcionando, a todas as esferas de realidade, sua estrutura e função. Trata-se de um aspecto que pertence a uma idéia muito antiga, presente na raiz de todo ensinamento espiritual importante que o mundo conheceu. Descartes empregou uma nova linguagem para expressar essa idéia, a linguagem da ciência, a linguagem da lógica e da reflexão dissociada da linguagem dogmática da Igreja. O homem está de tal modo familiarizado com a idéia de Deus como Origem-Criador-Mantenedor do cosmos, que deixou de sentir sua qualidade extraordinária, tendendo a considerá-la um conceito geral, vulgar e comum, que simplesmente vaga pela cabeça dos indivíduos, alimentado pela superstição e a religiosidade ingênua.

Descartes, todavia, sente a grandeza dessa idéia e a reformula na linguagem do conhecimento, em lugar da linguagem da crença. Tal linguagem existia desde séculos antes de Descartes, a começar pela antiga Grécia (especialmente em Aristóteles), e ganhou força no período medieval, com os grandes filósofos escolásticos. Coube a ele, porém, separar completamente esta linguagem do dogma religioso e dotá-la de vida própria. Pouco depois de Descartes, esta linguagem viria tornar-se aquilo que conhecemos como a moderna ciência.

Sentindo a grandiosidade dessa idéia do nível mais elevado de realidade, mente e vontade – essa idéia de Deus –, Descartes ultrapassa a verdade nua do "Penso, logo existo". Faz a si próprio exatamente o tipo de pergunta que devemos fazer com respeito às grandes idéias – a seu próprio modo, evidentemente, e com uma ênfase um tanto diferente da que é adequada para nós. Pergunta ele: Qual a origem desta idéia? De que modo a representação da realidade absoluta se introduziu em minha mente? Percebendo a grandiosidade e a dimensão dessa idéia, sabe que ele não poderia tê-la inventado. Postula, assim, sua conclusão, que parece tão estranha às nossas mentes inexperientes: A idéia de Deus é a prova da existência de Deus! Olhando, observando a mim mesmo, sei que nada existe em minha mente comum capaz de criar uma idéia de tamanha simplicidade, arrojo e verdade última. A idéia de um Ser perfeito que ilumina minha mente jamais poderia ter sido produzida por esta mente, que percebo presa, limitada, oscilante e dividida pelo subjetivismo, as percepções fragmentárias dos sentidos e os impulsos egoístas. Qual, então, sua origem? Só pode ter vindo do próprio Deus! As grandes idéias comprovam a existência da grande Mente, do grande Ser, que a religião cristã chama de Deus-Pai e Criador.

Descartes coloca tudo isso em termos lógicos, da mesma forma como, séculos antes dele, os filósofos escolásticos haviam feito. A idéia de um ente perfeito implica sua existência, pois, por definição, um ente perfeito que não existisse, obviamente não seria um ente perfeito. Sob suas diversas formas, este argumento é conhecido como a *prova ontológica* da existência de Deus, sendo defendida por Santo Anselmo, Santo Tomás de Aquino, Maimônides e outros filósofos da era medieval. Logicamente, ela está repleta de lacunas, enganos e frustrações. Não é nada convincente do ponto de vista dos cânones da lógica estrita e das normas convencionais da inferência.

Mas a forma lógica é tão-somente isso – uma forma. Através dessa forma de expressão que, na época, apenas iniciava sua ascensão nos modelos de pensamento do mundo moderno, Descartes torna-se o canal de uma idéia acerca dos níveis de realidade existente em todos os grandes ensinamentos desde tempos imemoriais. Foi por intermédio de Descartes e outros filósofos do início da era moderna que esta idéia chegou até nós e, a despeito de sua expressão enfraquecida e automatizada, manteve seu poder de auxiliar os seres humanos na percepção de uma escala de realidade mais ampla do que aquela confrontada nos problemas e complicações da vida cotidiana.

Deus não apenas cria, Ele mantém, segundo Descartes. O mais elevado nível de realidade, a mente e força que permeia o todo, também reconcilia e harmoniza os dois mundos díspares, o da mente e o da matéria. "Lá fora" é pura matéria, sem consciência ou propósito, pura corporeidade obedecendo a leis matemáticas. "Aqui" é a consciência, a individualidade, a mente, o "eu". Não há relação alguma entre ambos; são duas realidades metafísicas distintas. Contudo, estão relacionadas na natureza e na vida humana! Novamente, através do poder de Deus, um poder que harmoniza os opostos. Também aqui, a "lógica" de Descartes torna-se canal de uma idéia muito antiga – a idéia de uma força sagrada reconciliadora (denominada Espírito Santo em algumas expressões do ensinamento cristão).

Poderíamos nos estender muito mais sobre Descartes, mas nos desviaríamos de nosso propósito central, o de perceber como, mesmo na moderna era científica, a filosofia tem sido o canal de idéias reveladoras, nesse caso tendo a grande idéia de natureza como uma realidade superior e todo-abrangente contendo níveis da mente e da vontade nos quais o homem deve viver, envolver-se e procurar descobrir o verdadeiro objetivo de sua própria existência. Estamos procurando enxergar a filosofia moderna de maneira bastante diferente. Procuramos acompanhar o fluxo das grandes idéias, tentando abrir os caminhos bloqueados em nosso mundo contemporâneo, de modo que essa antiga corrente possa voltar a fluir. Avaliados segundo o parâmetro da completa expressão da verdade que presumimos fazer parte das abrangentes doutrinas e ensinamentos de um autêntico caminho ou via de autotransformação, os argumentos filosóficos modernos podem muito bem ser criticados como fragmentários, imprecisos, distorcidos e estreitos. Procurei aplicar este parâmetro à discussão anterior dos ensinamentos de Pitágoras. Tentei, naquela discussão, falar como alguém acompanhando idéias corrente acima, em direção a uma visão da grande fonte integral de idéias reveladoras, onde aquele que busca deverá, em última análise, confrontar-se com Sócrates; o que significa – através do confronto intenso e pessoal com um guia – viver através da dilacerante confrontação consigo próprio.

    Porém nosso mundo e nossa vida são tais que, antes de podermos esperar mover-nos corrente acima, precisamos de auxílio para mover-nos corrente abaixo. Antes de podermos lutar contra a corrente de idéias reduzidas a meros conceitos, devemos conhecer a própria corrente e penetrá-la. Através desta breve discussão sobre Descartes, podemos perceber que o homem moderno está se afastando da própria corrente, o antigo caudal das idéias reveladoras. O deus da natureza tornou-se a "integridade do meio ambiente", algo extremamente distante da idéia de natureza e que não promove questionamento algum; é apenas um problema. Um problema é algo a ser solucionado; uma questão é algo a ser experienciado. Por meio da experiência do questionamento, uma outra faculdade começa a agitar-se, desenvolvendo, no homem, uma faculdade ou poder potencialmente superior às funções mental e emocional, sujeitas aos automatismos desgovernados do medo e do desejo. Essa faculdade potencial na psique humana começa como um sentido de assombro. Enquanto tal, é uma criança, impotente. Desenvolvida, ela é o Homem. E somente o Homem é capaz de solucionar os problemas do "homem". Precisamos, portanto, penetrar, uma vez mais, no caudal das grandes idéias no intuito de cativar o coração, o *eros*, o sentido de assombro – mas não para resolver nossos problemas. Ainda assim, é somente desta forma que nossos problemas encontrarão solução. Trata-se de um desconcertante paradoxo com o qual nos defrontamos à medida que somos dilacerados pelos problemas colossais apresentados por nossa condição moderna. Por trás do problema jaz a Questão. E por trás da Questão encontra-se a resposta. Não podemos solucionar nossos problemas sem o desenvolvimento de um novo poder mental em nós mesmos. Este poder mental, contudo, começa com o assombro, com *eros*, com tornarmo-nos "como crianças".

    O conceito de meio ambiente apresenta-se a nós como um problema a ser resolvido. Conseguiremos transformá-lo numa questão a ser experienciada?

CAPÍTULO 10

UM EU: DOIS MUNDOS

Lembro-me do exato momento em que me ocorreu que meu amigo Elias Barkhordian estava morrendo. Não ouvi a palavra "leucemia" senão meses depois, quando os estágios finais da doença, naquela época totalmente incurável, se haviam instalado e ele não podia mais comparecer a nossos encontros regulares junto ao muro de pedra. Eu sabia, desde o início, que ele sofria de alguma doença misteriosa e séria. Freqüentemente nossos encontros precisavam ser cancelados ou, quando eu telefonava, sua mãe sempre dizia, num tom de voz muito peculiar, que ele estava "repousando". Ainda assim, eu chegava a imaginar que ela simplesmente o estivesse paparicando – era seu filho único.

Numa tarde de outubro – lembro-me que era a véspera de meu décimo segundo aniversário –, mal começávamos uma conversa quando me ocorreu olhar para as orelhas de Elias, que sempre me fascinaram. Não tinham lobos. Quando fiz um comentário a esse respeito, certa vez, ele informou-me que era devido a seu nascimento prematuro. "O lobo das orelhas é uma das últimas formações do embrião humano", disse ele. Aquilo me fascinou. Fiquei mudo e paralisado ao imaginar que esse ser vivo, meu amigo Elias, fosse alguma espécie de substância, como uma figurinha de barro à qual se pudesse acrescentar alguns elementos e que, caso tivesse permanecido por mais tempo no ventre de sua mãe, viria munido de um pouco mais de substância. Ao mesmo tempo ele era *Elias*, o ser individual. Seria também o indivíduo uma substância à qual se poderia fazer acréscimos ou subtrações graduais?

Naquele dia particular de outubro, olhando suas orelhas e pensando sobre sua doença, ocorreu-me algo assim: "Ele nasceu antes do tempo e vai morrer antes do tempo". Mas o que era *ele*? Seria *ele* algo imerso erroneamente no rio do tempo, o rio da existência? O que tinha *ele* a ver com o tempo? De onde viera *ele*? Para onde estaria indo? E quanto a *mim*? O que *sou*? Já fui um bebê; tenho agora doze anos. De onde vim? Para onde estou indo?

Não me lembro de como iniciamos a conversa daquela tarde, mas lembro-me de ter ficado olhando para Elias como que achando que se o fizesse fixamente o bastante conseguiria enxergar o que ele realmente era por trás de seu rosto. Meu sentimento, vago porém muito intenso, era que, de algum modo, Elias sabia verdadeiramente o que ele era, mas não partilhava comigo aquele segredo tão especial. Eu sentia que se soubesse o tipo de pergunta a fazer-lhe ele me contaria. A idéia de que ele não tinha muito tempo de vida aumentava, de certa forma, essa minha certeza.

De repente, veio-me a idéia de que, afinal, talvez ele não soubesse. Olhei para mim mesmo e tornei a perguntar: O que sou? Se eu não sei o que sou, por que Elias haveria de saber o que *ele* é? Por um instante, tudo aquilo me pareceu absurdo e deprimente. Eu *sou*... alguma coisa, alguma coisa ou outra, obviamente. Mas não sei o quê! Elias, também, é alguma coisa ou outra, mas não sabe o quê! Caso ele morra, jamais saberá o que seja essa coisa ou outra! Caso eu morra, será a mesma história.

Foi um sentimento parecido ao que havíamos compartilhado, algumas semanas antes, quando conversávamos sobre o planeta Terra e como era pequeno o conhecimento da ciência quanto à composição do núcleo da Terra. Nós dois considerávamos absurdo e estranho que a ciência tivesse tanto conhecimento sobre planetas e estrelas, corpos tão distantes, e que ninguém soubesse o que existe debaixo da superfície de nosso próprio planeta. À noite eu adormecia imaginando toda espécie de engenhos para perfurar a terra até o fundo; mas, em minha imaginação, a terra sempre desmoronava sobre eles a uma milha e tanto de profundidade.

Naquela tarde, senti que, se conseguisse compreender a morte de Elias, seria capaz de compreender quem ele era. Não experimentei absolutamente pesar algum por ele; isso só ocorreu mais tarde.

Estou certo de que Elias percebeu que eu o observava de modo estranho, mas não deu mostras de incomodar-se. Permanecia tranqüilo como sempre, com sua testa grande e serena. "O que haverá por trás dessa testa?", eu imaginava.

Nenhum de nós dispunha de uma linguagem adequada para abordar esse tipo de questão. Começamos falando sobre o cérebro, mas foi somente quando apareceu o tema do sono e do despertar que comecei a sentir que nos aproximávamos do mistério.

– Fico imaginando o que acontece com a pessoa quando adormece – disse eu. – Para onde será que ela vai?

Pela primeira vez em todas as nossas conversas, Elias não tinha a resposta pronta a uma pergunta. Fiquei satisfeito. Parte de nosso jogo consistia no prazer de embaraçar um ao outro com perguntas difíceis – mas era apenas parte, e não a mais importante, de qualquer modo. Elias raramente ficava embaraçado por muito tempo; sempre tinha alguma informação científica a oferecer, qualquer que fosse o tema. Dessa vez, entretanto, não conseguiu encontrar o que dizer, o que tornou aquele momento incrivelmente sério. Desviou o rosto de mim e olhou para baixo. Subitamente, pareceu-me alguém muito velho.

Logo senti o peso do silêncio, porém, comecei a falar da ocasião em que tomara sódio pentotal para extrair um dente. Estava contando de trás para frente a partir do cem, e ao chegar ao noventa e oito percebi-me desaparecendo. Como era possível? Como poderia desaparecer e ainda perceber – mesmo que apenas por uma fração de segundo – que estava desaparecendo?

Elias também tivera algumas experiências do gênero, de modo que passamos o resto do tempo trocando histórias, "contos da consciência", por assim dizer. Conversamos sobre sonhos e sobre sonhos dentro de sonhos. Brincamos com a idéia de que talvez estivéssemos sonhando naquele momento.

– Suponha que estou na cama neste exato instante – disse Elias –, sonhando que estamos aqui sentados. Suponha que a nossa vida inteira seja um sonho.

Apreciamos a idéia, começamos a brincar e, por algum motivo, resolvemos competir um com o outro para ver quem conseguia fazer os ruídos mais vulgares e obscenos. Logo caímos numa gargalhada incontrolável. A gargalhada de Elias era toda especial. As lágrimas escorriam copiosamente de seus olhos; sua risada, de alguma forma, jamais chegava abaixo do pescoço. O seu equivalente a um acesso de riso mal podia distinguir-se de uma expressão de choque ou sofrimento; seu rosto grande ficava todo contraído, como que numa dor insuportável. Em meio à minha gargalhada solta, tive uma impressão fugaz de sua risada como um pranto, e a questão voltou inteira: o que *ele* é e o que é que irá morrer? Senti o fato de minha própria morte com enorme clareza. Ainda assim, continuei rindo o tempo todo – *aquilo* continuou rindo o tempo todo – por pura inércia. Era incrível a semelhança com a experiência do pentotal, por essa sensação de divisão em meu ser. Tal como acontecera com o pentotal, o observador não possuía uma linguagem, nem pensamento, apenas a pura existência – fugaz, momentânea, intensamente viva e calma.

Passados muitos anos, aprendi uma linguagem adequada a esse tipo de experiência e a essa eterna questão da aparência e da realidade. Em mim e na natureza, a realidade que está atrás da aparência existe à plena luz, incessantemente radiosa. Algo, porém, obstrui a atenção que dedico a ela. Considero-me como sendo meus pensamentos e meu pensar, mas minha atividade pensante não é esta realidade, este ser puro que se encontra por detrás das aparências.

A idéia de um eu verdadeiro por detrás das aparências constitui a doutrina central de todo grande ensinamento e tradição ao longo dos tempos. Aparece sempre intimamente ligada à idéia de que há uma realidade superior ou absoluta por detrás das aparências, em toda a natureza. No budismo, a natureza búdica, a Mente iluminada, representa a realidade do meu ser e do universo. No hinduísmo, o *Atman*, o verdadeiro Si Mesmo do homem, é *Brahman*, o Deus-Criador-Destruidor-Preservador Absoluto. No judaísmo o nome de Deus é EU SOU, sendo que o cristianismo reconstitui esta idéia através da doutrina do Espírito Santo, o Eu último (o "Deus pessoal", o Pai) atuando e sofrendo em meio aos homens. Esta idéia se encontra expressa e desenvolvida em todos os ensinamentos com excepcional riqueza, sutileza e complexidade, especialmente quando se trata de práticas psicoespirituais que orientam a busca de uma experiência humana cada vez mais profunda desta realidade. A idéia geral, enunciada, por vezes, com uma simplicidade de partir o coração, aparece em toda parte, estando ou não em questão a sua experiência.

Pitágoras referia-se a um *sol central* de todo o cosmos, existente, também, no interior de cada homem. Platão descreve o Ser supremo como o sol interno e externo ao homem, onde a realidade e o Bem são um, consistindo no poder ativo e causal último – a alma do homem, cujo poder é harmonizar todas as funções e aparências da natureza humana individual. Em suma, as idéias se movimentam através da história de nossa cultura como um grande rio, que é alimentado pelas correntes originárias de diversas e variadas mentes e ensinamentos.

Quando a ciência moderna e a abordagem científica do conhecimento se fixaram em nosso mundo, pareceu não haver lugar para essa grande idéia universal do Eu único que se encontra além do mundo das aparências. Do ponto de vista da atividade científica, tratava-se de uma idéia não comprovável, algo que não podia ser visto, um mero objeto de crença. Munidos de uma integridade e honestidade extraordinárias, os primeiros filósofos a articular a visão universal da ciência moderna excluíram, com freqüência, esta idéia de suas formulações. Para esses grandes pensadores, o essencial era evitar a fantasia, a tirania mental da crença dogmática e os auto-enganos forjados pela metafísica autoritária. Nós, que percebemos agora as limitações desses primeiros filósofos da ciência – por termos acesso a ensinamentos antigos que eles não podiam conhecer –, seríamos tolos se não reconhecêssemos a coragem e o amor à verdade que eles demonstraram ao se recusarem a acreditar em tudo aquilo que não pudessem comprovar por conta própria. A aceitação passiva e mecânica da experiência sensorial, pelo homem contemporâneo, como único parâmetro da verdade não deve ser confundida com a investigação penetrante e ativa desses primeiros filósofos empíricos.

Tal como Descartes um século antes, David Hume, filósofo escocês do século XVIII, procurou separar o conhecimento da aceitação passiva e automática de crenças e especulações sobre a realidade. Hume denunciou, incansavelmente, a escravidão da mente humana aos hábitos psicológicos, sendo significativa, ainda, a influência de sua análise, embora ninguém possa manter esses mesmos padrões rigorosos de honestidade e ceticismo para consigo próprio.

"Existem certos filósofos", escreveu ele, "que imaginam estarmos a todo momento intimamente cônscios daquilo que denominamos nosso Eu; que sentimos sua existência e sua continuidade na existência; e estão certos... tanto de sua perfeita identidade quanto de sua simplicidade."* Contudo, diz Hume, não existe absolutamente evidência alguma, experiência alguma, quanto a esse chamado Eu; trata-se apenas de uma construção elaborada pelos automatismos da mente a partir de impressões e eventos psicológicos sem nenhuma ligação necessária entre si e muito menos a um eu central unitário.

---

* David Hume, *A Treatise of Human Nature*, parte IV, seção VI.

É necessário observar, prossegue ele, a si mesmo sem paixão, cientificamente; é necessário ser tão empírico em relação a si mesmo como o cientista em relação à natureza externa. Assim procedendo, percebemos que não existe experiência ou impressão alguma de algo como um eu constante e duradouro. "De minha parte", escreve, "quando penetro mais intimamente naquilo que denomino de *eu* mesmo, sempre esbarro em uma ou outra percepção particular, seja de calor ou de frio, de luz ou sombra, de amor ou ódio, de dor ou prazer. Jamais consigo captar a mim mesmo, seja em que momento for, sem uma percepção, assim como não posso observar nada senão a percepção. Quando minhas percepções são postas de lado por certo tempo, como no sono profundo, torno-me, nesse período, insensível a mim mesmo, e pode-se dizer, com acerto, que não existo."*

Para Hume, a verdade e as idéias verdadeiras refletem ou espelham realidades experienciais, denominadas por ele impressões. Por este parâmetro científico, não existe idéia verdadeira do eu ou pessoa que persista através do tempo, pois não existe impressão ou experiência alguma de nada semelhante. "Quando alguma impressão dá origem à idéia do eu, esta impressão deve permanecer inalterada por toda nossa vida, dado que o eu deve existir igualmente inalterado. Mas não existe impressão constante e inalterável. Dor e prazer, sofrimento e alegria, paixões e sensações sucedem-se uns aos outros, sendo que nunca estarão presentes todos ao mesmo tempo. Não pode portanto ser de nenhuma dessas impressões ou de qualquer outra que a idéia do eu é derivada e, conseqüentemente, não existe tal idéia"**

Portanto, conclui Hume, o homem "nada mais é do que uma associação ou conjunto de diferentes percepções sucedendo-se umas às outras com inconcebível rapidez, em um fluxo e movimento perpétuos".*** Nada existe de inalterável na psique humana, ainda que por um instante. "A mente é uma espécie de teatro, onde diversas percepções aparecem sucessivamente, passando, tornando a passar, deixando a cena e combinando-se numa infinita variedade de posturas e situações."**** Mas, a analogia com o teatro não deve enganar-nos, diz Hume. Não existe *lugar* algum onde estas percepções e impressões venham à luz e vão embora. Estas efêmeras impressões *são* a mente, não *estão* na mente.

---

* *Idem, ibidem.*
** *Idem, ibidem.*
*** *Idem, ibidem.*
*****Idem, ibidem.*

O esforço de auto-observação pura e genuína levou o grande filósofo escocês a negar a hipótese mais acalentada e profundamente enraizada em todo ser humano: a crença na existência pessoal como um eu individualizado. É muito tentador, nesse aspecto, comparar as conclusões de Hume com as do budismo. Tal como Hume, Gautama Buda ensinou que a crença humana na realidade do eu é uma doença, um distúrbio do pensamento e a principal causa de toda miséria e ignorância humanas. O paralelo com o budismo empalidece, entretanto, se recordamos que o ensinamento do Buda baseia-se na existência de um outro poder da consciência, que ilumina a todos esses aspectos fugazes e fragmentários do "eu" como um grande sol. O budista não emprega o termo "eu" para se referir a esta realidade fundamental da grande consciência, por ser um termo que desperta imagens equivocadas na mente. Não obstante, a grande mensagem do budismo é que além das aparências da natureza e de minha natureza interna existe uma realidade suprema e absoluta da mente – a consciência, um supremo EU SOU, que não é simplesmente um "eu" ou um "ego". Se um budista se encontrasse com Hume, talvez perguntasse ao filósofo: "Quem ou o que tem consciência de todas essas impressões e percepções?" Não houve, entretanto, quem fizesse esta pergunta a Hume, esse íntegro pensador.

Hume, na verdade, destruiu a ilusão do eu, uma ilusão cuja destruição também esteve a cargo de grandes mestres do passado. Através desta destruição da ilusão do eu, o homem é levado a compreender que ele próprio é um mundo de aparências, exatamente como o mundo exterior. Desta forma, a grande e eterna idéia da realidade que se encontra por detrás das aparências está implícita em toda parte, em cada pesquisador honesto do eu, incluindo Descartes e Hume, que, sem dúvida, ficariam surpresos ao serem colocados ao lado de Gautama Buda, dos videntes védicos ou de Jalalladin Rumi, bem como de Pitágoras e Sócrates. Não que tenham eles, ou outros dentre os primeiros filósofos modernos, alcançado em si próprios aquilo que alcançaram os mestres do caminho da transformação. Contudo, as idéias introduzidas por estes mestres no caudal da civilização humana percorrem, igualmente, os elevados intelectos dos filósofos.

Quem ou o que tem consciência dessas aparências interiores? É sob esta forma que a grande idéia de uma realidade interna se apresenta a nós quando lemos estes filósofos científicos pioneiros. Quando, porém, esta pergunta se transforma apenas num problema a ser resolvido, tal como ocorre em nosso mundo contemporâneo, a corrente destas grandes idéias antigas cessa seu fluxo. Assim como a idéia de natureza se encontra encoberta pelo problema atual do meio ambiente, a idéia do eu interior encontra-se encoberta pelos problemas contemporâneos da identidade pessoal. "Papel social", "identidade do ego", "singularidade pessoal", "autenticidade" e "autodeterminação" – por aí vai a lista de rótulos e palavras que cercam o "problema do eu", tal como se manifesta atualmente na teoria psicoterapêutica, ou nos conflitos legais envolvendo a definição de morte ou os direitos dos ainda não-nascidos. Transformamos nossa natureza interior num meio ambiente interior; a reveladora pergunta "Quem sou?" transformou-se no problema de difícil solução do aprimoramento pessoal e da autodeterminação.

Na filosofia de Immanuel Kant (1724-1804), a antiga idéia de uma grande realidade por detrás das aparências recebe uma formulação surpreendentemente nova, graças, precisamente, à honestidade descomprometida e à clareza do ceticismo de Hume. A assombrosa tentativa kantiana de harmonizar os ensinamentos do cristianismo com os ensinamentos da ciência moderna representou, também, um terremoto intelectual cujo impacto se mantém até hoje. Foi a filosofia de Hume, segundo admitiu o próprio Kant, que primeiro despertou o grande pensador alemão de seu "cochilo dogmático".

Foi a análise do conceito de causa e efeito elaborada por Hume que mais impressionou Kant – mais até do que a destruição teórica de Hume da idéia do eu. A causação, escreveu Hume, significa uma co-nexão necessária entre eventos ou impressões. Tudo o que podemos observar, tanto interna quanto externamente, é que, em alguns casos, A é seguido por B – sejam A e B eventos externos ou impressões internas. Jamais *observamos* o poder causal; jamais *observamos uma força* por cujo intermédio determinada coisa acarrete a existência de outra ou necessite da existência de outra. Jamais *observamos*, jamais *enxergamos* a conexão necessária, da mesma forma como jamais podemos enxergar o eu. A idéia de causação e a idéia do eu são meros produtos de hábitos psicológicos de nossa mente. Nada existe "lá fora" ou "aqui dentro" que lhes seja correspondente.

Kant não pôde negar a integridade da análise de Hume, embora não pudesse aceitar suas implicações, tanto no que tange ao status do conhecimento científico, quanto no que tange ao status da religião bíblica. Como a maioria dos grandes pensadores do início da era moderna, Kant percebeu que a ciência, especialmente do modo como fora formulada por Isaac Newton, consistia na mais elevada forma de conhecimento possível ao homem acerca do mundo exterior. As leis da física estavam alicerçadas em algo eternamente válido – tão válido quanto as leis morais que o próprio

Deus revelara à alma de todo ser humano comum. Ainda assim – ali estava Hume, o fato, inegável, de que nenhum homem honesto poderia afirmar ter experienciado a lei da causação da mesma forma como experiencia os dados dos sentidos.

O que fazer? Como equacionar esse impossível dilema? As leis do universo são exatas, não caprichosas; não são conveniências temporárias, existe uma ordem inexorável na natureza. Mas não possuímos experiência direta dessa ordem. Sei, com toda a certeza, que todo efeito deve possuir uma causa, embora eu jamais tenha visto ou experienciado um poder causal! Estará a mente humana condenada a falar, eternamente, de coisas acerca das quais não pode estar segura quando busca encontrar as mais profundas verdades com respeito ao real? Não pode ser assim, disse Kant. Em verdade, a nada ele odiava tanto como à filosofia meramente especulativa ou metafísica da fantasia e das realidades imaginárias. Os metafísicos especulativos haviam, por tempo demasiado longo, arrastado o mais nobre esforço da mente humana, a filosofia, ao status de um exagerado devaneio.

A ordem fundamental da natureza não é uma simples teoria com a qual o homem pode entreter-se ou rejeitar a seu bel-prazer. Ainda assim, não possuímos nenhuma experiência direta dela. Newton descreveu a realidade existente acima e além de qualquer preferência individual e subjetiva; entretanto, as leis da natureza não podem ser vistas, sentidas, ouvidas ou tocadas. Newton descreveu as operações de Deus, embora ninguém consiga enxergar tais operações!

A resposta de Kant a esse dilema poderia ser comparada, como ele próprio o fez, à revolução suscitada por Copérnico; a diferença é que esta revolução copernicana referia-se não aos movimentos de planetas e estrelas, mas à própria relação da mente humana com a natureza em si. Até o presente, afirma Kant, o homem compreendeu esta relação de forma inteiramente errônea. Até agora ele acreditou que o verdadeiro conhecimento, as verdadeiras idéias, envolvem a existência de uma espécie de espelhamento mental da ordem natural – a formação de conceitos, na mente, que refletem com precisão a realidade externa. Em nível mais profundo, diz Kant, isso não pode ser verdade. Pelo contrário, verdadeiro é o oposto: *A ordem da natureza amolda-se à estrutura da mente!* Não se trata aqui de minha mente ou de sua mente, mas da estrutura da mente, a própria razão. A razão estabelece as leis da natureza, e não apenas obedece a elas! No nível mais profundo da ordem natural, a razão representa o princípio ativo e a natureza, o princípio passivo. Tal como Copérnico, que mostrara o movimento dos céus como determinado pelo movimento da Terra, Kant demonstrou que as leis da natureza são *colocadas* na natureza pela mente e não simplesmente descobertas como algo que existe independente da mente.

"Supôs-se, até agora, que todo o nosso conhecimento deve amoldar-se aos objetos", escreve Kant em seu prefácio à *Crítica da Razão Pura*, a obra mais influente da filosofia moderna. Porém, segue Kant, tal suposição deve ser posta de lado no que tange ao nosso conhecimento da ordem fundamental da natureza. Se o conhecimento deve sempre conformar-se aos objetos, jamais poderíamos obter certeza absoluta com respeito às leis básicas da natureza, como a lei da causação. Na verdade, possuímos esta certeza – um universo que não obedeça a tais leis é simplesmente inconcebível –, muito embora não tenhamos qualquer experiência sensorial direta dessas leis.

Temos, portanto, que tentar verificar se podemos ou não ter maior êxito nas investigações da metafísica se supusermos que os objetos devam conformar-se ao nosso conhecimento. Tal atitude estaria mais de acordo com o que é desejado, ou seja, que deveria ser possível se ter conhecimento dos objetos *a priori,* determinando algo com respeito a eles antes de eles se apresentarem. Deveríamos, então, seguir precisamente as linhas da hipótese básica de Copérnico. Não conseguindo um progresso satisfatório na explicação dos movimentos dos corpos celestes com base no postulado de que estes giravam em torno do observador, ele procurou averiguar se obteria melhor êxito fazendo o observador girar enquanto as estrelas permaneceriam em repouso.*

Assim, Kant responde ao ceticismo de Hume argumentando que, quando temos qualquer experiência do mundo, nós – isto é, a mente – já formou o mundo de acordo com determinadas leis fundamentais que regem o funcionamento da razão. Sem estas leis, através das quais a razão opera, não teríamos experiência ou percepção alguma. Hume afirmava que não podemos adquirir nenhuma certeza científica sobre aspectos fundamentais como a causalidade do mundo exterior. Kant responde que possuímos a certeza quanto à própria razão, e, uma vez que a razão molda nossa experiência do mundo, podemos ter certeza quanto à forma pela qual o mundo deve apresentar-se a nós. A causalidade consiste num princípio de operação mental; assim sendo, o mundo deve apresentar-se como causalmente determinado. As leis pelas quais a mente opera não são meros hábitos

---

* *Immanuel Kant's Critique of Pure Rason*, trad.Norman Kemp Smith, McMillan and Co., Ltd, Londres, 1953, p. 22 (Bxvi).

psicológicos dos quais possamos nos livrar. Somos incapazes, por nossa própria constituição, de um ceticismo puro acerca da natureza. Não, estes hábitos são, verdadeiramente, leis da razão e do entendimento; são, portanto, igualmente leis da percepção. Estamos, por assim dizer, condenados à certeza.

Hume e Kant são unânimes em sua aversão à metafísica dogmática e à teologia. Como filhos da era científica, ambos investiram contra o que consideraram os sonhos e fantasias da metafísica especulativa, com suas referências a fontes especiais de conhecimento e a experiências "superiores" de Deus e da natureza. Kant, porém, não ficará com o ceticismo de Hume; devolve a certeza ao conhecimento humano do mundo. Com a diferença de que, agora, não se trata mais da certeza sobre o mundo como normalmente o concebemos. Não, em Kant o próprio mundo é produto da interação da razão humana com algo "lá fora" que jamais poderemos conhecer. Temos certeza, mas é tão-somente certeza quanto à contribuição da razão para a experiência.

É no sentido kantiano do "lá fora" que a antiga corrente das grandes idéias reveladoras circula com mais intensidade em sua filosofia. O conhecimento humano está "condenado à certeza" com respeito ao mundo-objeto, que o próprio conhecimento humano estabelece, através das leis inexoráveis pelas quais ele sintetiza a matéria prima oferecida pelos sentidos. Podemos conhecer somente aparências e conhecer com segurança apenas aquela inevitável contribuição da mente para a estrutura destas aparências. E quanto ao mundo que existe por detrás destas aparências? Não deverá existir uma realidade "lá fora", um mundo das coisas-em-si, cuja existência independa da mente humana? Podemos conhecê-lo? Será possível, ao homem, obter conhecimento do mundo, da realidade em si mesma, antes ou independentemente de ela ser moldada pelo entendimento humano? Será o conhecimento do mundo real "lá fora" acessível a nós?

A resposta de Kant a essa questão cria uma tensão e uma energia de força inigualável no pensamento moderno. Sua resposta à pergunta: "É possível conhecer o mundo como ele é de fato?" é um majestoso e absoluto *não*. Não podemos conhecer o mundo que se encontra além das aparências; não possuímos experiência da coisa-em-si. A mente se vê eternamente excluída desse mundo. Tudo o que conhecemos chega até nós na forma da matéria prima fornecida pelos sentidos, moldada pelas leis operacionais pelas quais a mente funciona. Nossa mente tem uma idéia da realidade que existe além das aparências, mas é apenas uma idéia, um conceito sem "substância" alguma, sem qualquer experiência que o sustente ou dado sensorial que lhe corresponda. Lei causal, tempo e espaço – são todos leis pelas quais a mente opera e molda os dados sensoriais brutos. O mundo como ele é em si – um mundo fora do tempo, onde o tempo não mais existe; um mundo não limitado pelo espaço, um mundo de infinita grandeza e excelência, um mundo liberto de determinismo causal, um mundo de liberdade pessoal e realidade independente – tal mundo pode apenas ser imaginado, nada podemos saber a seu respeito; sequer podemos saber se existe ou não.

Kant dá um outro nome a esse mundo imaginado que haveria além das aparências; chama-o de númeno, do grego *nous*, o poder do conhecimento direto. Ao dar tal nome a esse mundo, Kant expressa a idéia de um poder mental capaz de conhecer diretamente a realidade em si, sem a mediação dos sentidos. Todavia, declara Kant, o homem não possui este poder de enxergar diretamente a realidade sem a mediação dos sentidos.

É impossível transmitir aqui o brilho e a profundidade irresistíveis com que Kant expõe esse aspecto negativo de sua filosofia na *Crítica da Razão Pura*. Dizem que o dramaturgo Heinrich von Kleist foi levado ao suicídio por esta noção de que o homem está eternamente impedido de conhecer o mundo como é em si. De qualquer modo, o pensamento moderno jamais foi o mesmo desde então. A filosofia moderna viu-se marcada, de forma indelével, pela refutação kantiana da possibilidade de conhecimento metafísico direto da coisa-em-si; e, genericamente falando, não se encontram mais metafísicos em toda parte.

É possível, evidentemente, refutar Kant com uma ou duas observações bastante simples. Toda a sólida estrutura da *Crítica da Razão Pura* apóia-se em premissas que, de um certo ponto de vista, possuem uma inconsistência quase cômica – como, por exemplo, a insistência de Kant de que não há nehuma experiência de eventos não causados fora do espaço e do tempo e sua suposição dogmática de que não há, em toda a vida humana, algo como a intuição intelectual. As dimensões da experiência humana que foram outorgadas nas mensagens míticas e psicofilosóficas dos grandes mestres da gnose na Índia, no Tibete, no antigo Egito, na Grécia pitagórica, dos padres bizantinos, dos mestres da Cabala e de inúmeros outros atestam as limitações da visão kantiana. Contudo, esta é uma crítica "corrente acima" – como a que se buscou nos capítulos iniciais deste trabalho. Seria impropriedade e presunção tentar o mesmo aqui. Não somos os mestres do caminho, nem possuímos a experiência a que essas grandes tradições se referem, embora não seja impossível a qualquer indivíduo alcançá-la. Além disso, comparar o pensamento de Kant com o pensamento desses grandes mestres da verdade seria comparar ensinamentos "corrente acima", voltados para uma vida de transformação pessoal e confrontação interna, com formulações e argumentos que servem como canais, "corrente abaixo" de grandes idéias que penetram a vida em geral da civilização humana. Ensinamentos esotéricos não são filosofia. Os primeiros têm sentido especialmente no confronto com "Sócrates"; a segunda desperta no coração do homem a busca de "Sócrates". A filosofia destina-se a despertar o coração que há na mente; o esoterismo destina-se à transformação do ser. Um grande filósofo, como Kant, não pode conduzir o trabalho de autotransformação; a escala de seu pensamento e a precisão de suas formulações, dentre outras coisas, são totalmente inadequadas a esse propósito, sendo incorreto avaliar sua filosofia unicamente por tal parâmetro. Precisamos de uma apreciação "corrente abaixo" da filosofia, da mesma forma como uma crítica "corrente acima". A grande filosofia é um canal da verdade percorrendo um sentido descendente a fim de chamar o homem para a busca de si mesmo. Ela pára nos portais dessa busca, onde se encontra Sócrates e, atrás dele, Pitágoras.

Pesar ou avaliar a argumentação de Kant na *Crítica da Razão Pura* não é, portanto, de vital importância. A crítica, de modo geral, deve acompanhar e não dirigir o verdadeiro sentimento. Seja em relação à educação de jovens ou à educação daquilo que em nós é jovem e busca, devemos, antes de mais nada, estimular o amor à sabedoria, a sensibilidade às idéias universais que colocam toda nossa vida comum em questão. Pensar de acordo com novas categorias, divisar a vida segundo uma escala de valores nova e ampla para, através disso, despertar e orientar aquele impulso, na natureza humana, mais profundo e elevado que o ego – eis a função primordial da autêntica filosofia.

Ninguém que leia a *Crítica da Razão Pura* até o final deixará de se sentir tocado por algo de extraordinário existente ali; algo que aponta profunda e repetidamente para uma outra escala de realidade, no interior da qual o homem vive, transita e leva sua existência. Apanhe o livro por motivos que não sejam acadêmicos ou profissionais e verá. Apanhe o livro após ter-se debatido com as grandes questões filosóficas. Pode-se comprovar a existência de Deus? Existe uma causa primeira no universo? Pode-se dividir a realidade em partes infinitamente pequenas? Existe liberdade em algum lugar da natureza? Se estas perguntas alguma vez o levaram a ponderar sobre o que seja o homem, em que mundo ele existe, de onde ele vem e para onde se dirige, você encontrará, na *Crítica da Razão Pura*, indicações de que toda nossa vida humana comum e toda a natureza são permeadas por alguma realidade desconhecida; para ter acesso a ela é exigido do homem bem mais do que o exercício do pensamento usual e da razão ordinária, por mais brilhantes e engenhosos que sejam, e, obviamente, muito mais do que a mais intensa das emoções. Todas as suas idéias, toda a especulação que você perseguiu, toda a experiência que amealhou, não são e jamais poderão ser suficientes para colocá-lo em legítima relação com o mundo real que há por detrás das – com Deus.

Kant pôde elaborar a *Crítica da Razão Pura*, com sua avaliação irredutivelmente negativa do conhecimento humano, apenas porque acreditava, ao mesmo tempo, na existência de uma realidade oculta que permeia toda a vida humana e a ordem natural. Hume, aparentemente, não tinha a mesma convicção, ou, se a tinha, ela não pode ter sido, nem de longe, tão forte quanto a de Kant. Assim, Hume parte de um total e completo ceticismo em relação à capacidade da mente humana em sua condição normal. Nenhum homem honesto pode ser um cínico consumado. A honestidade invalida o cinismo. A honestidade de Hume é insuperável na história da filosofia. Kant, ao contrário de Hume, conseguiu encontrar fôlego para relegar todo o conhecimento humano ao simples papel de organizador da matéria prima dos sentidos, porque tinha certeza de que uma "verdadeira realidade" permeia todo o mundo das aparências. A prodigiosa crítica ao conhecimento comum representada pela *Crítica da Razão Pura* transmite a escala dessa "verdadeira realidade" como nenhuma outra obra da moderna filosofia. A idéia kantiana de númeno magnetiza o coração na exata medida em que sua crítica ao conhecimento põe por terra as ilusões da mente.

Não existe, em nenhuma parte da *Crítica da Razão Pura*, a menor margem de esperança de que o homem possa vir a conhecer a realidade que está por detrás das aparências; ainda assim, no entanto, a obra não poderia ter sido escrita sem essa esperança. É em sua segunda grande obra, *Crítica da Razão Prática*, que Kant revela o caminho para o contato humano com a "verdadeira realidade", numa direção como que vertical a todo argumento da primeira crítica. Em outras palavras: no sentido interno, em seu próprio coração, em sua própria vontade, o homem *é* um ser, uma verdadeira realidade, e não uma simples aparência. *Eu sou*, ao mesmo tempo, uma entidade psicofísica que obedece às leis da natureza (que são, fundamentalmente, ditadas pela própria mente) *e* uma coisa-em-si, um habitante do mundo numênico. Minha vontade, minha decisão e minha intenção encontram-se totalmente fora das leis de causa e efeito, mesmo que, ao expressar minha vontade numa ação qualquer, esta ação ingresse no mundo fenomênico. Se procurar conhecer a mim através da razão e do estudo científico, serei apenas um objeto num mundo de objetos. Na medida em que possuo uma vontade, sou um ser do mundo real, fora do tempo, do espaço e da lei causal comum.

A descrição kantiana do ser numênico interior do homem é algo empolgante. Esta vontade interior, que é ou pode ser o meu eu verdadeiro, não tem a menor relação com o ente que normalmente considero ser meu eu e que os outros julgam ser eu. Devemos olhar de perto o modo como Kant caracteriza esse eu interior do homem. Devemos, porém, lembrar que, ao escrever estes postulados sobre o homem, Kant tem à sua disposição uma única espécie de linguagem: a linguagem daquilo que na era moderna foi chamado de ética, a linguagem da moralidade. Através de sua total reformulação da idéia de lei moral, a filosofia de Kant torna-se o principal canal, nos tempos modernos, da antiga idéia da dupla natureza do homem – as duas realidades do homem e da própria lei universal. Esta eterna idéia de duas correntes no interior da realidade, duas correntes que não se encontram exceto sob as mais extraordinárias – divinas, puras e imaculadas – condições, jamais foi apresentada com tamanha força por qualquer outra filosofia moderna. Apenas Kierkegaard iguala-se a Kant na força e clareza com que esta idéia é expressa em linguagem moderna.

Antes de citar as formulações kantianas desta idéia, é preciso chamar atenção para a tênue linha divisória entre a exaltada idéia de Kant e o rígido moralismo puritano, cuja rejeição tem figurado dentre as preocupações centrais da era contemporânea. Na linguagem moral, Kant se refere à estrutura metafísica do homem e à congruência dessa estrutura com toda a ordem universal, incluindo Deus, o Criador e Juiz absoluto. Kant não podia referir-se aos níveis da mente ou da consciência, nem às energias universais últimas que se manifestam no microcosmo humano, como o impulso que leva ao aperfeiçoamento do ser interior e a servir ao Supremo. A linguagem tradicionalmente empregada para expressar estas idéias estava irremediavelmente degradada no século XVIII. Fazendo uso, então, da única linguagem disponível a seu propósito, Kant apresenta a idéia da dupla natureza do homem da seguinte forma: a realidade interior dos seres humanos, como nós, consiste tão-somente no impulso de desejar o bem – uma intenção inexplicável em termos científicos e totalmente à margem das motivações e causalidades do ego ou eu fenomênico. Todos os nossos apetites, inclinações e motivações opõem-se a esta incompreensível intenção direcionada ao Supremo. Kant classifica esta intenção de *senso de dever*. Este senso de dever, esta inexplicável intenção emanada da parte superior da natureza humana, é o único movimento livre do homem, o único aspecto de nossa natureza livre do emaranhado das leis naturais de espaço e tempo às quais todo o resto, no mundo assim como em nós, está sujeito.

O homem, escreve Kant, não pode presumir conhecer a si próprio como de fato é empregando as categorias de entendimento com as quais sua mente ordena, automaticamente, os dados dos sentidos. Através do conhecimento científico de qualquer espécie, o homem deverá ser sempre uma aparência para si próprio e não uma realidade numênica.

Ao mesmo tempo, além destas características próprias, formadas por meras aparências, ele deverá, necessariamente, supor algo mais como base, ou seja, o seu *eu*, sejam quais forem suas características em si. Assim, no que tange à mera percepção e receptividade de sensações, deverá considerar a si como pertencente ao *mundo dos sentidos*; porém, com relação ao que possa haver nele de pura atividade (aquilo que alcança a consciência de imediato e não através da impressão dos sentidos), deverá considerar a si como pertencente ao *mundo intelectual* (numênico), do qual, entretanto, ele não possui maior conhecimento.*

Vejamos agora o modo como Kant, empregando o termo *dever*, caracteriza esta verdadeira realidade interior da natureza humana como uma intenção, um *querer* completamente à parte de todas as demais funções da mente, e que, todavia, dada sua própria natureza, deve comandar e governar estas funções, pensamentos, impulsos e inclinações de nosso eu comum:

Dever! Tu, sublime e grandioso termo, que nada encerras de aprazível ou insinuante, mas que requeres submissão e ainda buscas não mover a vontade por aquele algo ameaçador que despertaria natural aversão ou horror, mas simplesmente susténs uma lei que encontra seu acesso à mente e ainda obtém relutante reverência (embora nem sempre observância); uma lei perante a qual todas as inclinações emudecem, ainda que secretamente resistam; que origens te serão dignas, e onde encontrar a raiz de tua nobre ascendência, que rejeita, com altivez, todo parentesco para com as inclina-

---

* *Kant's Critique of Practical Reason and Other Works*, trad. T. K. Abbott, Longmans Green and Co., Londres, 1873, p. 71. Substitui a palavra "eu" por "ego" neste trecho, traduzido há mais de um século. A palavra alemã é o pronome pessoal "Ich". No século XIX, as acepções inglesas do termo eram diametralmente opostas ao sentido em que Kant o empregara. A palavra latina "ego" corresponde, evidentemente, ao pronome pessoal "eu". Atualmente, o termo "ego" é, de modo geral, associado àquilo que Kant chamaria de "eu fenomênico"; isso para não mencionar suas conotações genéricas de orgulho e auto-engano.

ções; uma raiz da qual procede a condição indispensável da única excelência que o homem pode proporcionar a si mesmo?

Não poderá ser menos do que um poder que eleva o homem acima de si próprio (como parte do mundo dos sentidos), um poder a conjugá-lo com uma ordem de coisas apenas concebível pelo entendimento, com um mundo que, ao mesmo tempo, comanda todo o mundo sensível, incluindo a existência empiricamente determinável do homem no tempo, bem como a soma total de todos os fins... Tal poder nada mais é do que a *personalidade* [o eu], que é liberdade e independência do mecanismo da natureza, embora também considerada uma faculdade do ser que se encontra sujeita a leis especiais, ou seja, leis puramente práticas ditadas por sua própria razão, de modo que a pessoa, enquanto pertencente ao mundo sensível, está sujeita à própria personalidade [o eu], ao mesmo tempo em que pertence ao mundo inteligível [supra-sensível]...

Esta idéia de personalidade, que inspira respeito, que põe diante de nossos olhos o caráter sublime de nossa natureza (em seu aspecto mais elevado) e que nos deixa perceber, ao mesmo tempo, a ausência de concordância entre nossa conduta e esta personalidade, derrubando, dessa forma, a presunção, é uma idéia natural até mesmo à mais vulgar das razões... É o efeito do respeito por algo que é muito diferente da vida, algo em comparação com o qual a vida, com todos os seus prazeres, não possui valor algum... A majestade do dever nada tem a ver com o gozo da vida; possui sua lei própria, seu tribunal próprio, e, apesar de nunca estarem tão bem como quando estão juntos para serem ministrados bem misturados como medicamento à alma enferma, ainda assim eles se separam logo, caso contrário a majestade do dever não poderá agir; e ainda que a vida física pudesse ganhar algo em força, a vida moral desapareceria irrevogavelmente.*

Mesmo que não houvesse avançado além do ponto de apresentar, em linguagem e formas de pensamento da era científica, o profundo dualismo da natureza humana, a filosofia de Kant ainda deveria ser classificada como uma das maiores expressões das idéias eternas na era moderna. Possivelmente, nenhuma outra reflexão filosófica moderna dessa verdade da natureza humana (excluindo, novamente, os escritos de Kierkegaard) coloca, de modo tão inflexível, essa fragmentação fundamental do eu. Podemos en-

---

* *Ibidem* pp. 180-182. Assim como o termo "ego", Kant emprega o termo "personalidade" em referência ao eu verdadeiro. Coloquei, por esse motivo, o termo "o eu" em colchetes, visando maior clareza.

contrá-la, é verdade, nos ensinos de Lutero e em todas as grandes visões do início do protestantismo. Somente em Kant, porém, ela aparece expressa em termos lógicos, sistemáticos, coerentes e científicos, ou seja, de uma forma correspondente às qualidades subjetivas emergentes que terminaram por definir a era em que vivemos. O homem é, ao mesmo tempo, livre e predeterminado; nele habitam tanto a auto-iniciativa direcionada ao Absoluto, quanto uma totalidade mecânica do funcionamento psicológico. A primeira é totalmente incompatível com a segunda. Além disso, é por intermédio da segunda, a totalidade mecânica da mente, que o mundo externo da natureza é conhecido por nós. O conhecimento científico inevitavelmente tem que apresentar o mundo sem Deus. Porém, tal como o eu, também o mundo é dual. Em tudo e em toda parte existem *dois*: liberdade e automatismo, dois movimentos incompatíveis entre si. Tanto em mim como em toda a natureza, existem uma realidade e uma aparência. A realidade é mente, liberdade, o mundo da divindade; a aparência é automatismo, materialidade e conexão necessária sem finalidade última. São mundos incompatíveis, isto é, o mundo da liberdade e da mente tem sua existência numa escala incompatível com todas as atividades e esforços de minha mente e eu comuns. É impossível para mim penetrar logicamente nesse mundo. Nenhum pensamento, conceito ou sistema, por mais claro e profundo que seja, pode conduzir-me até essa realidade verdadeira. Nenhum misticismo, teosofia, metafísica, emoções ou façanhas heróicas; nenhum embate ou autonegação dolorosos; nenhum excesso de paixão e sensualidade podem ajudar-me a penetrar de assalto no reino do Absoluto.

Existe um, e um único, fator em mim a indicar o caminho da verdadeira realidade: esta inexplicável, ilógica e até mesmo inútil *intenção* voltada àquilo que Kant é levado a denominar de lei moral. Mas este fator único em mim não possui absolutamente relação alguma com qualquer outro poder ou impulso de minha mente ou meu corpo: *eu sou dois.*

Aquele que ouve nisso a antiga mensagem de todos os grandes ensinamentos espirituais da humanidade, ouve corretamente. Se o zen-budista choca o ocidental por afastar toda e qualquer possibilidade de se penetrar a realidade por via intelectual, o mesmo faz a filosofia de Kant. Se os mestres do hinduísmo, do sufismo ou do judaísmo hassídico falam de um grande eu e um eu menor, de uma alma superior e uma inferior, dispondo, em certo sentido, esses dois aspectos da natureza humana em inflexível oposição, o mesmo se dá na filosofia de Kant.

Obviamente, não se pode repetir com muita freqüência que a filosofia de Kant ecoa esses grandes ensinamentos psicoespirituais apenas como pensamentos, como idéias que magnetizam o ego na direção de um caminho de despertar e não como gnose, orientação ou guia ao longo do próprio caminho. Nenhuma filosofia, por mais grandiosa que seja, pode destruir o ego. Contudo, o papel da autêntica filosofia é conduzir o ego até o limiar do caminho rumo à destruição voluntária do próprio ego como força imperativa na natureza humana.

Uma vez estabelecida a distinção absoluta entre os dois mundos, ou níveis, no homem e no universo, Kant passa a escrever sua terceira crítica, que busca nada menos do que aquilo que parecia impossível: a ponte que una esses dois mundos. Não é possível unir tais mundos; todavia essa ponte tem que existir. Não é possível forjar uma relação entre o movimento de liberdade em direção a Deus e os mecanismos da mente; entre o eu numênico interior e o eu biossocial e fenomênico que atende pelo meu nome. Contudo, essa relação tem que ser encontrada!

O que haverá em mim além de conhecimento e vontade?

O que haverá *lá fora*, além do mundo das aparências e do mundo das coisas-em-si? O que poderia ser o *terceiro fator*, a terceira força capaz de reunir o livre-arbítrio e a mente mecânica numa relação harmônica? *Eu sou* – o eu verdadeiro e numênico que caminha em direção à lei absoluta de Deus – e *eu sou* – o ego, o eu-objeto num mundo de objetos. Serei, também, *algo mais* entre esses dois movimentos irreconciliáveis entre si e que se desconhecem e não influenciam um ao outro?

Kant tinha horror de qualquer síntese vulgar dessas duas forças no interior do eu. Suas investidas contra os místicos, os fantasistas teosóficos, os metafísicos e espiritualistas são implacáveis, bem como suas críticas incisivas a todo pseudoconhecimento carente da honestidade da autêntica ciência natural. Na realidade, caso Kant houvesse desaparecido antes de escrever sua terceira crítica e julgássemos sua filosofia apenas por suas duas grandes obras, sua herança teria sido um redondo *não* a qualquer possibilidade de reunir estas duas realidades no indivíduo. Ainda hoje, muitos estudam Kant sem considerar esta terceira crítica e ficam com a impressão de que o filósofo dividiu o homem em duas partes incompatíveis e assim as deixou.

Mais que qualquer outro elemento, há um dado biográfico sobre Kant – que somente no fim da vida enxergou a esperança de um fator reconciliador no homem e no mundo que ele apreende – que transmite a imensa escala desse *terceiro fator* percebido por ele na natureza humana. Os filósofos posteriores a Kant, como Hegel, tomaram esse terceiro fator como ponto de partida de suas filosofias. Hegel desenvolveu a idéia, num espantoso sistema explanatório, de uma terceira força harmonizadora que reúne os opostos.

Com toda a amplitude e abrangência de sua filosofia, Hegel transmite muito menos da extraordinária natureza desse princípio intermediário no homem do que a obra de Kant. Este escreveu sua primeira crítica – o mais importante e vultoso livro da filosofia moderna – provando que o homem não pode conhecer a realidade em si e que toda a natureza é mecânica, para, anos depois, escrever sua segunda crítica, o mais influente livro sobre a liberdade da vontade humana; somente então, com o passar dos anos e contando com toda a fama e renome advindos de seus dois primeiros livros, ele vislumbrou a possibilidade de reunir o que fora provado como impossível. Tal fato da biografia de Kant transmite, mais do que o sistema hegeliano inteiro, aquilo que as antigas vias espirituais sempre ensinaram acerca desse terceiro fator no homem: seu caráter sutil e intangível, seu movimento contrário a todas as leis da razão, sua compassiva harmonização vinda como que das alturas para o coração humano, reunindo, como o Espírito Santo do cristianismo, forças dispostas em oposição mútua no interior do homem – a paz e a reconciliação que ultrapassam todo entendimento.

Filósofo posterior a Hegel, Kierkegaard percebeu também esse fato sobre o intermediário e refutou Hegel por tê-lo assimilado à estrutura da razão e do espírito. Kierkegaard, entretanto, escreveu numa linguagem filosófica diferente da de Kant – filósofo mais notável ainda por ter expresso esta idéia na linguagem da ciência e da lógica. Kierkegaard restituiu a antiga linguagem do amor, da poesia, do mito e do drama, que Kant não pôde empregar.

De posse dessas informações com respeito a Kant, apanhamos a terceira crítica em busca desse milagroso terceiro fator capaz de harmonizar as duas forças, no homem e em sua relação com a natureza. Descobrimos, porém, um texto muito mais obscuro, difícil e enigmático do que as duas primeiras críticas. A terceira crítica agita-se na contradição entre a forma lógica, ampla e arquitetônica, e o conteúdo que pulsa ao calor da vida. Num trecho, Kant parece afirmar a existência de propósito e consciência por trás das aparências do mundo natural; mas logo adiante ele afasta a possibilidade de tal conhecimento. Num trecho, ele nos fala de Deus; mas logo adiante ele afirma que jamais poderemos conhecer a Deus! Num trecho, Kant parece romper com todo o sistema meticulosamente construído nas duas primeiras críticas; mas logo adiante ele retorna, ampliado em novas formas para acomodar e resguardar uma visão do universo que responde às esperanças e necessidades do coração humano. Na terceira crítica, a mente de Kant – essa máquina estupendamente austera perante a qual toda uma era se curvou – empenha-se, em carne, osso e sangue, em penetrar o âmbito da vida num mundo que aterroriza, deleita e humilha cada mortal que a encara em busca de sentido.

O que será esse terceiro fator, a terceira força que une os mundos, harmonizando o eu interior e o eu exterior? Trata-se de um *sentimento* único e determinado: *eros!*

O mundo, tal como se apresenta à faculdade comum de conhecimento, é um mundo de fenômenos mecanicamente determinados. O mundo, tal como se apresenta à razão pura e à vontade moral, é um mundo de coisas-em-si que jamais poderá ser conhecido. Em que outro aspecto podemos lidar com o mundo? Que outra faculdade existirá no homem? Kant responde a esta segunda pergunta dizendo que, além do conhecimento e da vontade moral, existe um poder singular de sentimento, uma função da mente que traz impressões de prazer e de dor completamente diferentes dos prazeres e dores que nos são trazidos pelo corpo físico ou pelas emoções do eu fenomênico. Não está ao nosso alcance conhecer o mundo como ele é em si e nem podemos trazer à existência a ordem moral que desejamos em nosso mais profundo eu. *"Podemos sentir, entretanto, aquilo que não podemos conhecer nem desejar."** É um sentimento mais parecido com o conhecimento do que com aquilo que normalmente experienciamos como emoção. É um conhecer mais parecido com a emoção do que com o esforço comum para se obter conhecimento através da observação empírica e da teorização disciplinada. É espontâneo e livre, proporcionando, ao mesmo tempo, a impressão de harmonia tanto em nós quanto no mundo exterior a nós. Surge sem tensão ou esforço e, contudo, leva-nos na direção, e até mesmo ao interior, da experiência da ordem universal irredutível.

Qual o nome dado por Kant a esse sentimento? A experiência do *belo*. Dito isso, Kant descarta, de imediato, quase tudo o que as pessoas normalmente associam ao que chamam de "belo". Em seu sentido preciso, a experiência do belo não contém nada que represente qualquer vantagem ou utilidade ao eu, nem sequer no sentido da utilidade social ou altruística. Nada

---

* Edward Caird, *The Critical Philosophy of Immanuel Kant*, vol. II, James Maclehose and Sons, Glasgow, 1889, p. 416.

que, mesmo em sua forma mais refinada, seja sensivelmente aprazível ou desejável. Na experiência do belo, em seu sentido preciso, o homem experiencia a autonomia e a perfeição do mundo numênico encarnadas no mundo exterior. O objeto exterior assume, espontaneamente, a forma e a ordem de inteligência e propósito, exatamente os fatores que a mente mecânica jamais poderá conhecer.

Kant relembra-nos, uma e outra vez, que nossa mente cognoscente não pode atribuir tal ordem ao mundo exterior. Afirma-nos, repetidas vezes, que o que sentimos na experiência do belo é exatamente esta ordem, e com uma *certeza* que o intelecto mecânico isolado jamais poderá alcançar ou afirmar. Acarretará isto uma outra cisão no eu? Haverá um *combate* entre a experiência do belo e o conhecimento oferecido pela mente mecânica? Pelo contrário, a experiência do verdadeiramente belo é precisamente o resultado da harmoniosa operação das duas naturezas do homem. Nesse instante, o interno e o externo se encontram – algo que o ego, a mente mecânica ou o eu fenomênico jamais poderá compreender. Nem é preciso que compreenda *naquele instante*. Nessa experiência, a mente intelectual se encontra sob a obediência voluntária de outra força do eu. O belo é a encarnação da vontade numênica.

Mas não é só isso. A experiência do belo nos gratifica, eleva e aquieta pela certeza que sentimos quanto ao contato harmonioso entre nossos dois mundos, o exterior e o interior. A filosofia de Kant, porém, não pode parar nesse ponto. Há em nós, ainda, mais um outro aspecto desse poder de sentir, onde encontramos aquilo que explode e acaba com toda forma, mas que, no entanto, nos atrai para o alto; não a experiência de um instante de encontro harmonioso entre nossas duas naturezas, mas de algo, na natureza externa e em nós, tingido com a impressionante coloração da divindade, o EU SOU último da própria realidade.

O poeta Rilke escreveu:

> Porque o Belo nada mais é do que o prelúdio de um terror que temos a capacidade de quase suportar...*

Comparando a experiência do belo com a experiência do sublime na natureza, Kant escreve:

---

* Stephen Mitchell (ed. e trad.), *The Selected Poetry of Rainer Maria Rilke*, Random House, Inc., Nova York, 1982.

[O belo] traz diretamente consigo um sentimento de ascensão da vida, sendo, portanto, compatível com aquilo que nos encanta e com o jogo do poder imaginativo. O sentimento do sublime, porém, consiste num prazer que surge de modo apenas indireto; é produzido pelo sentimento de uma suspensão momentânea das forças vitais e seu subseqüente fluir mais vigoroso.(...) Daí sua incompatibilidade com aquilo que nos encanta. E, uma vez que a mente não apenas é atraída pelo objeto, mas o tempo todo alternadamente repelida, a satisfação no sublime não envolve tanto um prazer positivo – como admiração ou respeito – de modo que mais mereceria ser chamada de prazer negativo.*

A que se refere o filósofo, aqui? Na verdade, é muito simples: o confronto entre o homem e aquilo que lhe é incomensuravelmente maior; esta força incomensuravelmente maior, contudo, *também está presente em alguma parte dentro de si:*

Rochedos escarpados, salientes e, por assim dizer, ameaçadores; nuvens amontoadas no céu, movendo-se à luz dos relâmpagos e ao ribombar dos trovões; vulcões em toda sua violência destrutiva; furacões com seu rastro de devastação; o ilimitado oceano em estado de tumulto; a imponente queda-d'água de um imenso rio e elementos congêneres – isto mostra nossa faculdade de resistência como insignificantemente pequena em comparação a essas forças. Sua visão, porém, é tanto mais atraente quanto mais atemorizante, contanto, apenas, que estejamos em segurança; qualificamos voluntariamente estes objetos como sublimes, porque despertam na alma energias superiores a seu nível habitual, e descobrimos, em nós, uma faculdade de resistência bastante diversa, que nos proporciona a coragem de medir nossa estatura contra a aparente onipotência da natureza.**

O belo e o sublime constituem aquilo que excede, de forma incomensurável, o alcance da mente e das emoções corriqueiras, mas que, todavia, é *experienciado* direta e inegavelmente – o primeiro produzindo um contentamento extraordinário e o segundo, uma extraordinária atração para o alto e para o interior. O belo proporciona ao homem a impressão de que a própria natureza é arte e de que a grande arte é a descoberta da estrutura real da natureza – o mundo enquanto pleno de propósito, inteligência e sentido;

---

* *Critique of Judgement* nº 23, adaptado da tradução de J. H. Bernard, Hafner, Nova York, 1951.
** *Ibidem*, nº 28.

uma inteligência que ordena o material da realidade num plano harmonioso somente perceptível na medida em que as partes da natureza interna do homem também trabalhem juntas, por um instante, de forma harmoniosa. Quanto à experiência do sublime, a impressão que produz transcende até mesmo a esse estado, chamando o homem a buscar, em si mesmo, o equivalente ao próprio poder de Deus. Tal chamado é percebido de forma direta. Perante o sublime experiencio a mim mesmo como infinitamente pequeno, ao mesmo tempo que infinitamente grande.

Isto é o *eros*.

Este é o sentido do assombro.

É a semente da autêntica moral e força espiritual que apenas pode surgir pelo verdadeiro contato, em mim mesmo, entre o superior e o inferior, o interno e o externo, o livre-arbítrio e o eu mecânico. Perante o sublime, encontramo-nos próximos de ocupar o lugar de Alcibíades frente a Sócrates e frente a mim mesmo, minhas duas naturezas. O que farei nesse momento, nesse confronto? Nenhuma filosofia pode responder a essa pergunta. Toda filosofia, contudo, leva-nos até ela. "Dessa forma", diz Kant, "o homem virtuoso teme a Deus sem ter medo Dele."

Segundo as palavras de um comentador:

> ...o sentimento do Sublime não é apenas independente dos interesses sensoriais: ele é negativamente direcionado contra tais interesses e, portanto, abre o caminho para o interesse moral mais elevado. Desta forma, ele colabora com aquele processo de abstração (distanciamento interior) necessário para que a lei moral exerça todo seu poder sobre nós.*

Não é de admirar, portanto, que quase nunca consigamos *enxergar* o outro por trás de sua máscara, ou a nós mesmos por trás da máscara de nossa personalidade. A vontade interior, numênica, é inacessível à nossa capacidade normal de observação, que opera apenas segundo as categorias da lógica mecanicista ou que é substituída pelas emoções dos ganhos e perdas pessoais. Exatamente da mesma forma, quase nunca enxergamos o Eu da natureza externa – chame-o de Deus, o Pai. Contudo, o homem pode perceber, no mundo exterior, a ponte entre a liberdade do Deus Absoluto e o mundo cientificamente conhecido. Esta ponte é tradicionalmente chamada de Criação, a relação entre espírito e matéria. Tal ponte é outro significado

---

* Caird, *The Critical Philosophy of Immanuel Kant*, p. 439.

da grande *personificação* de Deus – chame-a Espírito Santo. Para ser enxergada, porém, esta ponte deve existir no indivíduo, entre suas duas naturezas.

Esta ponte é um poder de sentimento novo e superior no homem – a "paz", a união que ultrapassa o entendimento.

A realidade existe apenas enquanto *eu* existo. Posso conhecer a *você* apenas enquanto *você* existe. Então, e somente então, Deus, a natureza, eu e meu vizinho, participamos do mesmo plano de existência.

Dessa forma, o sentimento pela verdade leva o indivíduo até a porta de entrada do caminho do autoconhecimento. Quem irá transpor o limiar desse caminho?

CAPÍTULO 11

A ETERNA QUESTÃO

O choque pela morte de Elias Barkhordian atingiu-me da forma que passo a descrever. Eu o visitava em sua casa, onde ele estava confinado há várias semanas devido ao agravamento da doença. Ao invés de encontrá-lo junto ao muro de pedra, eu parava em sua casa no caminho de volta da escola e normalmente ficava lá, dependendo de seu estado, até a hora do jantar. Embora cada dia mais magro e fisicamente debilitado, sua mente não parecia afetada ao mínimo.

Havia em sua casa o que se chama uma sala de música: uma varanda pequena e baixa, fechada em três lados por janelas com pesadas cortinas de veludo creme, amarradas para permitir a entrada do sol vespertino. A sala contava com um longo e delgado cravo, um atril ornamental e, diante dele, uma cadeira reta. Num dos cantos havia um violoncelo coberto por um amplo xale de seda. A sala ficava nos fundos da casa, próxima à elegante sala de visitas, e suas janelas davam para um jardim muito bem cuidado, que então, em meados de abril, estava repleto de flores – forsítias, íris, tulipas e rosas silvestres. Colocou-se uma espreguiçadeira junto à parede do fundo, de modo que Elias pudesse ficar deitado, ler e observar o jardim. Eu apanhava a cadeira de encosto reto à frente do atril e a colocava próxima à espreguiçadeira. Lembro-me que durante as nossas conversas precisava proteger-me dos raios de sol que penetravam pelas janelas.

Naquele dia em particular, não fui direto para casa ao deixar Elias; resolvi jogar bola na minha rua, perto de minha casa. Subitamente me dei conta de que estava anoitecendo e que já me atrasara para o jantar. Animado pelo jogo e pelo inebriante aroma de primavera no ar, corri para casa a toda velocidade, entrando ofegante pela cozinha como um furacão, já com meu álibi preparado. Para minha surpresa, nem minha mãe nem meu pai deram sinal algum de reprovação. Perplexo, coloquei meus livros de lado em silêncio, lavei as mãos na pia da cozinha e sentei-me à mesa do jantar. Foi somente então que minha mãe disse:

— Sinto muito por Elias.

Não entendi o que ela estava querendo dizer. Os dois conheciam a situação de Elias; por que ela iria, de repente, dizer que sentia muito? Comecei a tomar minha sopa, intrigado, enquanto meus olhos iam de um lado a outro em direção a meu pai e a minha mãe.

— Como você não chegava — disse ela —, liguei para a sra. Barkhordian, para ver onde você estava.

A colher caiu de minha mão e saltei da mesa como que atingido por uma potente descarga elétrica. Sem dizer uma palavra, disparei casa afora, voando por sobre a escada dos fundos, com o coração aos pulos e soluçando alto. Corri de volta à casa de Elias.

Parecia-me estar correndo por uma eternidade. Na verdade, não me sentia correndo ou sequer me deslocando. Parecia-me que estava parado, quieto, e que as árvores e as casas passavam voando por mim. Ao avistar a fachada da casa de Elias, era como se esta se movesse diretamente em minha direção, como se possuísse um rosto.

Parei junto ao portão de entrada. Não podia simplesmente irromper casa adentro. Comecei a correr novamente, desta vez até o fim da rua, e dei a volta pela viela dos fundos. O céu ainda continha vestígios de claridade, enquanto uma imensa e avermelhada lua cheia acabava de despontar no horizonte. Corri pela viela até os fundos da casa de Elias. Subi pelo muro de tijolos e fiquei parado junto a uma roseira. Olhava para a janela da sala de música onde acabara de estar com Elias. As cortinas creme estavam fechadas, deixando uma luz pálida filtrar-se através delas. Pareciam um imenso cílio fechado.

Fiquei parado olhando para aquele imenso cílio por um longo tempo. Estaria Elias ainda ali, atrás dele?

✧   ✧   ✧

Durante as semanas que visitei Elias em sua casa, o tema da morte, de sua própria morte, surgiu diversas vezes. Sentia-me atordoado pela tranqüilidade com que ele parecia encará-la, quase como se estivesse à espera de alguma experiência nova.

Foi cerca de uma semana depois que seu confinamento se iniciara. Cheguei, como de costume, logo depois da escola. A sra. Barkhordian, uma mulher de olhos escuros enormes e cabelo preto retinto, introduziu-me rapidamente pelos fundos da casa e entrou com uma bandeja onde havia uma xícara de chá, um punhado de biscoitos caseiros, uma tigela com vários pedaços de *loukoum** e bombons. Ficou parada ali, olhando-me fixamente, e não saiu da sala enquanto não me viu comer algo do que trouxera na bandeja.

Era uma segunda-feira, e contei a Elias sobre o programa que assistira no dia anterior no Planetário Fels: "A origem dos planetas". Fiquei surpreso por ele não demonstrar muito interesse, porque este era um de nossos temas prediletos; éramos ambos excepcionalmente aficcionados pelo planetário. Ainda assim, continuei falando. Elias parecia cada vez mais inquieto. Por fim, ele me interrompeu de modo um tanto brusco.

– Estou lendo sobre leucemia – disse ele. Começou, então, a relatar tudo o que sabia sobre o processo da doença. Meu coração ficou apertado, enquanto o escutava explicar, com fria precisão, como a produção de glóbulos vermelhos na medula é substituída pela produção de células linfossarcomatosas. De início, não quis escutar nada daquilo. Mas à medida que Elias ia discorrendo sobre a fisiologia sangüínea, fui ficando cada vez mais fascinado pelo tema em si, e logo nem pensava mais em Elias! Estava apenas sentado ali comendo bombons e discutindo as funções dos diversos tipos de células do sangue.

De repente, percebi que escorriam lágrimas dos olhos de Elias. Ele silenciou e desviou o rosto de mim, em direção ao jardim. Também fiquei em silêncio. Imaginei que talvez estivesse com dor e comecei a levantar-me para chamar sua mãe. Ele, então, tornou a virar o rosto para mim. Olhando-o com meus olhos semicerrados pelo sol, percebi que seu rosto inteiro parecia ter-se tornado maior e mais relaxado, como se estivesse derretendo. Numa voz espantosamente profunda, vinda do mais fundo do seu peito, ele gritou, com raiva:

– Nunca vou poder *aprender* sobre tudo!

---

* Doce oriental coberto com açúcar branco. (N. do T.)

Aquelas palavras, e o tom singularmente poderoso de sua voz, me atingiram em cheio. Lutando para conter as lágrimas, escutei a mim mesmo dizendo, numa voz também excepcionalmente profunda:

– Eu aprenderei por nós dois!

Elias olhou-me como se eu fosse um idiota. No mesmo tom elevado de voz, disse:

– Como você sabe? Talvez você morra logo, também!

Meu corpo tremeu inteiro. Naquele momento, minha morte também era real para mim. Não sentia mais pena de Elias. Também eu iria morrer. Uma vibração incomum surgiu dentro de mim; senti-me sólido como uma rocha, ao mesmo tempo em que a consciência de minha própria morte eventual me dominava e aterrorizava. Ficamos olhando um para o outro por um tempo que pareceu muito longo. Não me sentia superior ou inferior a Elias. Éramos iguais. Rompi o silêncio.

– Mesmo que você não fosse morrer – falei –, mesmo que vivesse cem anos, pensa que conseguiria desvendar o mistério da morte?

Elias virou o rosto na direção do teto. Subitamente parecia calmo outra vez. Sua voz tornou-se suave.

– Talvez – disse ele.

◇ ◇ ◇

O que teria surgido, em Elias Barkhordian e em mim, durante aquela confrontação com o fato da morte? E por que aparece tão raramente no curso de nossa vida cotidiana? De certo, o mundo parece ser o que é porque o homem é como é. O mundo real não pode se mostrar ao eu falso. Foi o que aprendi com este evento. Somente quando o eu verdadeiro se ergue, ainda que sob forma de mera semente ou embrião, os contornos do verdadeiro mundo se fazem visíveis.

Toda autêntica filosofia gira em torno dessa verdade acerca do vínculo entre o mundo real e o eu real. O mundo somente é real quando eu sou real.

E apenas quando sou real, sou responsável; somente então torno-me um agente moral. Porque somente então é que minhas partes – ainda que apenas até certo ponto – me obedecem, ou, como diria Kant, experiencio um contato entre as funções superiores e inferiores em mim.

RECORDANDO A FILOSOFIA

A filosofia, disse Platão, começa na experiência de assombro. Falando de modo bastante geral, esta afirmação caracteriza a totalidade da filosofia ocidental. Quanto à filosofia oriental, por outro lado, já foi dito que ela começa na experiência do sofrimento, no encontro com a morte e a finitude humana. Como se lê nos *Vedas* da Índia:

> No sofrimento, todos os homens Recordam,
> Na felicidade, nenhum deles o conseguiria.
> Se na felicidade pudesse o homem Recordar,
> Que necessidade do sofrimento teria?*

A lenda da vida de Gautama Buda nos conta a mesma coisa. Afastado desde o berço de fatos tais como a velhice, sofrimento e morte, o príncipe Gautama vê pela primeira vez, aos vinte e nove anos, um homem idoso, um enfermo e um moribundo. Tais imagens atingem-no de maneira tão profunda, que ele abandona sua família e seu trono em busca das causas do sofrimento humano e dos meios de evitá-lo. Dizem, assim, que a filosofia ocidental é impulsionada pela busca de conhecimento, enquanto a oriental busca a libertação do sofrimento.

Como expressão literal da distinção entre Oriente e Ocidente, esta observação é de pouca valia. O Ocidente contém, tanto quanto o Oriente, a experiência do confronto com o sofrimento humano, enquanto o Oriente contém, tanto quanto o Ocidente, a experiência do assombro perante a vastidão da natureza.

Porém, como postulados das duas principais fontes de busca do sentido da vida, esta distinção tem muito a ensinar. Ambas as confrontações – a consciência daquilo que é incomensuravelmente maior do que o homem e a consciência das contradições e falsidade em que a vida humana está embrenhada – podem detonar *eros*. Poderíamos dizer, inclusive, que ambos os confrontos são necessários, pelo menos em alguma medida. Sentir o superior sem a percepção simultânea de quanto o homem está distante de uma vida ligada a esse superior é vagar em fantasias metafísicas, morais ou religiosas. Da mesma forma, enxergar as contradições e negatividades da

---

* Philippe Lavastine, "Two Vedantas: The Best and the Worst of India", em *Sacred Tradition and Present Need*, eds. Jacob Needleman e Dennis Lewis (The Viking Press, Nova York, 1974), p. 135.

vida sem, ao mesmo tempo, sentir a existência de possibilidades incomensuravelmente superiores para o homem é cair em fantasias egoístas de autocomiseração, ansiedade ou antropocentrismo, em suas diversas formas, como o cientificismo, o existencialismo e o humanismo secular.

Sob as aparências encontra-se a eterna questão de mim mesmo. Perante o sublime ou, igualmente, perante a realidade da morte, o homem é colocado inteiramente em questão – entre dois mundos, dois movimentos, em si e na ordem universal. Nesse estado, por um breve período de tempo, ele é lançado para fora do circuito fechado do pensamento e da emoção egoístas. Algo surge nele, mostra-se nele; algo que estamos denominando *eros*, o sentido de assombro, o amor pela existência – muitos são os seus nomes. Da mesma forma, não possui nome algum; é niilidade, vazio e silêncio. Confrontado com este vazio, tudo o mais na vida e em mim mesmo é mera aparência.

Eros é uma qualidade da inteligência e do sentimento capaz de evoluir no sentido de uma elevação das faculdades da mente humana. As perguntas colocadas a si próprio pelo homem enquanto filósofo apenas podem encontrar resposta através dessa mente mais elevada. A filosofia é incapaz de responder às próprias questões que levanta. Pode apenas – embora seja este um importante papel – levar o homem a enxergar e a sentir a necessidade de transformação de sua natureza interior. A filosofia revela os limites de nosso mundo e de nós mesmos; aponta, ora sem expressar, ora expressando, para outro nível do mundo e do eu.

Os grandes filósofos do século XX revelam-nos o modo pelo qual a filosofia pode prosseguir desempenhando este papel, especialmente no que diz respeito ao sofrimento do homem contemporâneo a partir do impacto da tecnologia sobre sua conduta de vida. Nos escritos de Ludwig Wittgenstein, por exemplo, o problema da tecnologia é transmutado na grande questão apresentada ao homem ocidental desde o primeiro instante em que a ciência moderna assumiu seu papel dominante em nossa cultura:

1) O que vejo, o que conheço, é um universo de morte.
2) O que sinto é vida.
3) O que é real – a morte ou a vida?

1) O mundo é uma vasta máquina insensível; um conjunto de fatos inertes. Sou apenas um fato a mais neste mundo.

2) Porém o eu que sabe disso abrange o mundo que conheço com sentido e propósito.
3) O que será real: o que eu conheço ou aquilo que conhece?

1) Não enxergo a Deus no mundo ou em mim.
2) Entretanto, o mundo e eu existimos.
3) O que é real: os fatos *sobre* o Ser ou o misterioso fato *de* Ser?

Estas e muitas outras formulações afins circunscrevem a questão central com que o homem se defronta na luz e na escuridão avassaladoras da ciência moderna. Considerando apenas (1) e (2), o mundo e nossa vida no mundo aparecem como problemas a serem solucionados, problemas impossíveis que induzem ao medo, à confusão, a compromissos feitos às pressas com valores fantasiosos ou com fatos apavorantes e às tensas afirmações de poder individual. Mas um prolongado confronto com (3), a terceira formulação, produz – ou melhor, revela – a semente de um poder novo e superior na mente. O esforço, nascido da necessidade e, portanto, a seu modo, desprovido de esforço, para colocar-se perante a terceira formulação, é o princípio da mente livre, a transição para a busca de transformação. Tal busca é constituída de disciplina e trabalho, exigindo uma orientação e um auxílio precisos; exige Sócrates – em pessoa. A tarefa da filosofia é levar o homem até Sócrates. Sem a autêntica filosofia, o homem chega à terceira formulação – o estado de questionamento perante dois mundos – e instantaneamente recua para uma escolha entre (1) e (2). O que ele busca é uma solução para o dilema da vida e da morte, Deus e matéria, liberdade e necessidade. Tal solução não existe.

Isto é, não existe tal solução no estado de consciência em que normalmente vivemos. Contudo, transcender esse estado requer o desenvolvimento, em nós, do poder de considerar as duas metades do ser, os dois movimentos, o todo de nós.

Na medida em que o intelecto nos apresenta um mundo de ilusão e aparências, torna-se necessário contatar o sentimento por Deus e pela verdade – sem negar o intelecto, mas sem ser tragado por ele, também. Eis o desafio do homem do século XX.

O intelecto está presente em toda nossa volta, representado pela ciência moderna, oferecendo soluções aos enigmas de nossa existência, enigmas esses identificados como problemas a serem solucionados. Tais soluções instantaneamente se manifestam como novos problemas. E o processo continua indefinidamente. Determinado problema é resolvido de forma a criar novos problemas com novas soluções, e cada uma dessas soluções cria ainda mais problemas.

Qual a origem e a natureza da vida humana? As novas tecnologias e descobertas biológicas levantam esta questão como um problema a ser solucionado. Quando é que ocorre a morte, se podemos prolongar indefinidamente as funções biológicas? Qual a causa da guerra e do ódio, quando seu resultado óbvio pode ser a destruição de toda a vida conhecida em nosso planeta? A função intelectual representada pelas novas tecnologias criou estes problemas, *mas inicialmente eles surgiram entre nós sob a forma de soluções.*

A lista continua: O que será a mente, uma vez que pode ser reproduzida num programa de computador? Qual a base da obrigação moral quando as conseqüências biológicas do sexo são ignoradas e a função biossocial da família foi transformada? O que serão a verdade e o compromisso, quando as fontes de autoridade política, religiosa e familiar não estão mais alicerçadas nas necessidades de subsistência? O que será a felicidade, quando o prazer está tão disponível e esvaziado? Quais são nossos deveres para com o nosso vizinho quando nosso vizinho é toda uma cultura que apenas conhecemos através da imprensa, da guerra, das imensas forças impessoais da competição econômica e do medo? O que será o conhecimento do mundo em que vivemos se este conhecimento chega até nós principalmente através de jornais, televisão e livros de fácil leitura?

Em resumo, a vida do homem moderno – vista como que do espaço sideral ou de alguma outra dimensão do tempo – parece um ser imenso cuja função intelectual assumiu o controle, tendo, inevitavelmente, fracassado no sentido de trazer ordem e simplicidade à vida. Pelo contrário, por impor suas soluções sobre as funções instintiva, física e emocional do organismo humano, acarretou mais complicações e infelicidade à vida humana. A solução de problemas especificamente externos foi compensada pelo surgimento de uma confusão e ansiedade sem precedentes na vida interior. O intelecto por si não é a mente, pois esta é formada por muito mais do que o que existe na estrutura humana; apenas a mente é capaz de responder às perguntas verdadeiras e apenas ela pode governar o homem. Somos imorais porque não possuímos mente; possuímos apenas o intelecto isolado, que é o empregado contratado, o simulacro da mente.

A mente, a verdadeira consciência, nasce do confronto entre a grande realidade e a nossa falsa condição presente; o confronto entre essência e aparência, verdade e inautenticidade. *A mente nasce como, e de, eros. Eros* nasce da união entre deuses e mortais – o encontro entre as legítimas idéias e o ego humano. Diante das verdadeiras idéias, fico paralisado. Sou posto em questão; fico chocado pelo que sou e sinto a dimensão do que eu deveria ser. Posso sentir, nesse estado, a minha débil atenção ir em busca das verdadeiras origens da ação humana, a vida orgânica que há em mim. Dizem que somente Deus conhece o homem em sua totalidade. Para nós, isto significa que diante de "Deus", diante da verdade universal, ativa-se em mim uma força cognitiva capaz de penetrar as verdadeiras nascentes da ação humana. O assombro, o amor à verdade, é a autêntica semente da ação moral. Mas não a verdade tal como definida pelo simulacro da mente e à qual nomeamos pelo grandioso termo *razão*.

Os grandes filósofos do século XX poderão continuar servindo de canais para as antigas idéias cuja função, nos momentos decisivos da vida, sempre foi a de levar o homem ao estado de autoquestionamento e à busca de Sócrates. Os dois mais influentes filósofos do século XX, Ludwig Wittgenstein e Martin Heidegger, insuflaram em nossa cultura, cada qual à sua maneira, a idéia dos dois mundos, juntamente com a indicação de que o mundo que está por trás das aparências não pode ser percebido pelo ego. Tanto um como o outro afirmam que somos seres confusos, fragmentários e inautênticos, apartados da realidade por um muro intransponível. Ambos afirmam que não podemos viver sem transitar, misteriosa e inexplicavelmente, de um lado a outro desse muro. Ambos nos falam de nossas duas naturezas, o ego e o eu verdadeiro, como dois aspectos de um todo que podem ser interligados unicamente por um acontecimento interno, de caráter tão inédito e revolucionário que não existem palavras para nomeá-lo. Não tendo palavras, devemos buscar essa ponte em silêncio, ou, então, criar uma nova linguagem capaz de conduzir-nos à busca de nossa totalidade. Wittgenstein representa a primeira alternativa e Heidegger, a segunda.

Ambos os filósofos colocam-nos perante a inautenticidade em nós mesmos e nos apontam um outro mundo, um outro nível de vida que chama por nós. Wittgenstein derruba nossas ilusões acerca de nós mesmos, deixando-nos um *vazio* em que a nova vida, a nova interioridade, deve ser buscada. Heidegger cria uma nova *plenitude* de conceitos, na qual as ilusões com respeito a nós mesmos são apresentadas como aspectos da vida a serem identificados e aceitos por nós, sem sermos enganados por elas. No mundo do pensamento e da especulação filosófica, Wittgenstein é como um mestre zen lançando, perante nós, as incapacidades e irrealidades do ego; Heidegger é como um metafísico espiritual a envolver nosso intelecto árido e impotente com uma nova e poderosa orientação rumo à vida e ao cosmos. Ambos levam-nos forçosamente à questão: "Quem sou?" E, para ambos os filósofos, a ciência do século XX não oferece nenhuma resposta ou saída. Eles não excluem a ciência; não a combatem nem a ignoram. Observaremos de perto um desses filósofos, procurando distinguir as verdades antigas, que soam como novas em sua obra.

◇ ◇ ◇

Ludwig Wittgenstein nasceu em Viena em 1889. Enquanto capital do poderoso Império Austro-Húngaro, um império que iria desmoronar sem deixar o menor vestígio, no terremoto da Primeira Guerra Mundial, a Viena das primeiras décadas deste século era o epítome da civilização européia de nossa era. Serviu de solo fértil para muitas das sementes daquilo que ora denominamos "modernidade" e, contudo, a própria rebelião contra a modernidade – uma rebelião que caracteriza igualmente nossa cultura contemporânea – encontrou ali uma de suas primeiras e mais completas expressões.

Foi nesta Viena* que o compositor Arnold Schoenberg criou uma nova lógica musical, destinada a purificar essa arte de toda inautenticidade, de todas as emoções desgastadas, para penetrar na esfera das idéias musicais puras. Abandonando a escala temperada em favor da recém-elaborada escala de doze tons, Schoenberg queria produzir uma música capaz de tocar uma faculdade profunda e essencial da mente humana que se encontra além das aparências e além das respostas de simpatia e aversão culturalmente condicionadas. O belo na música, para Schoenberg, era mero produto secundário da busca da verdade pelo compositor, sendo suas composições, que a muitos soam tão frias e dissonantes hoje em dia, um esforço para ultrapassar as emoções egoístas e penetrar numa realidade acessível apenas à capacidade de sentir a verdade. Que Schoenberg talvez tenha falhado em seu esforço – que sua música talvez, tenha sido apenas um esforço intelectual subjetivo apartado do mundo real do sentimento profundo – isso não nos deve impedir de perceber que seu propósito, tal como expresso, corres-

---

* Allan Janik e Stephen Toulmin, *Wittgenstein's Vienna*, Simon and Schuster, Nova York, 1973.

pondeu exatamente ao propósito e função da música sacra nas grandes tradições espirituais da humanidade.

Foi nessa Viena que Adolph Loos tentou realizar, na arquitetura, o que Schoenberg fez na música. Como um dos pais da escola "funcionalista", Loos eliminou toda ornamentação (escreveu um ensaio intitulado "Ornamento e crime"), cujo propósito, sustentava ele, era induzir nas pessoas o prazer pelo falso e ilusório. A função, e não o ornamento, era o equivalente da verdade na arquitetura. Na criação da verdade artística, o *fato* artístico, o mundo da realidade espiritual eterna podia ser sentido sem ser formulado explicitamente. Esse mundo transcendia as formas, em especial as formas de expressão preferidas pela sociedade, contudo se espelhava silenciosamente nas formas autênticas e puras do verdadeiro artista.

Foi também nessa Viena que Sigmund Freud expôs a hipocrisia patológica relacionada ao sexo e que aflige a sociedade moderna como um câncer. Seu método psicanalítico procurava arrancar cada máscara tingida com as cores da religião, da moral, da arte ou dos costumes, e revelar o animal humano que está por trás da máscara. Somente a partir daí, conforme Freud, e apoiado pelo pensamento científico objetivo, o homem poderia iniciar sua jornada há muito adiada, em direção à realidade.

Em resumo, a extraordinária fermentação artística e intelectual desse potente centro de cultura convergia para a instauração, na vida do homem moderno, *da idéia do fato*. Ali nasceu também o positivismo lógico, a escola filosófica que visava excluir do discurso humano toda noção ou conceito que não pudesse ser verificado pela estrita observação científica. Viena, em certo sentido, inventou o *fato*, tal como veio a ser compreendido nas principais iniciativas intelectuais do século XX.

O que vem a ser esse conceito do fato, tão exclusivo do século XX? Seu elemento central é a crença de que o mundo e as coisas do mundo são completamente neutros em termos de significado e valor. A mente humana pode impor tais significados e valores ao mundo exterior, mas, em si mesmos, o mundo e as coisas do mundo simplesmente existem, sem quaisquer propósitos ou qualidades de bem, mal, beleza, consciência ou significado.

Esta visão, em si, não é nova, possui diversos precedentes na história do pensamento humano. O século XX, porém, acrescentou-lhe a crença de que as verdades desse mundo neutro podem ser apreendidas por uma apurada percepção dos sentidos auxiliada pela inferência lógica.

O acréscimo também não é inteiramente sem precedentes, sobretudo a partir da deflagração da revolução científica. O que torna a idéia do fato peculiar ao século XX é a crença adicional de que o simples conhecimento dos fatos do mundo possibilita ao homem orientar sua conduta de vida. Em outras palavras, os fatos, possuem um enorme valor, mas valores não são fatos. Nada existe de bom, mau, belo ou feio "lá fora", mas é bom e belo conhecer o que existe lá fora.

Por trás dessa visão existe a suposição de que o homem pode observar a realidade liberto da influência de suas emoções e condicionamentos. Esta observação produz *fatos*. Além do mais, cabe ao homem fazer isto. Trata-se de um conhecimento obrigatório para todos e, evidentemente, possível a todos. Não existe outro júri senão o júri dos fatos. Todos os homens são convocados a esse júri. A mais clara representação desse mito do fato é aquilo que atualmente conhecemos por *jornalismo*. O jornalista sai "em busca de fatos". Ele busca relatar somente o que observou e enquadra suas hipóteses a partir dos fatos. Caso parta de um ponto de vista preconcebido, ele se livra desses preconceitos ou torna-os conhecidos tanto para si mesmo como para seus leitores. Sua principal tarefa é relatar *aquilo que realmente ocorreu*. Parte-se do princípio de que ele pode ver o que realmente ocorreu ou, ao menos, que possa escutar com precisão o que lhe é dito e que esteja ciente se sua informação é provisória e parcial. Ciente destas limitações temporárias de sua informação, ele pode tomar a iniciativa de observar melhor ou de aprimorar seus métodos de observação. Em todos os casos, porém, sua tarefa o limita a ater-se aos fatos. Um fato vale mais do que mil interpretações.

Vista por esse prisma, toda a ciência moderna pode ser considerada uma modalidade jornalística. Tal como o jornalista, o cientista moderno encontra-se compelido, por sua tarefa, à descoberta de fatos – aquelas simples verdades neutras do mundo material neutro lá fora. Suas hipóteses têm que basear-se nestes fatos. Ele é obrigado a abrir os olhos e apurar suas técnicas de percepção, para, então, utilizar sua inteligência para organizar os fatos numa teoria eficaz. O cientista é, nada mais, nada menos do que um *repórter da natureza*.

Em seu brilhante estudo sobre o meio cultural do início da vida de Ludwig Wittgenstein, Allan Janik e Stephen Toulmin apontam uma figura central como a influência intelectual dominante na Viena dos Habsburgos, anterior à Primeira Guerra Mundial: o jornalista Karl Kraus. Como editor do *Die Fackel*, que ele classificava de um "antijornal", Kraus procurava expor toda a corrupção e hipocrisia que enxergava em sua sociedade. O mais constante objeto de ataque de Kraus era o *feuilleton,* uma forma jornalística comum nos periódicos da época, em que uma opinião subjetiva e espirituosa, redigida em estilo literário de *bon ton,* distorcia o relato dos eventos para além de qualquer esperança de se chegar a alguma verdade objetiva. O *feuilleton,* para Kraus, era um símbolo da corrupção moral e intelectual generalizada, alicerçada na profunda confusão entre valores e fatos. A missão de Kraus era tornar as pessoas moralmente cientes dessa distinção em todas as instâncias da vida – arte, ciência, política e religião. A chave desta missão era a honestidade e a clareza de *linguagem.*

O mundo dos valores é inteiramente distinto do mundo dos fatos. O que será este mundo de valores, essa esfera da realidade universal sobre a qual não se pode e não se deve falar da mesma forma como nos referimos a um fato científico – mundo de valores a respeito do qual, talvez, não se deva dizer coisa alguma, mas simplesmente *apresentá-lo, exibí-lo* e *encarná-lo* na arte ou vida no mundo? Este mundo, esta esfera de valores, não é, certamente, a esfera do gostar e desgostar, das reações emocionais, preferências, atrações e repulsas do ego; não é o mundo das opiniões e inclinações – da mesma forma que o mundo ético para Immanuel Kant. É um mundo de escala gigantesca; mas o que é ele? Como localizá-lo?

A obra de Ludwig Wittgenstein, talvez o filósofo mais influente do século XX, representa uma resposta a essa pergunta que, por sua absoluta integridade e pureza de expressão, possui poucos equivalentes em toda a história da filosofia moderna. Tanto em sua obra inicial como na ulterior, desconcertantemente diferentes na superfície, Wittgenstein procura separar os dois mundos do homem por meio da atenção à linguagem do homem, que é idêntica, segundo ele, a seu pensamento e, até certo ponto, sua conduta no mundo. Para Wittgenstein, os dois mundos poderiam chamar-se o mundo da linguagem e o mundo do silêncio. Podemos identificar estes dois mundos de Wittgenstein, à luz de tudo o que foi dito neste livro, como o mundo do intelecto e o mundo do autêntico sentimento; o ego e o eu; o eu fenomênico e o eu verdadeiro; o externo e o interno. Em suma, podemos encontrar na filosofia de Wittgenstein um enunciado inteiramente contemporâneo da antiga idéia dos dois movimentos fundamentais na realidade e em nós. Tal como Platão, Kant e a maior parte dos grandes filósofos do Ocidente, seus escritos prestam-se a conduzir o homem perante estas duas realidades opostas, a fim de despertar e sustentar nele o amor à verdade e ao ser.

Antes de esboçar a expressão desta antiga idéia em Wittgenstein, é necessário considerar outra influência atuante na fermentação intelectual de sua Viena e que nitidamente o marcou por toda a vida. Aqui, finalmente, chegamos à imponente figura de Sören Kierkegaard.

Será, sem dúvida, uma surpresa ou mesmo um choque, para alguns estudiosos do pensamento moderno, a sugestão de que o grande dinamarquês do século XIX tenha exercido uma influência decisiva sobre Wittgenstein. O papel de Kierkegaard no desenvolvimento da filosofia existencialista é bastante conhecido, aquela filosofia que, genericamente falando, combateu a visão científica a respeito do homem e do seu lugar na ordem natural, defendendo a sua liberdade e autodeterminação essenciais. De que modo as idéias de Kierkegaard poderiam ter influenciado a filosofia de Wittgenstein, considerado por muitos o epítome do esforço analítico, científico e obstinado em favor dos fatos, contra a metafísica? Todavia, parece verdadeiro que Wittgenstein tenha compreendido Kierkegaard muito melhor do que a maioria dos kierkegaardianos, que intelectualizaram os ensinamentos do grande escritor cristão. Parece verdadeiro que Wittgenstein, mais do que a maioria dos filósofos existencialistas oficiais, seja o autêntico descendente do homem que postulou que a essência da tarefa humana é a busca de uma relação, em si próprio, entre suas duas naturezas, a finita e a infinita, e que nem o intelecto, nem a emoção, nem a ação social de cunho ético e nem o esteticismo podem produzir essa relação.

Para Kierkegaard, a suprema verdade da qual o homem é capaz é um *evento* que tem lugar na psique, quando a consciência confronta, simultaneamente, Deus e o ego. Salvação e felicidade eterna – são estes os nomes dados por Kierkegaard aos possíveis resultados desse confronto. Trata-se de uma exigência estabelecida ao homem por Deus e tornada possível ao homem pelo evento abalador de Cristo. O homem deve voltar-se, o homem pode voltar-se ao Criador e a si próprio, mas no interior do eu, interior que Kierkegaard denomina "subjetividade". Este voltar-se para o superior e o inferior do indivíduo foi chamado por Kierkegaard de *fé*. Ele a descreve como um salto, e, nesses termos, considerava este voltar-se como o único e verdadeiro espaço de liberdade na natureza humana. A cabeça, o intelecto, não pode compreender ou empreender esse voltar-se. O intelecto, a parte racional e pensante do eu, pertence à natureza finita do homem, ao ego. Este voltar-se também não pode decorrer das emoções – sexuais, estéticas ou éticas – que governam a vida do homem finito. A fé consiste num sentimento completamente inédito da subjetividade da natureza humana. Perante Deus, a totalidade humana é posta em questão, tornando-se como que um nada. O início da fé é anunciado, portanto, por algo que apenas pode ser denominado como temor, uma percepção sentida da niilidade do indivíduo perante o superior. Todavia, é neste e através deste temor que encontramos a única e legítima fonte de felicidade humana e existência autêntica.

Excluir Deus, nesse sentido, dos escritos de Kierkegaard é destruir sua mensagem. Foi precisamente isso, entretanto, que muitos filósofos existencialistas fizeram. Liberdade e interioridade, para Kierkegaard, existem apenas enquanto o homem encara, ao mesmo tempo, a Deus e a seu eu limitado, disposto a dar atenção a ambos. Suas penetrantes descrições desta liberdade não podem, simplesmente, ser tomadas como uma fenomenologia geral da liberdade no sentido de caracterizar as escolhas e lutas da vida comum. Esta liberdade existe apenas quando os dois mundos são confrontados. Dividir o mundo cotidiano, o mundo que normalmente conhecemos e no qual sofremos, em duas metades que apenas se assemelhem aos dois mundos díspares é imitar Kierkegaard e corromper seus ensinamentos. É um exemplo de mistura de níveis de realidade e confusão entre fato e valor. O mundo interno não é o mundo externo. As escolhas e preocupações éticas, estéticas, sociais e intelectuais convencionais não são, de forma alguma, consideradas manifestações desses dois movimentos totalmente díspares de realidade. Não se pode derivar a autêntica moral, a moral alicerçada nas exigências de Deus, daquilo que o intelecto pode conhecer e comprovar ou daquilo que os sentimentos de simpatia ou aversão, os impulsos ou interesse social das massas provocam em nossa vida. A vida humana não pode ser pautada pelo *feuilleton*.

Considero os escritos de Ludwig Wittgenstein uma surpreendente reformulação da perspectiva de Kierkegaard – e apresentada, à maneira kierkegaardiana, como uma firme recusa em permitir que a forma do que é dito contradiga o conteúdo. Porém, onde Kierkegaard fala de existência humana, Wittgenstein fala de linguagem humana. Vistos no conjunto, os escritos de Wittgenstein apresentam, ao homem contemporâneo e científico, tanto a estrutura lógica do mundo ideal criado para ele por sua linguagem científica quanto a vida fragmentada e desconexa que sua linguagem comum, na verdade, o leva a viver. Destrói, impiedosamente, a ilusão de que as questões fundamentais acerca do sentido e da finalidade possam ser resolvidas pelo intelecto comum, demonstrando que todos os chamados problemas filosóficos estão enraizados em confusões de linguagem, ou seja, na mistura de níveis de realidade. Por trás de tudo isso, que não é mencionado exceto sob a forma de alusões, assoma a existência de um outro mundo, dentro e fora da natureza humana, um mundo inacessível pela linguagem, isto é, pela mente comum. Tenha cuidado, adverte Wittgenstein, para manter esses dois mundos separados.

A primeira grande obra de Wittgenstein, o *Tractatus Logico-Philosophicus*, foi concluída em 1918, quando o filósofo contava 29 anos. É um livro de paixão intensa, composto, em igual medida, com um rigor intelectual e uma emoção mística extraordinários. Nenhuma obra filosófica do século XX apresenta a cisão entre o mundo interior e o mundo exterior com maior zelo e pureza. É uma obra de idealismo juvenil naquilo que talvez seja o melhor sentido desse termo tão vulgarizado; uma obra de *eros*. Wittgenstein busca, ali, dissolver os *problemas* da filosofia e, ao mesmo tempo, despertar no leitor um sentimento de assombro perante as *questões* filosóficas. Em uma breve nota introdutória, ele escreve:

> Se o presente trabalho possui algum valor, este reside em dois aspectos. O primeiro por exprimir pensamentos, sendo tanto maior este valor quanto melhor estiverem expressos os pensamentos, quanto mais se acertar na cabeça do prego. Nesse aspecto, estou ciente de ter ficado aquém do possível. Simplesmente porque minhas forças são insuficientes para arcar com a tarefa. Possam outros aparecer e fazer melhor.
>
> Por outro lado, a *verdade* dos pensamentos aqui apresentados parece-me intocável e definitiva. Sou de opinião, portanto, que os problemas foram, em essência, enfim solucionados. E, se não estou enganado, o valor deste trabalho consiste, em segundo lugar, no fato de mostrar o quão pouco se consegue com a solução destes problemas.*

Tal como a *Ética* de Spinoza, o *Tractatus* de Wittgenstein foi escrito adotando a forma de um longo argumento matemático. Enquanto Spinoza emprega a forma externa de uma demonstração geométrica a fim de expressar a idéia de Deus e dos estados superiores da consciência humana, o *Tractatus* dá corpo à idéia do mundo numênico por meio de uma seqüência aparentemente lógico-científica de proposições acerca do instrumento pelo qual o homem conhece o mundo fenomênico. Que instrumento é esse? É a linguagem, considerada como pensamento. A essência da linguagem é o pensamento. E o pensamento é equivalente à lógica. A lógica, porém, é um conjunto de regras, uma estrutura totalmente transparente a si mesma, constituída por si mesma. Através da lógica, a mente organiza a si e aos

---

* Ludwig Wittgenstein, *Tractatus Logico-Philosophicus*, Routledge and Kegan Paul Ltd., Londres, 1955, p. 29.

dados apresentados a ela pela observação científica. Tornando clara, a nós mesmos, a estrutura lógica da linguagem, podemos enxergar a estrutura lógica de nosso mundo, libertando-nos do sofrimento desnecessário criado pelas confusões às quais aplicamos a pomposa denominação de "problemas filosóficos fundamentais". O intelecto – a lógica e sua manifestação na linguagem – nada tem a ver com a felicidade, a perfeição do eu, a experiência do sentido da vida ou a relação do homem com a realidade absoluta – Deus.

O *Tractatus* começa com as seguintes afirmações:

1 – O mundo é tudo o que é o caso.

1.1 – O mundo é a totalidade dos fatos, não das coisas.

E termina com o mais célebre enunciado filosófico do século XX:

7 – Sobre o que não se pode falar, é preciso calar.

Entre esse início e esse término, Wittgenstein mostra que o mundo em que vivemos é estruturado pela lógica, sendo a lógica a estrutura do próprio intelecto. A ciência fornece-nos observações que necessitam assumir a forma de fatos, sendo que todos os fatos obedecem a regras lógicas pelo simples motivo de que tudo o que se conhece é, por definição, estruturado pela lógica. A lógica nada nos informa acerca do mundo. Ela consiste apenas de regras pelas quais podemos conhecer o mundo, isto é, as regras pelas quais devemos organizar as observações fornecidas pelos sentidos. Nosso conhecimento existe sob a forma de proposições e enunciados dotados de uma inevitável forma lógica e que funcionam como uma espécie de representação ou modelo do mundo.

Mais de um século antes de Wittgenstein, Kant postulara que todo objeto material deve aparecer no espaço e que o espaço em si não constitui um outro objeto. O espaço, para Kant, é a forma geral na qual todo objeto, sendo realmente um objeto, deve aparecer. De modo semelhante, porém com um alcance mais amplo, Wittgenstein mostra que a vida humana transcorre no *espaço lógico* e que não há *sentido* para qualquer coisa que pretenda cair fora desse "espaço". A maior parte dos chamados problemas filosóficos são meros esforços mascarados para fugir da lógica por meio da lógica – o equivalente intelectual dos fantasmas, objetos imateriais que ocupam o espaço. Assim, logo no início do *Tractatus*, Wittgenstein escreve:

4.003 – A maior parte das proposições e questões já escritas sobre temas filosóficos não são falsas, mas desprovidas de sentido. Não podemos, portanto, responder a esse tipo de questão, mas apenas apontar sua falta de sentido. A maior parte das questões e proposições dos filósofos advém da falta de compreensão da lógica da nossa linguagem... Não é de surpreender, assim, que os mais profundos problemas *não* são de todo problemas.

Porém, à medida que o *Tractatus* passa a expor a estrutura essencial da linguagem e do sentido, começam a aparecer no texto indícios do outro mundo, que está por trás das aparências. "Tudo o que pode ser pensado", escreve Wittgenstein, "pode ser pensado com clareza. Tudo o que pode ser dito, pode ser dito com clareza." Em seguida a essa afirmativa, Wittgenstein postula que a meta da autêntica filosofia é "transmitir o indizível através da clara enunciação do dizível".

Ao apresentar a estrutura lógica de todo significado, ou sentido, Wittgenstein desenvolve o método analítico de *funções de verdade*, pelo qual toda linguagem significativa pode ser decomposta em componentes atômicos que podem ser verdadeiros ou falsos. Essa técnica viria a tornar-se, posteriormente, um dos instrumentos básicos para o desenvolvimento da tecnologia do computador moderno. Assim, uma formulação contemporânea da mensagem do *Tractatus* poderia ser: Tudo o que chamamos pensar pode ser realizado por uma máquina! E a mensagem oculta do *Tractatus* seria: Para experienciar o mundo que está por trás das aparências temos que aprender a enxergar com outra mente! Pense com outra mente! O computador não pode se ver livre de sua própria estrutura. Mas nós podemos nos libertar do computador que é o intelecto do nosso dia-a-dia.

Ao nos aproximarmos do fim do *Tractatus*, as alusões a esse outro mundo que está por trás das aparências, esse outro poder de enxergar além do computador interno, tornam-se cada vez mais correntes. Por trás das aparências encontra-se a Questão – um *silêncio* no qual a lógica não consegue penetrar, mas que envolve nossa vida. Ser um homem completo é estar aberto, misteriosamente, ao silêncio do ser:

6.41 – O sentido do mundo tem que estar fora do mundo. Tudo no mundo é como é e ocorre da maneira como ocorre. Não há *nele* valor algum – e, caso houvesse, esse valor não teria valor algum.
Se há um valor que é de valor, ele tem que estar fora do que ocorre e do que é. Porque tudo o que ocorre e tudo o que é o é por acaso.
Tem que estar fora do mundo.

6.423 – Da vontade enquanto suporte do ético não se pode falar.

6.431 – Como na morte, o mundo não muda, mas cessa.

6.4311 – A morte não é um acontecimento da vida. Não se vive a morte. Se entendemos a eternidade não como uma duração temporal infinita mas como intemporalidade, então vive eternamente aquele que vive no presente.

6.4312 – A imortalidade temporal da alma humana, isto é, a sua eterna sobrevivência após a morte, não só não está garantida como também a sua suposição não realiza de todo o que com ela se queria alcançar. Resolve-se um enigma pelo fato de eu sobreviver eternamente? Não é esta vida eterna, então, tão enigmática quanto a presente? A solução do enigma da vida no espaço e no tempo encontra-se *fora* do espaço e do tempo.

6.44 – O que é místico é *que* o mundo exista, não *como* o mundo é.

6.45 – A contemplação do mundo como *sub specie aeterni* é a sua contemplação como um todo limitado.
O sentimento do mundo como um todo limitado é o místico.

6.521 – A solução do problema da vida nota-se no desaparecimento desse problema.

6.522 – Existe, de fato, o inexprimível. É o que se mostra; é o místico.

6.53 – O método correto da filosofia seria este: nada dizer além do que possa ser dito, isto é, as proposições da ciência natural – isto é, algo que nada tem a ver com filosofia – e depois, sempre que alguém desejasse dizer algo metafísico, mostrar-lhe que não deu significado a certos sinais em suas proposições. Tal método seria insatisfatório para essa pessoa – uma vez que não sentiria que lhe estávamos a ensinar filosofia –, mas *este* seria o único método estritamente correto.

7 – Sobre o que não se pode falar, é preciso calar.

O *Tractatus*, assim, transmite, mais do que qualquer outra obra filosófica do século XX, a grandiosa dimensão do que significa a busca de liberdade da tirania do intelecto, no anseio do homem pelo significado de sua vida. A realidade é dual. O homem é dual. O computador da mente opera a fim de orientar o homem no mundo das aparências; a lógica da linguagem está a serviço, ou melhor, é a atividade de uma parte da natureza humana e nos orienta dentro dos limites, por assim dizer, de uma parte da realidade. O outro mundo, a realidade por trás das aparências, não é dizível, não é cognoscível pelo computador da mente.

Evidentemente, este é um ensinamento antigo, agora encaminhado para dentro do século XX. Confrontando o que é indizível, incognoscível pelo computador da mente, encontra-se o sentimento do místico – *eros*. De que parte de meu ser provém este sentimento? Existe, no homem, uma realidade indizível, exatamente como por trás das aparências do universo. *Que* o mundo existe, é o místico. Mas também: que *eu existo* é o místico. Assim, o jovem Wittgenstein escreve:

Existem duas divindades; o mundo e meu eu independente.*

Esta doutrina dos dois mundos foi postulada por Platão e transmitida por Descartes, Kant e outros grandes filósofos através dos tempos. No século XX, as expressões desses filósofos do passado já haviam, desde muito tempo, sido apreendidas pela mente comum. As idéias que apontavam para um outro mundo, outro nível de experiência, já haviam sido, à época de Wittgenstein – isto é, em nossa época –, revestidas com as formas de pensamento e expressão empregadas pelo ego comum. Deixaram, portanto, de funcionar de maneira a atingir o *eros*. Nesse sentido, os grandes filósofos não refutaram os filósofos anteriores, mas revitalizaram sua mensagem essencial, constantemente transmitida ao mundo por intermédio da autêntica filosofia.

Wittgenstein escreveu o *Tractatus* enquanto servia no exército austríaco durante a Primeira Guerra Mundial. Nesse mesmo período, escreveu a seu amigo Paul Engelmann:

Quanto à inconstância de seus estados de ânimo, é o seguinte: Estamos adormecidos... *Nossa* vida é como um sonho. Porém, em nossos melhores momentos, despertamos apenas o suficiente para perceber que estamos sonhando. A maior parte do tempo, porém, estamos profundamente adormecidos. Não consigo despertar a mim mesmo! Estou tentando arduamen-

---

* Ludwig Wittgenstein, *Notebooks* 1914-1916, eds. G. H. von Wright e G. E. M. Anscombe, Harper and Row, Nova York, 1969, p. 74.

te, meu corpo-sonho se mexe, mas o verdadeiro *não se mexe*. Infelizmente, assim é que é!*

Os escritos filosóficos de Wittgenstein dos anos posteriores podem ser entendidos como uma exposição da natureza deste "sono" em que o homem está enredado. Onde a filosofia anterior, o *Tractatus*, delineia a necessidade de uma clara distinção entre os dois mundos, a filosofia posterior, além de seus muitos outros feitos, pode ser entendida como uma revelação dos obstáculos que se interpõem no caminho do despertar. Onde as tradições espirituais do passado falam da condição humana decaída, do estado de ilusão e ignorância, da vida na caverna das sombras, do falso sentido de unidade individual e força pessoal do homem, Wittgenstein oferece-nos uma imagem esmagadora de como nossa linguagem verdadeiramente opera.

Nossa linguagem é nossa vida – nosso estado de consciência, nosso comportamento, nosso nível de existência. Esta linguagem comum em que vivemos é uma autêntica torre de Babel, composta de "tijolos" pré-moldados e heterogêneos, que em vão imaginamos que possam ser empilhados para subirmos em direção à unidade, à compreensão e ao sentido absolutos. *Investigações Filosóficas*, a grande obra da maturidade de Wittgenstein, assemelha-se a uma representação cinematográfica do sono da linguagem.

A linguagem na qual vivemos, a linguagem que nos vive, a linguagem que *somos*, não possui a estrutura e a lógica que deveria. Podemos, é verdade, nos comunicar pragmaticamente com respeito a determinadas atividades físicas e materiais: "Este martelo é muito pesado"; "Aquela caixa é vermelha"; "Quero cinco quilos de arroz". Além desse nível, contudo, nossa linguagem se desvanece num sonho de subjetividade oculta e significados imaginários. Quando falamos de nós mesmos ou de algo situado além das atividades imediatas e pragmáticas, nossa linguagem nos engana e nos engolfa sem que o saibamos. Imaginamos que ela esteja desempenhando a mesma função que desempenha quando nos referimos a atividades físicas elementares, porque a gramática é a mesma. Mas, na verdade, não é nada disso. Quando falamos de Deus, de nossa vida interior ou de temas de natureza abstrata, estamos vivendo apenas num sonho de significado.

Em *Investigações Filosóficas*, Wittgenstein abandona a forma matemático-dedutiva do *Tractatus*. Em seu primeiro trabalho ele apresentara a estrutura lógica precisa do mecanismo do pensamento – e a forma de sua

---

* Paul Engelmann, *Letters from Ludwig Wittgenstein*, Horizon Press, Nova York, 1968, p. 7.

escrita espelhava essa estrutura. Nas *Investigações*, ao contrário, ele nos mostra que a vida que levamos através da nossa linguagem não corresponde, em absoluto, à forma lógica; e o próprio livro reflete esse aspecto. No lugar de uma seqüência condensada e matematicamente ordenada de proposições, as *Investigações* consistem num comentário fluente e livremente organizado sobre o verdadeiro uso da linguagem em nossa vida comum e a insolúvel contradição que ela oculta. *Investigações* é uma série contínua de questões, como os golpes rápidos e repetidos de uma faca afiada num grande monstro de constituição absurda. O monstro é a percepção ilusória que temos de nós mesmos. Wittgenstein corre lado a lado desse gigantesco monstro, virando e parando ao mesmo tempo que ele, atormentando-o, apunhalando-o e cegando-o com suas observações e indagações. Será que o monstro irá, finalmente, parar e enxergar a si próprio como realmente é? Despertará – despertaremos – para os sonhos de significado que vivem nossa vida por nós?

Vejamos um ou dois desses golpes de faca. Um elemento central da abordagem de Wittgenstein é seu revolucionário conceito dos jogos de linguagem. Nossa linguagem comum – *como de fato opera* – é, nada mais, nada menos, do que um conjunto desarticulado de jogos de linguagem. Não existe essência alguma em nossa linguagem. Nossa linguagem – e, portanto, nossa vida – não possui um eu único, uma unidade interior de ser, um *eu sou*. É apenas um conjunto de contextos e conjuntos de regras, diz Wittgenstein. E devemos parar de imaginar que seja maior ou melhor do que isso!

Chegamos agora à grande questão existente por trás de todas estas considerações. – Posto que poderão contestar-me: "Você está tomando o caminho mais fácil! Fala de toda espécie de jogos de linguagem mas não diz, em momento algum, qual é a essência de um jogo de linguagem e, portanto, da própria linguagem..."

E é verdade. – Ao invés de apresentar algo comum a tudo aquilo que denominamos linguagem, digo que estes fenômenos não têm um traço em comum que nos permita empregar o mesmo nome para todos – mas que estão aparentados entre si por diversas formas. E é em virtude desse parentesco, ou desses parentescos, que denominamos a todos de "linguagens"...*

A título de explicação, Wittgenstein prossegue:

---

* Ludwig Wittgenstein, *Philosophical Investigations*, trad. G. E. M. Anscombe, The Macmillan Company, Nova York, 1953, p. 31.

Considere, por exemplo, os procedimentos que todos conhecemos por "jogos". Refiro-me a jogos de tabuleiro, jogos de carta, jogos de bola, jogos olímpicos, etc. O que há de comum em todos? Não me venha dizer: "*Deve haver algo em comum, caso contrário não seriam chamados de jogos*" — mas *olhe* e *veja* se existe algo em comum a todos. — Porque quando olhar para eles não verá de fato o que *todos* têm em comum, mas toda uma série de similaridades e parentescos. Repetindo: não pense, olhe!*

Olhando dessa forma, Wittgenstein não encontra nenhuma *essência*, nenhum significado único em nossas palavras mais familiares e nenhuma essência única em nossa própria linguagem. Exatamente como Hume, que não pensou mas olhou para o interior do ser e não encontrou um único eu, nenhuma identidade real, Wittgenstein olha para a vida real de nossa linguagem e encontra ali, no melhor dos casos aquilo que denomina "traços de família"; similaridades entre subgrupos de usos de palavras, mas nenhum sentido único permanente capaz de reunir qualquer das atividades de nossa vida sob uma estrutura única e precisa. Nossa linguagem é uma série de contextos nos quais habitualmente introduzimos de modo clandestino a ilusão de uma teia envolvente de significados.

De onde nossa investigação tira sua importância, uma vez que parece apenas destruir tudo o que há de interessante, isto é, tudo o que é grande e importante? (Como todos os trabalhos de construção que só deixam atrás de si algumas pedras e cascalho!) O que estamos destruindo nada mais é do que castelos no ar, deixando livre o terreno da linguagem no qual eles se erguiam.

O que *nós* estamos fazendo é devolver as palavras, de seu uso metafísico, para o cotidiano.**

Mas de onde provém nossa ilusão de sentido e ordem? Como foi que nossa linguagem, nossa vida, chegou a esse ponto crítico, em que sonhamos com as realidades fundamentais, os sentidos, propósitos e essências metafísicas por trás das aparências? Wittgenstein nos manda parar; parar e olhar; parar de sonhar sermos o que não somos, "aceitar o jogo de linguagem cotidiano" como ele é, e simplesmente "designar por falsas as teorias

---

* *Idem, ibidem.*
***Idem, ibidem,* p. 48.

falsas".* De que modo aconteceu isso em nossa vida? Wittgenstein não responde a essa pergunta, e talvez nos proibisse de fazê-la. Todavia, a resposta encontra-se nas entrelinhas de sua obra de genialidade filosófica. A resposta resgata-nos a verdade sobre a condição humana apresentada a Platão por Sócrates e transmitida a toda a humanidade pelos mestres da busca, ao longo do tempo. Olhemos, apenas olhemos, então, para um dos exemplos de Wittgenstein. Escrevendo sobre o modo como nossas palavras encontram-se emaranhadas em falsas premissas com respeito àquilo que conhecemos de nós mesmos, ele pergunta:

Serão as palavras "tenho medo" a descrição de um estado de consciência?

Digo "tenho medo"; alguém me pergunta: "O que significa isso? Um grito de angústia? Ou você está querendo me contar como se sente? Ou será uma reflexão de seu estado atual?" – Teria eu sempre uma resposta clara? Teria alguma resposta?

Podemos imaginar aqui toda espécie de coisa, por exemplo:

"Não, não! Tenho medo!"

"Tenho medo. Sinto muito ter de confessá-lo."

"Ainda tenho um pouco de medo, mas agora não tanto quanto antes."

"No fundo ainda tenho medo, embora não queira confessá-lo a mim mesmo."

"Atormento-me pensando em todas as espécies de medos."

"Logo agora, quando podia ser destemido, tenho medo!"

A cada uma destas frases corresponde um determinado tom de voz, a cada uma delas um determinado contexto.

Seria possível imaginar pessoas cujo pensamento fosse bem mais definido do que o nosso e que empregassem diferentes palavras onde nós empregamos apenas *uma*.

Perguntamos: "O que significa, realmente, a expressão *tenho medo*? A que me refiro quando digo isso?" Evidentemente, não encontramos a resposta, ou, caso a encontremos, será insuficiente. A questão é: "Em que tipo de contexto ela ocorre?"

---

* *Idem, ibidem*, p. 200.

Não consigo encontrar nenhuma resposta se tento colocar a pergunta "A que é que me refiro?" "Em que estou pensando quando digo isto?", repetindo a expressão do medo e, ao mesmo tempo, concentrando-me em mim próprio como que observando minha consciência pelo canto do olho. Na verdade, posso perguntar "Por que disse isso e o que quis dizer com isso?" – e poderia também responder à pergunta; porém, não a partir da observação dos fenômenos concomitantes do ato de falar. Minha resposta alargaria a minha primeira afirmação, como uma paráfrase.

O que é o medo? O que significa "ter medo"? Se quisesse defini-lo numa *única* demonstração, eu deveria *encenar* o medo.

Poderia também representar a esperança dessa forma? Dificilmente. E a crença?

A descrição de meu estado de consciência (o medo, por exemplo) é algo pertinente a um determinado contexto... Será espantoso, então, que eu empregue a mesma expressão para jogos diferentes? E às vezes também como que entre os jogos?

Será, ainda, que falo sempre com um propósito bem definido? – E será a falta de sentido no que digo devida à falta desse propósito?*

Assim são as *Investigações Filosóficas*. Wittgenstein prossegue, página após página, apresentando-nos um espelho de nossa linguagem e, gradualmente, o leitor é levado a perceber o fato estonteante de que nossa linguagem humana está construída em torno de alguma suposição, algum fato de proporção gigantesca que não possui uma realidade para nós. Nossa linguagem parece ter sido construída – a linguagem em si parece ter sido construída – para servir a uma espécie de ser diferente daquilo que na verdade somos! Que espécie de ser? Que fator na natureza humana a linguagem humana está destinada a refletir e servir? Nossa linguagem comum assemelha-se às pegadas de algum ser vivo que não está mais aí. Que tipo de ser? Para onde terá ido?

A resposta é tão simples quanto surpreendente. Ao tomar corpo diante de nós, algo começa a se fazer recordar em nós; uma certa verdade indestrutível cujas raízes encontram-se nas grandes idéias de Platão, Sócrates e Pitágoras:

---

* *Idem, ibidem,* pp. 187-188.

Nossa linguagem é originalmente formada em torno das realidades da auto-observação. A linguagem humana é destinada a ser instrumento de um ser consciente, de forma total e precisa, de tudo o que ocorre em sua própria psique. Esta auto-observação desapareceu de nossas vidas, mas seu instrumento correspondente, a linguagem, permanece. Não praticamos, na realidade, nenhuma auto-observação e, contudo, o arcabouço da linguagem humana permanece. Esta é a fonte das confusões e ambigüidades que Wittgenstein nos aponta.

A linguagem cientificamente precisa, a linguagem dos mecanismos lógicos apresentada por Wittgenstein em sua obra de juventude, no *Tractatus*, é a linguagem e o pensamento do computador da mente. Daí parecer-nos melhor, como um ideal. Mas, na verdade, é inferior, bastante inferior do que a vida aludida, embora não mais existente, em nossa linguagem cotidiana comum. O homem vive agora entre linguagens – impelido cada vez mais em direção à linguagem computadorizada da mente mecânica, cada vez mais distanciada da vida de auto-observação que se encontra oculta, como um chamamento, nas formas da vida e da linguagem cotidianas. Não existe uma única contradição apontada por Wittgenstein nas *Investigações* que não possa ser sanada por homens com o poder de enxergar a si mesmos através da faculdade da verdadeira atenção e da verdadeira autoconfrontação. Todas as perplexidades e ambigüidades assinaladas por Wittgenstein desaparecem instantaneamente quando o estado de consciência conhecido como auto-observação existe e é real. Contudo, não praticamos uma autêntica auto-observação, apenas imaginamos praticá-la.

A obra de Wittgenstein permite ao homem contemporâneo restituir às nossas vidas a antiga proposta da filosofia. Os problemas e crises eternamente recorrentes da existência humana têm sua expressão, em nossa época, através do veículo da ciência e da tecnologia. As formas assumidas por estes problemas são um resultado direto da esperança, ingenuamente depositada pelo homem moderno no poder e na virtude da ciência. Em seu início, que coincide com o início da revolução científica, esta esperança era, de fato, uma expressão do *eros* – a aspiração à verdade diante da grandeza e da ordem do universo. Pouco depois, porém, esta esperança transformou-se, de modo sutil e imperceptível, numa confiança na mente automática. Os princípios lógicos e a organização racional de dados – que serviam, originalmente, como instrumentos e ferramentas do eros, tornaram-se, eles próprios, os únicos objetos da confiança humana. A filosofia de Wittgenstein mostra-nos que, ao depositar toda nossa confiança nesse aspecto da ciência, estamos restringindo nossas esperanças a uma parcela demasiadamente pequena da psique humana, afastando-nos da possível ativação de um nível mental e de experiência inteiramente diferentes. Considerados num todo, seus escritos mostram que o homem moderno não vive nem através da lógica e nem através da mente em seu sentido mais elevado. Estamos encalhados entre o automático e o autêntico. E temos a ilusão de que acreditar no primeiro leva-nos mais perto do último.

CONCLUSÃO

A conclusão deste livro ocorreu na sala de minha casa, em San Francisco, numa noite de sexta-feira, em março de 1982. Antes de submeter a versão final do texto ao editor, pedi a dois velhos amigos que o lessem e fizessem sugestões; um deles era um antigo colega de faculdade que agora leciona filosofia numa universidade de Massachusetts.

O outro era um homem de negócios que tinha uma história interessante. Ainda jovem, ficou no Japão ao fim da Segunda Guerra Mundial, passando nove anos num monastério budista, isso muito antes de o Ocidente sequer ter ouvido falar em zen-budismo. Ao deixar o monastério, casou-se com uma japonesa divorciada e saiu "errando" pelo Oriente Médio e a Europa, viajando por conta de uma pequena herança. Na França, converteu-se ao catolicismo. Iniciou ali um importante empreendimento que lhe rendeu uma soma considerável de dinheiro, mas, em 1968, conheceu um lama tibetano em Paris e o acompanhou até a Califórnia, após liquidar seus negócios. Em um ano, todavia, abandonou o tibetano, fez um bom casamento e estabeleceu-se, com êxito, como agente financeiro. Conheci-o em 1975 por vias puramente sociais e passei a ter em grande consideração a sua amizade e seu bom senso. Havia qualquer coisa nele. Não abandonara sua busca espiritual. Eu tinha certeza de que ele encontrara algum ensinamento ou caminho sério, não convencional e nem sectário, mas ele nunca mencionava o assunto, nem eu jamais lhe fiz perguntas a respeito. Esse traço por si só fazia dele um espécime raro entre os californianos.

Seth, o meu velho colega de turma, viera para Berkeley durante o recesso acadêmico de primavera, a fim de visitar a filha mais velha, que acabara de dar à luz seu primeiro neto e, evidentemente, convidei-o para um jantar em minha casa. Joe Petrakis, meu outro amigo, era um convidado habitual em minha casa, de modo que decidi enfrentar os dois de uma só vez.

Durante o jantar, Joe e Seth não disseram absolutamente uma palavra sobre meu texto. Vez ou outra em que Carla, minha mulher, trazia algum assunto sério que pudesse ter alguma relação com o livro, os dois se desviavam. Comecei a imaginar coisas terríveis e a me preparar para um massacre duplo – por parte de Seth, um acadêmico talentoso e altamente conceituado, e de Joe, que levara uma vida bastante movimentada em cujo trajeto adquirira considerável experiência pessoal quanto às realidades da vida interior.

Meus dois filhos adolescentes também se encontravam à mesa: Rafe, que viera passar uma semana de férias escolares em casa, e Eve, minha filha de dezesseis anos. Ao fim do jantar, ambos pediram licença e se levantaram ao mesmo tempo. O clima subitamente ficou sério e passamos, em silêncio, para a sala de estar.

Reunimo-nos ao redor da mesinha do café, Joe e Seth ao lado um do outro no sofá que ficava sob nossos dois antiqüíssimos e intimidadores retratos chineses. Joe Petrakis é um homem robusto, de seus cinqüenta e poucos anos; tem cabelos brancos bem cortados, rosto moreno, os olhos grandes, escuros e ternos afastados por um nariz volumoso. Parece uma imensa rã amigável, impressão reforçada, ainda, por sua voz áspera. Seth, por outro lado, tem a estrutura de um louva-a-deus: mais de um metro e oitenta, todo braços e pernas, rosto longo e estreito e uma testa grande repleta de profundos sulcos. Por trás de suas lentes grossas e sem aro, seus olhos brilhantes pareciam ainda maiores do que os de Joe.

Servi um conhaque a todos, sentindo-me como um inseto prestes a ser devorado.

– Bem, – disse eu, o que acharam?

Seth enfiou a mão no bolso e apanhou um maço de folhas cuidadosamente dobradas em que ele escrevera suas anotações. Inclinou-se para a frente a fim de examinar as anotações e seus óculos escorregaram até a ponta de seu nariz.

– Há uma ou duas coisas que não me ficaram inteiramente claras, Jerry. – Quando um professor de filosofia começa assim, não é bom sinal. – Ele prosseguiu. – Sua atenção, na primeira parte do livro, parece estar voltada para a incapacidade das pessoas de viverem suas vidas de acordo com aquilo que você denomina "as grandes idéias". Você parece opor-se às "meras" idéias na ausência de alguma forma de confronto existencial prolongado do indivíduo consigo próprio. Ao mesmo tempo, fala da necessidade de se penetrar o mundo das aparências e afirma ser esta a meta da filosofia. Penso que esse penetrar o mundo das aparências esteja ligado à confrontação pessoal que você menciona e que aparece simbolizada na figura de Sócrates. Depois, você apresenta uma crítica bastante destrutiva da história da filosofia ocidental, incluindo, aparentemente, até mesmo Platão. Você acusa os filósofos de malbaratar as grandes idéias – que você qualifica de idéias "reveladoras" – ou, pior ainda, de inventar idéias totalmente fictícias, ou, ainda, de substituir inconscientemente aquilo que você chama de conceitos, pelas verdadeiras idéias. A diferença entre conceitos e idéias, penso eu, é que os primeiros são como instrumentos para a organização lógica dos dados sensoriais, ao passo que as idéias destinam-se ao despertar de *eros* e à orientação do confronto prolongado do indivíduo com a totalidade de si. Estou certo até aqui?

Respondi afirmativamente com a cabeça, sem muito entusiasmo. Nunca é agradável sermos resumidos. Seth seguiu adiante.

– Na segunda parte do livro, você descreve suas experiências com adolescentes; no meu entender, seu objetivo nesse trecho pode ser dividido em quatro. – Seth consultou suas anotações. – Primeiro, exemplificar a experiência do *eros* através de uma espécie de retrato quase romanceado de seu trabalho com as crianças; as crianças simbolizam, mais ou menos, o *eros* na estrutura humana como um todo; segundo, manifestar-se indiretamente a favor de uma filosofia educacional que dê importância prioritária ao impulso filosófico no jovem; terceiro, demonstrar de forma literária a existência de questões filosóficas por trás dos problemas coletivos e pessoais que nos rodeiam enquanto sociedade e enquanto indivíduos, os problemas que você denomina "as aparências"; e, quarto, no capítulo que trata dos pais, mostrar como as grandes idéias conduzem ao confronto existencial entre *eros* e ego, que representam, mais ou menos, aquilo a que você se refere como os dois lados fundamentais da natureza humana. E você termina esta parte dando a indicação de que a filosofia não pode ir além de levar o indivíduo a uma experiência preliminar desse confronto, considerado uma experiência de legítimo autoconhecimento. Desse ponto em diante, é necessário o que você chama de "Sócrates", a orientação direta de um sábio ou "guia".

Seth fez uma nova pausa para ver se eu tinha alguma objeção a seu resumo e, em seguida, prosseguiu.

–Na terceira e última parte do livro, você começa introduzindo a noção dos três tipos de influência sobre a mente humana: primeiro, as idéias e métodos que operam no esqueleto do contato direto com um mestre como Sócrates; segundo, as idéias transmitidas ao mundo em geral e que, mesmo acabando inevitavelmente misturadas e diluídas, funcionam no sentido de orientar os seres humanos na busca da sabedoria; e, terceiro, as influências surgidas na vida cotidiana e comum da humanidade, relacionadas a necessidades puramente físicas do homem ou a motivações do ego. Você, então, inclui a autêntica filosofia na segunda categoria e passa a inverter sua anterior crítica negativa da história da filosofia ocidental. Você defende aquilo que chama de "apreciação corrente abaixo" dos grandes filósofos do Ocidente, o que considerei uma tentativa de demonstrar como os filósofos historicamente importantes, quer eles saibam ou não, são canais para a disseminação de idéias que, em sua forma pura ou completa, originaram-se na primeira categoria.

"Ao mesmo tempo, na terceira parte do livro, quando apresenta sua 'apreciação corrente abaixo' de Descartes, Hume, Kant e Wittgenstein , você procura, também, relacionar as idéias deles a certos temas encarados atualmente pelo homem moderno sob a forma de penosos problemas carentes de solução: a crise ecológica, por exemplo, o problema geral do avanço da tecnologia científica ou o problema da autodeterminação individual, especialmente perante o fato da morte. A idéia central da qual todos esses filósofos modernos servem de veículo é, em seu julgamento, aquilo que você denomina a antiga idéia dos dois mundos, no interior e no exterior da natureza humana. Por vezes, você se refere a estes dois mundos como dois movimentos ou duas direções. Então, sugere, novamente através de seu comentário sobre estes filósofos, que o encontro empírico destas duas realidades – como você também se refere a elas, por vezes – produz o estado de autoquestionamento, estado que você parece equiparar, em certa medida, com o próprio *eros*. Seu foco parece ser a idéia de que, atrás das aparências que assumem a forma dos problemas pessoais e sociais fundamentais da vida, o indivíduo deve discernir estes dois movimentos. E discernir estes dois movimentos é equivalente a um profundo estado de autoquestionamento. Você então, repete a fórmula, 'por trás das aparências está a Questão'. Deixa implícito e também afirma explicitamente que, através do encontro interno destas duas forças, uma qualidade superior de consciência pode manifestar-se no indivíduo. Suponho que seja este o processo a que você se refere no início do livro quando emprega o termo platônico 'recordar'. Esta qualidade mais elevada de consciência que emerge, de alguma forma, no encontro interno das duas forças, é, propriamente, ou conduz até o desenvolvimento de um singular poder de conhecimento, capaz de começar a responder, de fato, às eternas questões sobre a realidade e o sentido da vida, tradicionalmente levantadas pelos filósofos."

Seth abaixou os papéis. Tomei um segundo conhaque. Ele cruzou as pernas finas, segurou o joelho com as mãos e inclinou-se para a frente.

– É um resumo correto? – perguntou.

– Você é um "demônio" – respondi, balançando a cabeça afirmativamente.

Sem se dar conta, aparentemente, de minha brincadeira, ele disse:

– Há muitos pontos que eu gostaria de esclarecer antes de chegar a meu problema principal com sua argumentação. – Joe Petrakis riu-se ao ouvir a palavra "argumentação". Servi a ele um segundo conhaque. – O emprego que você dá ao termo *eros* parece não corresponder inteiramente ao emprego do termo por Platão. No *Banquete, eros* representa o intermediário entre deuses e homens, transita em ambas as direções. Ele não apenas serve de mensageiro dos homens para os deuses, como também dos deuses para os homens. Você, no entanto, parece limitar o termo ao primeiro sentido, esquecendo quase inteiramente o segundo aspecto. O *eros* platônico não representa apenas o esforço humano pelo Ser, mas representa como que a descida do Ser até o homem.

– Os dois são a mesma coisa – disse Joe, de súbito.

Seth virou-se para ele, esperando que prosseguisse. E eu idem. Presumi que por sua familiaridade com a meditação budista e com as práticas do cristianismo contemplativo, Joe tivesse em mente a noção de que a atitude do indivíduo em voltar-se para o superior já representa a ação do superior sobre ele. Entretanto, Joe não disse nada no momento. Um pouco perturbado e embaraçado, Seth confirmou com a cabeça e voltou sua atenção para mim.

– Bem – disse ele –, esta é apenas uma questão acadêmica menor e que não afeta a força de sua argumentação. Minha dificuldade mais séria, embora também apenas do ponto de vista acadêmico e histórico, é sua interpretação dos filósofos modernos. Posso aceitar sua interpretação de Pitágoras, Sócrates e até mesmo de Platão. Pitágoras há muito tempo já passou para o reino das lendas. Ninguém jamais saberá exatamente quem foi ele ou o que aconteceu à sua volta; e, mais ainda, eu suspeito que ele e seu círculo estavam envolvidos em algo semelhante ao tipo de coisa que você escreve. Deve ter sido um sábio e alguma espécie de guia espiritual. Não apenas aceito, como também aprovo e admiro sua abordagem de

Sócrates. Ele, também, há muito já virou um mito e um símbolo, mesmo com as esperanças que o academicismo científico ainda nutre de inferir fatos literais a seu respeito. Não existe outra figura como Sócrates em nossa civilização, tanto no sentido absolutamente histórico como no tacitamente simbólico. Nesse aspecto, ele se deu melhor, a meu ver, do que Jesus Cristo. O que você fez de Sócrates é excelente, uma metáfora do imenso poder do autoquestionamento. Quanto a Platão, bem, rangi os dentes em certos trechos, mas também ninguém pode se considerar dono de Platão.

"Muito mais difícil, para mim, é aceitar seu modo de lidar com os filósofos modernos. O que está querendo dizer, exatamente, quando afirma que eles foram canais para idéias esotéricas? O que você chama de 'apreciação corrente abaixo'– é algo além de um eufemismo para as interpretações pessoais de Jacob Needleman? Veja o seu tratamento de Kant, por exemplo..."

Naquele momento, porém, Joe, que estava cada vez mais inquieto e que já entornava seu terceiro conhaque, interrompeu a crítica de Seth.

– Isso não tem nada a ver com o problema – resmungou ele. – O problema é que não se pode levar uma autêntica vida simplesmente confrontando idéias. As pessoas querem viver. Querem saber viver. Querem saber por que sua vida é uma confusão e como podem modificá-la. A filosofia é apenas filosofia, simples conversa. As pessoas conversam o tempo todo. Alguns conversam no papel e dão o nome pomposo de filosofia. Se querem saber, a filosofia é apenas a história do conversar. Os filósofos preferem conversar a viver.

Joe desviou o olhar de Seth para mim. Por mais veementes que soassem suas palavras, seus olhos pareciam estar sempre dançando.

– Em se tratando de livros – continuou – o seu não é de todo ruim. Mas tudo aquilo que você escreve ... confrontar-se, unir as duas naturezas do homem, experienciar a aspiração pela verdade não importa aonde ela nos conduza... é extremamente difícil de ser vivido na realidade. – Joe serviu-se de mais uma bebida. – Jesus Cristo morreu na cruz e Gautama Buda vagou e passou fome nas florestas da Índia em nome desse tipo de coisa. Por que você insiste em escrever sobre isso? Acha que o fato de uma pessoa dizer o que quer que seja vai fazer alguém dar um único passo naquela direção?

Após uma pequena pausa, estranhamente leve e tranqüila, Seth disse:

– Importa-se que eu termine o que estava dizendo?

– Vá em frente – disse Joe, com um grunhido aquiescente.

– Vou direto à minha principal crítica, pulando o que ia dizer, sobre sua interpretação de Kant e Wittgenstein. De todo modo, você já deve estar adivinhando – disse Seth, erguendo o copo para mais uma dose. Assenti com a cabeça e servi-lhe o conhaque.

– Minha objeção, ou melhor, minha dúvida, é muito simples – disse ele. – Aquilo que você chama de grandes idéias é, claramente, o que considera idéias verdadeiras, isto é, idéias que refletem o que ocorre no universo. Mas em lugar algum você apresenta um argumento em favor da veracidade dessas idéias. O simples fato de uma idéia despertar uma indagação profunda não a faz verdadeira. Em outras palavras: você é filósofo ou teólogo? Veja, por exemplo, a idéia dos dois mundos, tão importante no livro. Por que eu deveria acreditar nela? Você chega mesmo a dizer, em algum trecho, que a filosofia é a arte da reflexão a respeito da realidade. Então, por que não apresenta uma reflexão sua a respeito dessa própria idéia? Ou será que devemos assumir que Pitágoras e Platão não podem errar jamais? Se for assim, então trata-se de teologia e não de filosofia. Talvez, ainda, você esteja apenas fazendo literatura, história das idéias ou psicologia da educação; nesse caso, retiro minha observação, mas substituo-a por uma objeção ainda maior: Você está escrevendo sobre filosofia sem, na verdade, fazer filosofia!

Confesso que senti um calafrio. Tive a sensação, por um instante, de que tudo o que havia escrito erguia-se sobre areia; que negligenciara o ponto mais importante. Minha mente disparou em busca de respostas que contestassem a objeção de Seth. Ao olhar para ele, enxerguei-o como quando éramos universitários, rondando os cafés da Harvard Square tarde da noite, debruçados numa mesa do Hayes-Bickford's ou do Albiani's, discutindo um ou outro tema que tivesse surgido em classe naquele dia. Ele era ainda mais magro quando jovem, mas os vincos de sua testa, embora já tão numerosos na época, eram menos profundos e apareciam, como que por mágica, apenas quando ele chegava a alguma idéia particularmente intrincada. Agora, pareciam fazer parte de seu rosto.

Percebi que não havia como rebater a Seth. Ele me pegara. O interessante, contudo, era que não tinha importância. Seria pelas três bebidas que eu tomara? Em todo caso, percebi-me enxergando Seth como se ele fosse ainda mais jovem do que quando o conheci na faculdade. As palavras "como se" não são fortes o bastante. Tive a nítida sensação de enxergá-lo como ele realmente era na adolescência. Era quase uma alucinação. Talvez tivesse sido inconscientemente desencadeada por meus pensamentos sobre o livro, especialmente os capítulos relativos a meus alunos do curso secundário. Vi um adolescente alto e desengonçado, todo braços e pernas, com uma cabeçorra hirsuta.

Comecei a perceber o que havia deixado de fora no livro e por quê. Olhando para o "adolescente" diante de mim, comecei a compreender algo de novo com respeito a toda aquela questão da influência das autênticas idéias filosóficas. Porém essa minha percepção era ainda extremamente imprecisa.

Perguntei a Joe o que pensava da objeção de Seth. Ele respondeu, conforme eu esperava, que o aspecto da comprovação não lhe interessava em absoluto. O problema, disse ele, estava na vida e não nas idéias. Citou uma expressão que eu empregara no início do livro: "o mito da responsabilidade". Concordava com o diagnóstico da condição humana que eu apresentava, que as convicções da mente não possuem poder algum sobre as demais partes de nossa natureza; que o homem não é *responsável* nesse sentido. Falou, então, sobre sua vida pessoal, de um modo como eu nunca escutara antes. Falava tranqüilamente, agora, quase sussurrando.

– Vivi quase dez anos num mosteiro budista do Japão. Uma semana após deixar o mosteiro, envolvi-me num relacionamento idiota e destrutivo com uma japonesa, o que me levou a muitas outras coisas ainda mais idiotas. Levei anos para libertar-me. Perguntava a mim mesmo por que, após dez anos de meditação, ainda não sabia viver. Fui de lugar a lugar tentando compreender isto. Quando me tornei católico, foi por ter chegado, mais ou menos, à conclusão de que esforço humano algum poderia proporcionar-me a liberdade que eu procurava. Senti que tudo o que podia fazer era render-me à Igreja. Mas não consegui sequer render-me a mim mesmo. Conheci um outro mestre budista que pareceu compreender minha dificuldade. Falava da adaptação das tradições antigas às condições da vida moderna. Logo descobri que, para mim, tudo era uma única idéia; a coisa toda, todo o ensinamento – budismo, cristianismo e todo resto – eram apenas idéias. Foi por isso que reagi daquela forma; por isso, perdoem minha impaciência com aquela conversa sobre idéias.

Quando Joe terminou de falar, uma grande calma inundou o ambiente. Todos puderam senti-la – Carla, Joe, Seth e eu. Não sei como expressar aquilo que estava tão claro naquele momento. A verdade estava presente na sala e todos a percebiam. Como aconteceu aquilo? Por um lado, a verdade não podia ser comprovada. Por outro lado, a verdade não podia ser vivida. No entanto, ali estava ela a nos envolver. Percebi em mim – e penso que cada um de nós experimentou o mesmo, à sua maneira – que existia agora uma certa harmonia e equilíbrio. Isto confirmou o que eu começara a suspeitar assim que Seth terminara de falar. Existe uma coisa chamada de influências superiores. Porém, o modo como agem sobre nós é sempre inédito e imprevisível, exigindo de nossa parte sempre algo inédito e imprevisível – ou seja, necessidade. Para agir sobre nós, a verdade requer nosso *eros*.

Comecei a passar em revista, mentalmente, todas as formulações que fizera sobre as grandes idéias e o despertar de *eros*, a necessidade de ser. Falei, no livro inteiro, do papel da autêntica filosofia como o instigador de *eros*. Vejo agora que esta colocação é incompleta. Primeiro deve existir a aspiração, a necessidade, e, somente então, as grandes idéias poderão ter força na vida do indivíduo. As idéias não despertam o *eros*. Antes, as grandes idéias conseguem agir na vida apenas em função da energia que os seres humanos depositam nelas. Não são as idéias que possuem energia, mas sim as pessoas. O coração da filosofia está em mim.

Percebo que esta necessidade possui um sabor especial, diferente de todas as que conheço. Ela é, de modo estranho, livre de tensão e violência. Em sua presença, todas as partes de meu ser das quais tenho consciência parecem tomar seu lugar adequado ou dirigir-se a ele. As influências que citei auxiliam este movimento, esta condição interna descrita por Platão como "nenhuma parte da alma desempenhando a tarefa de outra".

Procurei iniciar minha conversa a partir destas colocações. Tinha diante de mim, aquela extraordinária imagem do "espelho de Platão": a sociedade externa enquanto espelho da "sociedade interna" – a organização das partes do mundo social enquanto espelho ou resultado da organização das partes do mundo interno. Sem uma "moral" interna não pode haver moral externa. O crime, em todas as suas modalidades, somente ocorre de fato porque o mesmo crime está ocorrendo dentro de nós mesmos.

Se existem ódio, violência e desordem entre os seres humanos, é porque existe ódio, violência e desordem entre as partes de meu ser: o pensamento infligindo suas regras sobre o corpo, dotado, por sua vez, de uma mente própria; a energia instintiva e sexual alimentando continuamente os impulsos da personalidade mental – criando medo, possessividade, agressão e crueldade; a energia do sentimento fundindo-se, de maneira cega, aos ideais e intenções modelados pelos preconceitos e ingênuas reflexões acerca da subsistência física: lealdade à família, tribo, nação, raça e classe social. Todo esse estado de coisas em que uma parte do ser usurpa, rouba as demais partes, é encoberto por teorias, conceitos e ilusões, enquanto no interior do organismo humano a situação é mantida pelos hábitos condicionados de autojustificação e tensão física. O nome de todo esse estado de coisas? *Egoísmo.*

A psicologia moderna iniciou sua missão neste mundo com um vislumbre dessa situação; uma compreensão teórica de que o mundo é o que é em função de o homem ser o que é interiormente. Contudo, não havia uma filosofia genuína a orientá-la; nenhuma compreensão da verdadeira natureza do princípio dominante capaz de aparecer no organismo humano. Portanto, jamais se conseguiria promover, assim, uma ordem interna na vida humana. A psicologia não percebeu o princípio dominante. Rejeita a perspectiva da religião tradicional, que postula a existência do princípio dominante em cada mente e coração humanos, sob a denominação de alma, livre-arbítrio ou mente racional.

Neste conflito entre a moderna psicologia, de um lado, e a religião convencional, de outro, ambos os lados estão equivocados e ambos estão certos. A religião tem razão ao mencionar um princípio superior de consciência na mente, mas está errada ao assumir que ele funcione de fato. A psicologia tem razão ao negar a existência de tal princípio operando na mente, mas está errada ao seguir ignorando cegamente sua existência como potencial a ser desenvolvido. O princípio existe, mas se encontra adormecido, sendo que nem a religião moderna nem a ciência compreenderam este fato.

O despertar deste princípio dá-se no momento do anseio pela verdade, o momento do *eros*. Quando esta necessidade é ativada, observo o aparecimento de algo muito sereno e que recebe obediência de outras partes de minha natureza interior que usualmente seguem seu próprio caminho, carregando o restante de mim mesmo com elas, cada qual a seu turno. Na vida comum das pessoas, ninguém, seja adulto ou criança, se encontra mais próximo à posse de poder moral do que quando nesse estado de assombro ou qualquer outro estado semelhante.

Essa necessidade da verdade é o embrião do princípio dominante. É delicada, frágil, fraca, tímida e pode ser facilmente encoberta. Não se trata ainda do mestre interior a que se referem os antigos ensinamentos. Está muito distante daquela imensa força. Mas é o seu início. Quando ativada, a "moralidade interior" torna-se, por um momento, um fato.

As influências superiores – como a autêntica filosofia, mitos, ideais religiosos, determinados tipos de arte, rituais e costumes transmitidos desde tempos remotos – atuam sobre o homem no sentido de auxiliar a condição de "moralidade interna" em que as partes da natureza humana não buscam vencer as outras partes, embora tais influências não possam criar esse estado de coisas diretamente. A causa direta é, ela própria, interna. A causa direta é o anseio pela verdade e o ser. Estas influências superiores falam diretamente a esse impulso especial no homem, e o auxiliam. Se este impulso encontra-se ausente ou está soterrado debaixo de hábitos e pensamentos egoístas, tais influências não podem e não atuam em absoluto.

Na época atual, os ideais religiosos parecem totalmente incapazes de agir nesse sentido para a maioria de nós. O motivo encontra-se naquilo que o homem moderno fez da religião em geral. Os mitos do passado também foram descaracterizados devido à influência dos cânones científicos de conhecimento. A quase maioria dos rituais e costumes antigos foi perdida ou alterada, de modo a não mais possuírem ação alguma na vida do homem contemporâneo. Quanto à arte, estamos à espera do surgimento de artistas que sejam canais desse tipo de influência em sua produção; enquanto isso, a influência da arte sacra do passado e da arte da busca metafísica da era moderna têm sido neutralizadas pelas mentalidades acadêmicas e de museu, e por motivos ligados aos investimentos e lucros financeiros.

Assim, este livro é um apelo ao retorno de uma das modalidades desta influência superior na vida humana – a filosofia, as idéias filosóficas.

A resposta apropriada à objeção de Joe Petrakis de que as idéias em si não têm o poder de transformar a qualidade ontológica da vida humana – em si as idéias não elevam o nível de existência do indivíduo – estava mais clara para mim agora. Ele tinha razão, é claro; as idéias sozinhas não modificam nada de essencial no homem. Todavia, a aspiração pela verdade nos modifica, ainda que por um simples instante. Este impulso sagrado no homem é, na verdade, uma energia que percorre o organismo humano, mas que deve ser buscada, reconhecida, e, quando aparece, deve ser sustentada de modo correto. Para muitos de nós, o acesso a ela tem origem no intelecto, com o interesse intelectual por questões genuinamente filosóficas surgidas em meio às dificuldades e à desordem da vida cotidiana. Percebe-se que existem idéias que fortalecem a ação desta necessidade de verdade, tanto no nível meramente intelectual como, até certo ponto, e mais profundamente, também em nível orgânico.

A simples introdução de imperativos morais ou doutrinas metafísicas na vida humana não resultam em nada. Estes devem ser articulados, redefinidos e apresentados de uma forma que atenda verdadeiramente à aspiração pela verdade, o único impulso realmente não egoísta acessível para a maioria. Sem a experiência da moralidade interna, o ideal do amor e da moral externos subsistirão apenas como uma miragem. E é por trás dessa miragem que surgem as terríveis manifestações do inconsciente humano, tanto na vida coletiva do homem quanto em nossa vida individual. É por trás dessa miragem de responsabilidade que aparecem a guerra, a violência e todas as formas de brutalidade e injustiça.

Esta miragem – este mito da responsabilidade – está em constante formação na história da sociedade humana e na vida do indivíduo. Idéias e ensinamentos que uma vez já tiveram o efeito de auxiliar o *eros* – e a ação harmonizadora do *eros* na estrutura psicofísica do homem – inevitavelmente se confundem com influências egoístas, passando a atuar em sentido totalmente oposto. Ou seja, as idéias tornam-se meros conceitos e são confundidas com meros conceitos. Os ideais de conduta moral e altruísmo, por exemplo, que tratam do sacrifício do ganho pessoal em favor dos outros, são inevitavelmente adulterados, de tal forma que seu efeito psicológico interior é o oposto de seu conteúdo externo. Tratam de harmonia, equilíbrio, sacrifício ao bem comum; e, todavia, sua ação interna sobre a mente consiste em criar a agitação em suas diversas formas – hipocrisia, paranóia, medo, impaciência, raiva e violência, esses todos são sinais de que, internamente, determinada parte da estrutura humana está se apoderando das energias destinadas à outra parte. Isso se aplica especialmente no que diz respeito à ação da energia sexual na natureza humana, tal como Freud percebeu, à sua maneira, e obviamente como foi mostrado por Platão na *República*. A formação do mito da responsabilidade ocorre quando a moralidade externa é imposta ao homem através de métodos que produzem e sustentam a imoralidade interna, a desarmonia interna e o desequilíbrio: "uma parte da alma desempenhando a tarefa de outra". Não é de espantar, portanto, que o homem não consiga viver segundo as idéias que considera válidas. Nossos ideais morais resultam em uma ação "imoral" sobre nós. *A luta por sermos aquilo que sabemos já está perdida, devido à maneira desequilibrada pela qual esse saber penetra nosso ser.*

As idéias não podem criar no homem a aspiração interior pela verdade, mas podem atrair e auxiliar tal aspiração, esta qualidade especial de atenção, designada por Platão pelo termo *eros*. Se um indivíduo observar a si próprio nos momentos em que esta atenção se encontra ativa nele, perceberá que, *durante aquele breve espaço de tempo, ele se torna verdadeiramente um ser moral*. Homem algum pode cometer um crime quando em estado de assombro, de autêntico remorso, de aflição profunda ou em qualquer dos estados transitórios de presença em que a energia dominante da verdade faz contato com as funções comuns do organismo humano.

Levar o homem a esta percepção é a finalidade última da verdadeira filosofia. Sua influência não pode ir além disso. Além desse limiar, existe o trabalho de fortalecimento consciente de meu poder de atenção à verdade, o qual, em sua forma madura, é o único poder humano digno da antiga denominação de *Mente*. Apenas um trabalho dessa natureza pode transformar o homem, de animal confuso e perturbado por efêmeros lampejos de força moral em... em quê?

Entra Sócrates.

Prezado leitor da obra: *O coração da filosofia*

Para que possamos mantê-lo informado sobre as novidades editoriais e as atividades culturais da Associação Palas Athena, solicitamos o preenchimento dos campos abaixo, remetendo o cupom para a Editora Palas Athena, Rua Serra de Paracaina nº 240 - São Paulo, SP - CEP 01522-020, através do FAX (11) 3277-8137 ou e-mail: editora@palasathena.org

Nome: ....

Profissão: ....

Endereço: ....

Cidade: .... Estado: .... CEP: ....

Fone: (   ) .... Fax: (   ) ....

E-Mail: ....

Áreas de interesse:

❏ Mitologia   ❏ Filosofia   ❏ Religiões

❏ Antropologia   ❏ Educação   ❏ Psicologia

❏ Outras áreas: ....

....